AF139499

Für Mareike, Juliane, Ramona, Susi und M.-M.

Ohne Euch gäbe es kein Licht, ohne Euch gäbe es kein Lachen, ohne Euch hätten wir es nicht geschafft!

Danke.

Klara Westhoff

In Felix veritas

Aus dem Tagebuch einer Asperger-Mutter

© 2014 Klara Westhoff
Kontakt: Klara.Westhoff@t-online.de
Illustration: Felix
Verlag: tredition GmbH, Hamburg

ISBN
Paperback   ISBN 978-3-7323-0376-2
Hardcover   ISBN 978-3-7323-0377-9
eBook   ISBN 978-3-7323-0378-6

Printed in Germany

Vorwort

In Felix veritas? Im Glück liegt die Wahrheit? Nein, in Felix liegt die Wahrheit. Ist das korrektes Latein? Oder besser korrektes Lateinisch? Kann ich nicht sagen, ich war einer der „Franzosen" auf dem Gymnasium. Doch, dass in Felix die Wahrheit liegt, in meinem Sohn Felix, ja, das weiß ich genau.

Felix ist Autist. Felix ist echt genial. Das, was er so manchmal sagt, welche philosophischen Bemerkungen er macht, das haut mich jedes Mal um. Und lässt mich eine Weltsicht einnehmen, die ich ohne ihn nie bekommen hätte. Einen Blick auf die Dinge, eine Gelassenheit und viele schöne und unschöne Wahrheiten, die für mich Bereiche des Denkens öffnen, die mir ohne Felix für immer verschlossen geblieben wären.

In Felix veritas – im Glück liegt die Wahrheit. Felix ist für mich das Glück, auch das.

Für ihn, für mich, für Asperger-Eltern, für alle Leser möchte ich das sammeln, was Felix ausmacht. Das, was er an Wichtigem zu sagen hat.

In Felix liegt die Wahrheit. Und nicht nur in ihm. In ganz vielen Äußerungen anderer Autisten. Klar, kurz, doch voller Poesie. Oder knapp und mitten ins Herz treffend. Oder prägnant – und dabei den Kern der Dinge erfassend.

Das, was viele Autisten ausmacht – ihr Blick auf die Details, die wir als Nicht-Autisten so oft übersehen, das könnte unser aller soziale Fähigkeiten immens verbessern. Würden wir uns einlassen, auf andere Ideen, anderes Erleben, andere Gedanken: Das Verstehen von Andersartigkeit käme in unserer Gesellschaft von ganz allein.

Doch bisher ist unsere Gesellschaft nicht so. Sie grenzt aus, sie lässt nicht zu. Sie sieht das große Ganze, doch nicht den Einzelnen, die Details. Schade.

Darum möchte ich vieles sammeln, was Asperger-Eltern und ihre Kinder ausmacht. Geschichten von Ausgrenzung und Trauer. Geschichten von Wut und Tränen. Geschichten von Liebe und Glück. Geschichten von Felix, Justus, Nils und all den anderen, für die Felix und Justus und Nils die Synonyme sind.

Mein Herbst
Die Welt wird wieder munter,
die Blätter fallen runter.
Der Herbst macht alles bunter.

Felix, 8 Jahre

Freundschaft, nur ein Wort?
Manche Freunde gehen fort.
Wie ein Blatt am Herbsttag fällt
in der großen, weiten Welt.
Neue kommen, alte gehen,
wird man sie wohl wiedersehen?
Oder werden sie verschwinden?
Und die Zeit zum Finden schinden.

Freundschaft, nur ein Wort?

Felix, 7. Klasse

Die Geschichte von Justus

Ich stelle vor: Justus – ein junger Autist und sein Weg von der Geburt, über die Schulzeit bis zur Volljährigkeit.

Geht doch, oder?

Wo fängt das mit dem Kinderkriegen eigentlich an? Also, ich stehe auf meinen Mann – und zwar seit über fünfundzwanzig Jahren. Doch dafür hat es mit den Schwangerschaften die ersten Jahre nicht so richtig geklappt. Erst wollten wir nicht, dann konnte ich nicht. Dann klappte es mit dem Halten der Föten ein paar Mal nicht. Aber dann, dann kam Justus! Drei Wochen zu früh, nachdem ich nach einem Auffahrunfall durch einen LKW einige Zeit mit Wehen im Krankenhaus zugebracht hatte. Zum Glück kam er, denn wäre sein Köpfchen noch weiter gewachsen – das hätte ich nicht mehr rausgekriegt! Er wurde abgenabelt und verschwand für einige Zeit – aus der Traum vom nackten Baby auf dem Bauch. Doch es war alles in Ordnung, Werte normal, etwas gelb, aber sonst ein Traum von einem Kind, mit dunkelgrünen, großen Augen und dunklen Haaren.

Wie alles begann

Immer hellwach und aufmerksam. Ein Speikind erster Güte, ein Schreikind, sobald es zu hell, zu laut, zu unruhig wurde. Wie viele Stunden habe ich die ersten Monate mit Rumtragen verbracht? Ich konnte sie nicht mehr zählen! Täglich um die gleiche Zeit, um 17:00 Uhr, warum auch immer, ging es rund um den Wohnzimmertisch, immer wieder. Von wegen, mal ins Auto setzen, herumfahren und schon schläft das Kind – dann war Justus erst recht munter und total interessiert. Auf Zuruf beruhigen? Ging nicht. Allein das Berühren und Sehen hat etwas gebracht. Und dass, obwohl Justus die ersten Jahre absolut kein Interesse daran hatte zu kuscheln, er drückte sich weg. Allein die Bewegung beim Tragen oder Fahren schien ihn zu begeistern.

Der Kinderarzt diagnostizierte Verdacht auf Taubheit. Also los mit einem sechs Monate alten Säugling zur Medizinischen Hochschule Hannover – und warten und testen und warten, und nach ein paar Monaten noch mal hin. Zum Glück hat sich das Thema Hörbehinderung „ausgewachsen". Es war plötzlich nicht mehr da – beziehungsweise: ich denke im Nachhinein, es war nie ein Thema – es war ein Abschalten bei Reizüberflutung und ein erstes Zeichen für eine Autismus-Spektrum-Störung (ASS).

So gingen die Jahre dahin. Das mit dem wenig Schlafen hat sich schnell gegeben. Die Milchzähne kamen schneller als üblich und fielen auch eher als beim Durchschnittskind wieder aus. Nur das mit dem Schreien kriegten wir nicht in den Griff – so ein sonniges Kind, aber leicht aus der Fassung zu bringen. Also verzichteten wir immer öfter auf zu viele neue Reize. Ein längerer Urlaub im Wohnmobil zeigte es uns deutlich: Ein schreiender Vierjähriger mitten im Nationalpark, wo alle anderen andächtig der Natur lauschten, das kam irgendwie nicht so gut.

Krabbeln fiel bei Justus ganz aus, rollen ging ja so viel schneller. Mit zwanzig Monaten stand er auf und rannte los – oder so ähnlich. Seitdem bin ich (fast) immer hinter ihm her. Das Sprechen war zu Beginn sehr undeutlich, wir haben jedoch auch nie Babysprache mit Justus gesprochen. Ich hatte eher das Gefühl, Justus würde erst Dinge tun, wenn er sie beherrscht und so schien es auch mit dem Sprechen zu sein. Seitdem er sprechen kann, spricht er nur noch. Er hat einen leichten Stammelfehler, weil sein Kiefer zu klein ist und die Zunge nicht genug Platz hat, doch ansonsten sprach er von klein auf, als wäre er ein kleiner Erwachsener. Das trug jedoch nicht allzu sehr dazu bei, sich mit gleichaltrigen Kindern anzufreunden, denn die hatten so ihre Probleme mit Justus. Er spielte für sich allein oder mit kleineren Kindern, jedoch nach seinen Regeln. Justus liebte Medizin. Sein Lieblingsheft war eine Beilage aus der „Hörzu", mit Abbildungen und Erläuterungen der menschlichen Organe. Mit Bilderbüchern konnte man ihn nicht locken. Impfen, Blut abnehmen, Spritzen, kleine OPs: Sobald er sprechen konnte, machte er alles mit Begeisterung mit.

Der Weg in die Schule

Also, Krabbelgruppe ging nicht, Kindergartenplatz bekamen wir erst als Justus fünf war, er fühlte sich dort absolut unwohl und freute sich auf die Schule. Doch zu früh gefreut. Der einzige Freund aus dem Kindergarten (ein kleiner kurdischer Junge) kam trotz allen Wünschens und aller Versuche, die Direktorin umzustimmen, nicht mit in seine Klasse und damit nahm das Übel seinen Lauf. Ich sehe jetzt noch das Einschulungsfoto vor mir: Eine fröhliche Schar, 32 lachende I-Dötzchen und ein Kind hat sich missgelaunt die Kappe vors Gesicht gezogen und schaut zur Seite. Ich hatte keine Chance, zu meinem Kind zu kommen und es zu schützen. Vor mir stand eine Mauer von Eltern, ich hörte nur das Lachen der anderen Erwachsenen und sah durch eine Lücke, wie die Direktorin versuchte, Justus zu zwingen, zur Kamera zu gucken. Soviel zum Thema: „der schönste Tag".

Justus hatte viel Spaß am Lernen, aber er war extrem langsam, immer abgelenkt, lernte genauso wie ich von Anfang an, was Mobbing in der Grundschule heißt. Er konnte sich verbal nicht wehren, weil er die Angriffe und Späße der anderen nicht verstand, und irgendwann fing er an, sich unverhältnismäßig zur Wehr zu setzen – er kratzte und biss. Was für ein Spaß für die Schulkameraden: Provozieren und Anschwärzen war damals ein beliebtes Spiel als Pausenunterhaltung. Und wie reagierten die Lehrer? Mit vermehrten Hausaufgaben, Unterrichtsausschluss, Ausschluss von Wandertagen, Sitzen auf der „Roten Bank" vorm Lehrerzimmer statt ins Freie zu dürfen – damit Justus beaufsichtigt werden konnte. Aha!? Und immer wieder klingelte bei uns zu Hause das Telefon und ich musste mir eine Litanei von Fehlverhalten anhören, zu der ich einfach nichts sagen konnte. Das Ende war immer: „Holen Sie sofort Ihr Kind ab." Das kam so oft vor, dass ich letztendlich vormittags nicht mehr ans Telefon ging und bei jedem Klingeln anfing zu zittern. Irgendwann wurde mir alles zu viel.

Nach einem nervenaufreibenden Tag und einem Streit mit Justus, dessen Verhalten wir ja auch oft nicht verstanden und nicht einordnen konnten, ging ich abends ins Bett und wachte im Krankenhaus wieder auf – Grand mal: Mein erster epileptischer Anfall, und es sollten noch weitere folgen. Eine Mutter-Kind-Kur im Chiemgau gab mir wieder Kraft und Zuversicht, dass es sich lohnt, für mein Kind zu kämpfen. Ich war vorher schon so zermürbt, dass ich schon selbst die ganzen Vorwürfe und unwahren Behauptungen glaubte, die so um uns herum geäußert wurden.

Der Wald

Ein Blatt fällt von dem hohen Baum
und segelt zu Grunde.
Segelt sachte wie ein Traum
um die frühe Morgenstunde.

Das Reh

Ein kleines Reh jagt durchs Gebüsch
Als wär ein Jäger in der Näh.
Springt durchs Gras, was noch so frisch,
zu der grünen Aue.
Es springt umher, das kleine Reh,
als ob es umherschaue.

Der Fisch

Ein Fisch, der springt ganz lebensfroh
aus dem kalten Wasser.
Er schwimmt und schwimmt ganz aufgeregt,
doch als er einen Karpfen sieht,
wird er deutlich blasser.

Felix' Übungsgedichte

Was ist bloß mit Justus los?

V on einem Fachmann zum nächsten. Eine Erklärung für Justus'
ungewöhnliches Verhalten war die Möglichkeit, dass Reflexe
sich während der frühkindlichen Entwicklung nicht zurückentwickelt hätten. Also auf zu:

57 Wochen Neurophysiologischer Entwicklungsförderung (NDT)
Zuerst Reflexdiagnostik und eine Woche später vormittags Nachbesprechung und nachmittags die erste Übung: „fötale Bewegung".

Verhalten während der Übungswochen von Samstag bis Freitag:

Woche 1
Keine besonderen Vorkommnisse. Laut Klassenlehrerin hat Justus in letzter Zeit mehr Selbstvertrauen gewonnen und tritt auch gewandter bei Problemen für seine Sache ein. Problematisch seien jedoch seine schulische Leistung und die fehlende Schnelligkeit beim Erledigen von Abschriften, Arbeitsblättern, Leseübungen und dergleichen. Sollte er nicht schneller werden, kann es sein, dass er in 2005 die 3. Klasse wiederholen muss.

Woche 2 (Osterferien)
Häufiger Verweigerungshaltung beim Lernen für die Schule, zudem sehr bockig und wütend. Meist recht albern und ungewöhnlich quiekig. Bewegungsübung noch recht stockend und quengelig (kann ich nicht, will ich nicht).

Woche 3
Krabbeln, Verstecken und Budenbauen als beliebte Beschäftigungen. Zumeist eher unbändig und völlig verschlossen gegenüber Regeln und familiärem Miteinander, eher lautstark und sehr leicht erregbar. Sehr chaotisch beim Spielen und Lernen. Freitag Vorstelltermin bei Frau NDT.

Woche 4
Zu Beginn der Therapiewoche sehr vergesslich, wiederholt unaufmerksam, aufbrausend, ungehorsam und unverständig. Schläft sehr unruhig.

Eher albern und kindisch, spielt viel im Sand, führt Selbstgespräche, verteilt Wiesenblumen in Nachbarhäusern. Krabbelphase anscheinend vorbei. Schulwoche ab Montagnachmittag ohne Vorkommnisse, zwar noch sehr vergesslich, jedoch verlässlich bei Hausaufgaben und begeistertem Radfahren draußen, abends viel Spaß beim Vorlesen und auch Selberlesen. In Schule jedoch laut Schulleitung größere Probleme mit Mitschülern. Wütende Reaktion auf Ansprache mit „Kindskopf". Wieder vermehrt Beißen und auch Kratzen nach Verfolgen und Festhalten durch ältere Schüler. Freitag: gedankenloses Zurückwerfen mit Mulch und Verletzen eines Schülers am Auge, Beißen einer Schülerin. Schulleitung schließt für drei Tage vom Unterricht und Ausflug aus (Missverständnisse?), hält Justus für nicht beschulbar.

Woche 5
Durch all die Vorkommnisse und den Schulausschluss war die ganze schöne Gelassenheit zu Hause auch dahin. Justus war häufig sehr ungehalten, wütend, mehrfach am Ausrasten und erledigte seine Aufgaben nur nach Ermahnung. Extrem albern, quiekig, schrill und laut. Aufstampfen mit dem Fuß und Auf-der-Stelle-Hüpfen, wenn wütend. Probleme mit dem Zustandebringen von Aufgaben, dem genauen Zuhören und dem Ausführen von Anweisungen, zerstreut, planlos und vergesslich. Zieht ungewöhnliche Grimassen. Warum-, warum-? Alles wird nachgefragt, Dinge, die er früher nie gefragt hat. Noch immer Probleme mit „Grrr-Anfällen: Augen treten vor, verspannt sich total, wird hochrot und steigert sich hinein. Liebt fetzendes Radfahren, tritt beim Gehen häufig nur mit dem Ballen auf. Donnerstag und Freitag in Schule und zu Hause alles ganz prima gelaufen. Übung während der ganzen Woche super gelaufen und gut mitgemacht.

Woche 6
Sehr zappelig und unaufmerksam, unkonzentriert, ablenkbar in Schule und Zuhause. Hängt sich seit einiger Zeit sehr an sein Stoff-Gespenst „Huibu", spielt dessen Vater. Huibu kommt überallhin mit, auch in den Unterricht, soll ja etwas lernen. In Schule versehentlich guter Freundin den Finger verdreht, als er sie beim Rutschen zu fest gehalten hatte. Diese hält es für absichtliches Wehtun. Für sich selbst auch kein Sinn für Gefahren: am Grashang mehrfach in den Straßengraben gerutscht und dabei

nicht auf Autos geachtet, hohes Gras nahm Sicht. Donnerstag Huibu vergessen, nur durch nette Klassenkameradinnen wiederbekommen. Völlig schockiert, dass er seinen „Sohn" liegen gelassen hat. Am Freitag plötzlich Rückfall in Wutverhalten: Hatte im Sport Rangelei, soll den Spielablauf gestört haben, und als er den Ball nicht bekam, ein Kind in den Arm gebissen haben. Schulleitung hat ihn nach Hause geschickt. Justus hat Klassenlehrerin erzählt: „Ich musste das einfach tun!" Mir hat er auf dem Nachhauseweg erzählt: „Ich bin richtig froh, ich habe den Hügel überwunden, jetzt werde ich nicht mehr so wütend. Es tut mir nur leid, dass ein Kind dabei verletzt wurde." Justus ist zu Hause völlig durch den Wind gewesen, hat mittags einen schlimmen Wutanfall bekommen, ist völlig ausgerastet und hat geschrien wie am Spieß. Nur schwer zu beruhigen. So hysterisch hat er noch nie reagiert. Übung in der ganzen Woche mit Bravour erledigt, da auch auf ruhigeres Miteinander und mehr Verständnis geeinigt.

Woche 7

Die ganze Woche ist wunderbar gelaufen, keine ausufernden Wutanfälle oder Aggressionen gegenüber Mitschülern. Probleme laut Klassenlehrerin jedoch bei der Mitarbeit in der Schule, er käme kaum an die Arbeit. Derzeit „Sprache statt Sport" um Konfliktsituationen zu entgehen. Hat sich selbstständig um Klassenraum (mit Deutschlehrerin in den Unterricht anderer Klassen) gekümmert. Zu Hause jedoch keine Probleme mit Hausaufgaben und Mitarbeit. Übung zum Teil zweimal ausgeführt, da lustlos mitgemacht, häufig Verwechslung von links und rechts.

Woche 8

Von Samstag bis Dienstag alles traumhaft schön, tritt immer selbstbewusster für sich ein. Unfallgefahr und Ungeschicklichkeit stärker als üblich, häufiger hingefallen oder gestürzt. Hausaufgaben ziemlich aufwendig, ohne Anschubs und wiederholte Kontrolle läuft gar nichts. Mittwoch Rückfall in Wutverhalten in der Schule, hat nach versehentlicher Rempelei Jungen gebissen, da dieser ihn geschubst hatte. Musste als Strafe Gedicht und Bild malen: Hat sich für „Streit" von Rilke! entschieden. Hält sich besser an Regeln. Bester Satz: „Wie lange dauert es noch, bis der Moro ausgereift ist?" Nach Vorfall, zu Hause wieder leichter erregbar,

Grr-Anfälle, ganz besonders am Donnerstag. Übungsverlauf wie Vorwoche.

Woche 9

Wieder sehr vergesslich (Sachen liegen lassen, Aufgaben notieren, Arbeitsblätter mitbringen), Kitzeligkeit jedoch vorbei. Probleme mit Machtspielchen: Wie weit kann ich es treiben, wo sind die Grenzen (laut der Schulpsychologin auch ein Zeichen für Unsicherheit in der Erziehung, übermäßige „Erhöhung" von Justus). Völlige Verweigerung und wiederholte Störungen bei Mitarbeit in der Schule, auch Hausaufgaben nur unter Druck und extrem langsam. Beim Zähneputzen, Umziehen und dergleichen wieder Lieder, Uhr und verschärfte Kontrollen eingeführt, da unzuverlässig und trödelig in der Ausführung. Die bis März 2004 im Verhaltenstraining erlernte Automatisierung und auch die schon gesetzten Grenzen im Umgang haben sich scheinbar seit ein paar Wochen aufgelöst und müssen ganz neu vermittelt oder verstärkt werden. Übung läuft: unrund, aber nach Ausloten der Grenzen ohne Bocken. Freitagnachmittag Vorstellung bei Frau NDT. Übung 1: fötale Bewegung in Rückenlage, Übung 2: Halbarmstreckung in Bauchlage, Übung 3: fötale Bewegung auf Bürostuhl.

Woche 10

Zu Hause eine sehr fleißige Woche ohne größere Probleme, ein paar kleine Machtkämpfe durch Konsequenz wie gehabt ausgestanden. Leider wieder vermehrt Selbstkratzen und -hauen, wenn ärgerlich auf sich. Immer noch sehr vergesslich: Jacke, Arbeitsblätter liegen lassen, nicht alle Aufgaben in Schule abschreiben, sehr leicht ablenkbar und zumeist nicht sofort ansprechbar, als ob Justus manches nicht hören kann. Die Klassenlehrerin ist der Meinung, es wäre Absicht, er würde seine Narrenfreiheit genießen und deshalb nicht ordentlich mitarbeiten, Zettel liegen lassen, Hausaufgaben nicht korrekt notieren. Er hätte gesagt, „man könne wegen ihm keine Klassenkonferenz einberufen, er sei doch in Therapie." Justus selbst hat mir erzählt, er hätte in dem Fall die Lehrer anders verstanden und seine Antwort auch anders gemeint. Er ist meines Erachtens mutig für sich eingetreten, insbesondere wenn ich bedenke, dass er in der Schule in letzter Zeit von älteren Schülern extrem gepiesackt wird: Er wird geschubst, vor „Sprache statt Sport" zwischen die Tafel gequetscht, die Älteren werfen sich auf ihn, empfangen ihn mit: „Da kommt der Schwule", und dergleichen Schikanen mehr. Ich finde Justus sehr tapfer, wenn er sich dem täglich aussetzen muss. Zweitägige Klassenfahrt lief prima, für Übung am Donnerstagabend abgeholt. Übungen in dieser Woche gut gelaufen, noch einiges nachzukorrigieren, Stuhl-Übung jedoch schon viel besser.

Woche 11

Beginn der Woche in ziemlicher „Ist-mir-doch-egal-Stimmung" und sehr freches, wenig kooperatives Verhalten. Hat dies damit erklärt, es überkäme ihn, er käme nicht dagegen an. Sehr fleißige Woche in Schule und zu Hause. Ab Mittwoch kurzfristig wieder beim Sport mitmachen dürfen, „Sprache statt Sport" wurde beendet (fehlende Aufsicht?). Extreme „Kuscheltier-Phase", speziell in der Schule, mittlerweile vorbei. Übungen wieder in Ordnung; Stuhl-Übung immer perfekter, „rechts-links-rechts" ohne Vorsagen immer selbstständiger.

Woche 12

Immer noch sehr vergesslich in Schule, darum eingeführt, dass Justus wieder zurückgehen muss, wenn er die Aufgaben nicht von der Tafel abgeschrieben hat. Seine Welt ist derzeit wohl ziemlich in Unordnung: Er kratzt sich wieder viel selbst, wenn er wütend auf sich ist. Als ich ihm deswegen auf den Unterarm haute, bekam ich einen Kuss und freudiges Strahlen dafür. Doch ich schäme mich für mein Verhalten. Er sagte, er wolle sich mit dem Kratzen bestrafen (zu hohe Schmerzgrenze?). Ansonsten zu Hause und auch in der Schule supertolle Woche. Übungen liefen in dieser Woche auch auf Anhieb und besonders gut. Macht mittlerweile richtig Spaß.

Woche 13

In der Schule ist alles in Ordnung. Justus' Klassenkameraden stehen zum größten Teil auf seiner Seite und unterstützen ihn im „Kampf" mit den älteren Schülern. Dadurch ist dies auch die erste Woche ohne einen einzigen Blitz auf seinem Laufzettel. Er ist noch immer extrem vergesslich, jedoch zuverlässig, wenn es ums Zeiteinhalten oder um Pünktlichkeit geht. Am Dienstag Termin bei Frau K zur Physiotherapie. Von ihr den Rat bekommen, zum Hausarzt und zum Orthopäden zu gehen, um ein Rezept für manuelle Therapie zu bekommen. Frau K fielen Justus' Höflichkeit, sein Gerechtigkeitssinn und seine gute Beobachtungsgabe auf. Empfiehlt für ihn eine Einzelsportart wie zum Beispiel Laufen/Leichtathletik, damit Erfolge dort auch sein Selbstbewusstsein stärken. Donnerstag Untersuchung beim Hausarzt untersucht worden und wegen Verdacht auf Wirbelsäulen-Skoliose weiter überwiesen. Übungen liefen bis Mittwoch ganz prima (Rückenlage beim Hochkommen noch etwas schwierig, weil Keilkissen anfänglich zu flach – Kopf auf Boden – und mit Unterlage zu hoch!). Donnerstag das erste Mal Übung abgebrochen, da Justus nicht zur vernünftigen Mitarbeit zu bewegen war, hat nur gequengelt, rumgeschrien, wütend geheult. Nach mehrmaliger Aufforderung ohne Reaktion (trotz Androhung von Konsequenzen wie „keine Radio-Sendung „Ohrenbär" oder „2 Tage kein TV"), Übung abgebrochen, ins Bett geschickt. Am Freitag alles wieder in Ordnung.

Woche 14

Wieder eine prima Woche. Ich bemerke, wie Justus sich immer mehr abnabelt und selbstständiger wird. Er regt sich auch nicht mehr so scheinbar grundlos auf. Hängt sich bei Festen nicht mehr so sehr an Rainer und mich. Insgesamt fällt auf, dass er vom Verhalten, von seiner Art her viel ruhiger, nicht mehr so hibbelig ist. Weist auf Diskrepanzen im Erziehungsverhalten hin: „Früher habt ihr immer ‚bitte' gesagt, jetzt verlangt ihr immer. Wenn ihr wieder ‚bitte' sagt, mach ich es auch." Hat trotz allem immer noch Probleme beim Zuhören, reagiert selten prompt auf Ansprache, ist trotz aller Ermahnungen und Konsequenzen immer noch sehr vergesslich (Grund?). Hat Donnerstag im Sportunterricht einen Klassenkameraden vor Schreck in den Arm gebissen, nachdem dieser ihm vorher heftig auf den Oberschenkel geschlagen hat. Den Ärger bekam Justus. Dienstagvormittag beim Orthopäden zum Röntgen und Untersuchen von Justus' Rücken. Manuelle Therapie wollte er leider nicht verschreiben, sondern erst einmal krankengymnastische Übungen (auch für zu Hause) für Wirbelsäule und Muskulatur. Übungen zu Beginn der Woche nicht mehr ganz so gut wie in der Vorwoche, sehr unlustig, „wie lange denn noch", wieder etwas unrund, noch immer schief. Ab Mittwoch wieder kooperativer und fröhlicher.

Woche 15

Eine tolle, unspektakuläre Woche. Probleme eher im Arbeitsverhalten, ist sehr vergesslich, lässt sich sehr leicht ablenken. Abschreiben klappt nicht so besonders, wenn ich ihm jedoch diktiere, läuft es wunderbar. Es fällt extrem auf, dass Justus sich nur auf eine Sache konzentrieren kann: wenn er z. B. etwas erzählt und jemand anderes spricht ihn an, bekommt er das nicht mit. Es gelingt ihm nicht, mehrere Dinge gleichzeitig aufzunehmen und zu erledigen. Er spielt sehr kreativ und voller Phantasie, auch Zeichnungen (z. B. von seinen Kuscheltieren) sind sehr harmonisch, er zeichnet jedoch eher von rechts (Fischkopf) nach links (Körper und Schwanz), ähnlich ist es noch bei Zahlen und Buchstabendrehern. Ist sehr leicht wutentbrannt, wenn er sich unverstanden oder missverstanden fühlt. Übungen laufen noch schief und unrund, links/rechts wieder etwas unsicher, Ablauf klappt jedoch prima, er macht gut mit.

Woche 16

In der Schule lief die Woche ganz ordentlich. Es zeigt sich immer mehr, dass er sich wehrt, wenn er sich angegriffen fühlt oder von Schulkameraden attackiert wird. Aus seinem Empfinden heraus wollen die Lehrer ihm jedoch nicht zuhören oder nicht glauben, wenn er seine Version erzählen möchte. Die Probleme resultieren häufig aus falsch verstandenen Anweisungen und den daraus folgenden Missverständnissen (Hörprobleme oder gestörte auditive Wahrnehmung?). Justus analysiert sein zeitweiliges Frechsein und seine Patzigkeit ganz genau: „Es überkommt mich, ich komme nicht dagegen an." Leider sagt er auch, er hätte einen Knacks im Gehirn und er käme in den Situationen, in denen er falsch reagiert (z. B. in der Schule), gegen seine aufsteigende Wut nicht an. Sein Versuch, gegen das Frechsein anzukämpfen, wird auch von mir oft missverstanden. Ich beziehe die Reaktion auf mich, Justus versucht jedoch mit Grimassen oder Bewegungen, sich selbst zu beruhigen.

Auch die Selbstanalyse, warum es zumeist mit den Hausaufgaben nicht vorwärtsgeht, ist sehr schlüssig: Er sagt, er würde am Schreibtisch sitzen und schreiben und irgendetwas lenke ihn immer ab und er käme ins Träumen. Gerade in dieser Woche ist es besonders schlimm mit den Hausaufgaben, sein Kurzzeitgedächtnis ist immer noch eine totale Katastrophe. Ab Montagabend mal wieder Mühle gespielt, jeden Tag besser in

der Reaktion und der Frustration bei falschen Zügen. Nur am ersten Tag überzogene Reaktion aufs mögliche Verlieren der Partie.
Wieder Phase mit Albträumen und schlechtem Einschlafen, Bettnässen extrem verstärkt. Übungen wie in der Vorwoche, jedoch mittlerweile ohne verbales Eingreifen in den Ablauf. Freitagnachmittag Termin bei Frau NDT. Übung 1: Fötale Bewegung in Rückenlage, Übung 2: Astronaut.

Woche 17

Eine ganz prima Woche, in der alles hervorragend geklappt hat (bis auf So., da ziemlich aufsässig und laut, Übungen abgebrochen). Ansonsten diese Woche sehr schmusig und kuschelbedürftig, auch in der Schule bei Klassenkameradinnen, was ihm von dieser Seite ziemlichen Ärger einbrachte. Monologe beim Spielen und Lernen verstärkt. Donnerstag bei der Physiotherapeutin: Justus konnte „Craniofluss" bei der Massage erspüren, soll sehr selten bei Patienten vorkommen. Ist total hingerissen, wenn ich ihm vorm Zubettgehen noch einmal langsam über den Kopf streichle.

Woche 18 (Sommerferien)

Samstag Fieber bekommen, ansonsten toller Tag, erst Sonntag Probleme mit Bockigkeit und Unlust beim Zähneputzen. Situation geriet völlig außer Kontrolle, als ich ihn gekitzelt habe, um zu testen, ob seine Wut nur aufgesetzt oder echt ist. Ich wurde mehrfach (aus seiner Sicht in Notwehr) extrem gebissen (festgebissen) und gekratzt, er kriegte sich gar nicht mehr ein, weil ich ihn berührt hatte. Ruhiges auf ihn einreden half nichts. Beruhigte und entschuldigte sich erst, nachdem Rainer und ich ihn seinem Wunsch entsprechend im Bad allein gelassen hatten, um sich wieder einzukriegen. Jedes Gespräch, was denn da passiert sei, führte zuerst wieder zu Schreianfällen („Lasst mich in Ruhe!"). Für den Rest der Woche hat Rainer die Übungen übernommen, da ich 4 Tage im Krankenhaus war. Übungen liefen gut, Verhalten war prima, obwohl noch recht albern und schrill. Sehr leicht erregbar, kommt wieder runter, wenn man ihn völlig in Ruhe lässt.

Woche 19 (Sommerferien)

Zu Beginn der Übungswoche öfter wütend und aufbrausend, einhergehend mit selbstzerstörerischem Verhalten (sich selbst kratzen, kneifen, hauen) und Unruhe am Abend. Freitag neuen Ablauf beim Zähneputzen eingeführt, um Putzdauer besser zu verinnerlichen: wie gehabt mit Armbanduhr. Ein Umlauf des Sekundenzeigers pro Zahnseite, nicht wie vorher für alles gesamt fünf Minuten. Übungen liefen ganz prima, viel symmetrischer und ohne Stocken.

Woche 20 (Sommerferien)
Ist sehr verletzungsgefährdet, stolpert leicht und stürzt, holt sich schnell blaue Flecken, Kratzer und Schürfwunden. Tritt auch beim Langsamgehen häufig zuerst mit dem Ballen auf, wobei „langsames Gehen" sowieso die Ausnahme ist. Ganz tolle Woche, sehr zuverlässiges und kooperatives Verhalten. Übungen etwas unwillig und zappelig.

Woche 21 (Sommerferien)
Wie schon in der Vorwoche sehr lahm und unkonzentriert bei gestellten Aufgaben, hört schlecht zu, reagiert spät – wenn überhaupt! Sehr schnell erregbar, wenn ihm etwas nicht passt oder er sich ertappt fühlt („Lass mich in Ruhe!"). Regt sich jedoch auch schneller als noch vor ein paar Wochen wieder ab (sofern er kurz in Ruhe gelassen wird). Für mehr Ruhe und Gelassenheit abendlichen Ablauf geändert: Zähneputzen zuerst, damit mehr Ruhe für die Übungen bleibt. Immer noch häufig am Monologisieren, schrill, insgesamt recht bockig. Nachts eher unruhig, stark am Schwitzen. Sehr erfinderisch, phantasievoll beim Spielen (egal ob drinnen oder draußen), Ballspiel ungenügend – Fangen geht gar nicht, Werfen zielunsicher. Fleißig am Schreiben üben, Aufgaben werden selbstständig erledigt, sofern der Ablauf vorher besprochen wurde, allein an etwas denken klappt noch nicht, auch nicht bei unserem festen Tagesschema. Ohne Erinnerung geht es nicht. Noch immer unsicher bei „Mama, nein, Papa", zumeist Verwechslung bei der Anrede.

Woche 22 (Sommerferien)
Ganze Woche Probleme mit Schwitzen und Albträumen, sehr albern und schrill. Liebt es wieder, sich abends vorm Zubettgehen noch ein Märchen vorlesen zu lassen, gegen schlechte Träume kuschelt er sich mit einigen geliebten Stofftieren am Kopfende ein. Wutphasen insgesamt kürzer, nur erst in Ruhe lassen, dann kommt Bitte um Verzeihung und Erläuterung von allein. Kann mittlerweile sein Verhalten besser erklären. Ist zumeist wütend auf sich selbst, weil er sich ertappt fühlt, wenn er eine

Aufgabe nicht ordentlich erledigt hat, ihm etwas peinlich ist. Macht sich auch Gedanken über Konfliktlösungen nach seinen Wutanfällen und Schreiattacken. Montag zum ersten Mal im Schwimmbad, hat sie sich eine Woche vorher von außen angeschaut und war ab da vollauf begeistert vom Schwimmen üben. Zu dritt mit „Schlori-Schwimmhilfe" eine Stunde Spaß im Wasser gehabt. Häufiger leicht verschnupft und am Räuspern. Übungen noch immer angenehm in der Symmetrie, links und rechts wieder etwas leichte Unsicherheit, im Ablauf etwas zappelig. Enuresis keine Besserung, zögert zu lange, scheint wach zu sein, bleibt aber liegen.

Woche 23 (Sommerferien)

Woche beginnt in jeder Hinsicht recht lustlos und ablehnend, im Verhalten eher zappelig, albern und hibbelig. Schnell abgelenkt, darum ungeduldig und hektisch, wenn Uhrzeit nicht im Blick. Bei Erzählungen noch sehr stockend und unkonzentriert, verliert schnell den Faden, gerät ins Stocken. Hält auch bei spannenden Spielen oder Unternehmungen mit Rainer oder mir nicht lange durch. Irgendwie fehlt ihm noch der Sinn für das „große Ganze". Eher traurig ist seine allgemeine Stimmung gegenüber Gleichaltrigen: „Die mögen mich nicht, die ärgern mich nur." Ist ziemlich laut und schrill, beißt wieder in „Notwehr", ist eine ziemliche „Quasselstrippe", wie auch in den Wochen davor. Es ist sehr schwer bei Justus Unwillen oder Unvermögen auseinanderzuhalten, zum Glück ist er so willensstark, dass Justus bei Fehleinschätzungen von Rainer und mir, seine Position erklären kann. Besonders viel Spaß macht sein Wortwitz, er ist ein begeisterter Sammler von „Teekesselchen"-Begriffen. Übungen laufen prima, Justus ist überzeugt bei der Sache (Änderung des abendlichen Ablaufes?). Freitag Wiedervorstellung bei Frau NDT. Übung 1: Astronaut, Übung 2: ATNR-Stimulator (Vorübung), Übung 3: fötale Rückenlage zur Hälfte.

Woche 24 (Beginn 3. Klasse)

Speziell beim Kopfrechnen und Aufschreiben von Zahlen häufiger wieder Dreher (32 sagen, 23 aufschreiben). Vermehrt sehr laut und Frechsein mit „Lass mich in Ruhe"-Gebrüll. Lässt sich jedoch schnell wieder runterbringen. Wenn er merkt, dass er sich ins Unrecht gesetzt hat, reagiert er eher so extrem. Solange ich nicht gehe und ihn in Ruhe lasse, steigert er sich hinein, ich warte jedoch auf ein ruhiges: „Lass mich doch bitte kurz allein, ich möchte mich erst mal beruhigen." Dann ist nach kurzer Zeit alles wieder okay. Ein toller Erfolg! Hält den Stift sehr weit unten, hat sein Schriftbild jedoch wieder verbessert. Gesichter und Namen merken noch sehr unsicher, Uhrzeit lesen mit gedanklichen und optischen Hilfsmitteln immer besser (zumeist mit Aussprechen der Gedanken zum einfacheren Merken), auch zeitliche Orientierung verbessert, Tempo eher langsam (Anziehen, Zähneputzen, Hausaufgaben und vieles mehr). Wenn direkte Zuwendung und bewusstes Zuhören, dann spontanere Reaktion auf Anweisungen. Enuresis ohne besondere Änderung. Verstärkt nachts extrem am Schwitzen, noch recht erkältet und verschnupft, sehr unfallgefährdet: stoßen, stolpern, abschürfen. Donnerstagvormittag zur schulärztlichen Untersuchung (wegen sonderpädagogischem Verfahren, Antrag der Grundschule).

Woche 25
Wieder verstärkt unkonzentriert und leicht abzulenken (Aufgaben nicht notiert, Laufzettel vergessen, ohne Jacke, Anweisungen nicht gehört). Schrift extrem krakelig; ungewöhnlich leicht erkältet, verschnupft. Verstärkt Probleme mit Hausaufgaben, kein Spaß an Problemlösungen oder Nachdenken (z. B. Mathe). Laut Laufzettel wieder häufiger Konflikte mit Klassenkameraden, zu Hause Selbstgespräche und Krisseligkeit, Unruhe. Versucht auszutricksen und flunkert gern bei „HA gemacht?", „Zähne geputzt?", „Gewaschen?". Erzählt, dass Klassenlehrerin gesagt hätte, ob es denn schon wieder mit ihm so los gehe wie vor den Ferien. Test der „Schule für Erziehungshilfe" während Unterrichtszeit, 16:00 Uhr zu Frau NDT; Übungen vorstellen und ATNR-Stimulator Hauptübung dazu. 1. Astronaut, 2. ATNR, 3. Fötale Bewegung. Rückenlage einmal langsam.

Woche 26
Bringt Mama und Papa bei Anrede weiterhin durcheinander. Bei den Hausaufgaben wieder Buchstabendreher drin, viele Fehler bei Abschriften, da keine Kontrolle des geschriebenen Wortes mit der Vorlage, schreibt laut eigener Aussage nach Gehör bzw. dem Klang des Wortes, nicht nach dem Wortbild. Wenn Justus sich ertappt oder beim Flunkern erwischt fühlt, Überreaktion, die nur durch strenges Eingreifen und Rausgehen wieder abklingt, ansonsten Eskalieren der Situation. Montag, Dienstag erneut Missverständnisse bei Klassenlehrerin. Justus sagt, sie

höre ihm nicht zu, wenn er etwas zu seiner Verteidigung zu sagen hätte, fasse ihn grob an, sehe ihn ohne Nachfragen immer als den Schuldigen eines Konfliktes. Er müsse auf die rote Bank, dürfe nicht raus oder käme in den Kartenraum, um dort allein zu arbeiten.

Woche 27
Primäres Einnässen unverändert; immer noch viel Geschrei und Gezeter und Gewüte besonders bei den Hausaufgaben: „Lass mich in Ruhe", „Ich habe keine Zeit mehr!", „Hau ab!". Dienstag Hausaufgaben flott erledigt, da zur Oma mit Rad fahren dürfen, Montag und Mittwoch jedoch kein Anfangen, nur Geschrei, kein Zeitgefühl. Dienstag, 15:00 Uhr, Schule für Erziehungshilfe, 2 Pädagoginnen zum Elterngespräch bei uns zu Hause (deren IQ-Test wohl überdurchschnittlich), Mittwochvormittag zum 2. Mathetest während Unterrichtszeit durch Schule für Erziehungshilfe, 15:30 Uhr zur Physiotherapeutin, hat gegen Unruhe Vorschlag mit Omega-3-Fettsäuren gemacht.

Woche 28
Samstag extrem am Rumschreien, jedoch Entschuldigung nach Auszeit im Kinderzimmer. Montag tolle Leistung im Deutschdiktat, eine 3- bekommen, klasse Erfolg für Justus. Turnbeutel in Schule verschwunden, versteckt worden? Ab Dienstag auf zur Kur ins Chiemgau, Zugfahrt ganz toll und Justus sehr folgsam und hilfsbereit. Kinderwelt im Kurhaus über Sorgen und Reifestand informiert, danach Aufklärung der anderen Kinder durch die dortigen Erzieherinnen und Justus konnte sich angenommen, integriert und verstanden fühlen.

Woche 29
Samstag Ausflug zum Chiemsee, ganz toller Tag mit viel Spaß und Entdeckerfreude auf dem Schiff und im Schloss. Sehr fürsorglich: Hat einem Mann helfen wollen, der auf der Schiffstreppe ausgerutscht und gestürzt ist. Auch gemeinsamer Radausflug am Sonntag ein voller Erfolg mit viel Lachen. Als ich wegen eines verbalen Angriffs einer anderen Mutter geweint habe und Justus diese Traurigkeit mitbekam, ist er zu mir gekommen, hat mir den Nacken massiert und gesagt: „Ist doch alles gut, Mami, es wurde alles unten in der Kinderwelt geklärt. Du musst nicht traurig sein!" Montag erster Tag abends Schwimmkurs mit nur drei Kin-

dern, Justus und zwei Fünfjährige, mit denen er sich besonders gut versteht. Viel Spaß beim Schwimmenlernen und bei der Wassergewöhnung. Einnässen ohne Änderung. Auch für Justus während der Kur Cranio-Behandlung mit tollem Erfolg laut Therapeutin und auch Erzieherinnen. Summt oder singt bei Ventilatorgeräusch im Bad, nachts unruhig, mit Sprechen im Schlaf, Zähneknirschen, intensive Träume, zum Teil Albträume.

Woche 30
Zum Wochenende grassierenden Magen-Darm-Virus erwischt, von Ärztin Kapseln verordnet bekommen. Justus ganz tapfer beim Runterschlucken! Sehr kreativ, denkt sich Witze und Scherzfragen aus, reimt kleine Lieder. Darmproblem Montag früh noch einmal, jedoch wohl eher wegen Essen am Abend zuvor. Findet viele Freunde in Kinderwelt, eckt zwar auch an, merkt jedoch, dass auch andere Kinder anecken und Konflikte auszutragen haben. Reibereien werden direkt in der Kinderwelt im Beisein, jedoch ohne Einmischung der Betreuer geklärt. Mit Leiterin gesprochen und einiges über Justus erfahren. Sie empfiehlt dringend einen Schulwechsel, da Justus derzeit in Schule sogar von den Erwachsenen bzw. seinen Vertrauenspersonen abgelehnt würde. Die Leiterin hat sich viel mit Justus unterhalten und glaubt seinen Erzählungen vorbehaltlos. Ich bekomme einen Bericht der pädagogischen Leitung über Justus' Verhalten in der Kinderwelt nach der Kur zugeschickt (Als Kontrapunkt zu derzeitigen Berichten der Grundschule). Leiterin erwähnt die weiblichen Züge, die Justus hätte, sowie seine Art zu sprechen und sich auszudrücken. Er versteht sich ganz besonders mit jüngeren Kindern und die sich auch eher mit ihm.

Woche 31
Enuresis leider etwas stärker, von Mitpatientin auf Hilfe durch Hormonbehandlung? hingewiesen worden. Risiken? Dienstag wieder nach Hause. Ein paar Tage auf Übungen verzichtet, da Drehstuhl und Keilkissen schon abgegeben und zu Hause zu spät zurück. Donnerstagmittag letzter Termin bei der Physiotherapeutin, Freitag Wiedervorstellung bei Frau NDT. Übungen liefen während der gesamten Zeit recht gut, jedoch Unsicherheiten bei ATNR-Stimulator. Neue Übungen eingeübt; Übung 1:

Astronaut weiter, Übung 2: Neugeborenen-Radfahren, Übung 3: primitive Bewegung in Rückenlage II (homolateral) zur Hälfte.

Woche 32

Vorschlag von Frau NDT zur nächtlichen Enuresis aufgenommen: Eimer am Bett, leider ohne erkennbaren Erfolg, nach drei Nächten nicht mehr benutzt. Ab Dienstag nach den Herbstferien wieder zur Schule. Anscheinend vermehrt Probleme beim Hausaufgabennotieren (Vergessen?, Nicht korrekt?, Änderung der Routine?), auch wieder häufiger Verwechslung von b und d sowie langsames Arbeiten. Wieder viele Probleme mit einigen Mitschülern, die bekanntermaßen lästern, reizen, Grimassen schneiden, Schulsachen und Kleider verstecken, boxen, antippen und dergleichen mehr. Justus' verzweifelte Reaktion leider kratzen und Dinge durch die Gegend werfen. Keine Hilfe durch Lehrkräfte, anscheinend keine Aufklärung bzw. Hinweis auf seine Probleme mit Nähe und Lärm. Übungen zumeist gut mitgemacht, jedoch bei Astronaut leichte Unruhe und Zappeligkeit spürbar.

Woche 33

In der Schule läuft es nicht so besonders, häufiger Reibereien, Justus findet laut Klassenlehrerin kein Maß im Umgang mit seinen Mitschülern. Es gäbe „mehrere Klagen aus verschiedenen Richtungen" (?), sieht keinen Sinn im Laufzettel, füllt ihn aber seit Beginn auch nur lustlos aus. Es scheint, als müsse Justus, wenn etwas vorgefallen ist, allein die Konsequenzen tragen, extreme Häufung von Missverständnissen. Dienstag Sozialpädagogin Frau B (Schule für Erziehungshilfe), zum Beobachten in der Schule, danach auch bei uns zu Hause. Ist der Meinung, dass Justus versucht, zwischen mir und seiner Klassenlehrerin zu vermitteln, um Zwistigkeiten zu vermeiden. Soll Dinge behauptet haben, die ich gar nicht gesagt habe. Vielleicht wieder ein Missverständnis durch ungenaues Zuhören beziehungsweise fehlendes Nachfragen? Zu Hause alles bestens. Sehr kreativ im Spiel, auch mit elektronischen Basteleien, selbstständigen Reparaturen. Spürt eher, dass nass, reagiert jedoch immer zu spät. Übungen laufen perfekt.

Woche 34

Arbeitsverhalten in der Schule schlecht, zu Hause jedoch fleißig. Leistung in Klassenarbeiten jedoch in Ordnung, abends erst spät zum Schlafen zu kriegen, recht ungewohnte Situation, vermutlich Zusammenhang Geburtstagswoche und entsprechender Aufregung. Spiel und Spaß mit Geburtstagsgästen lief wunderbar. Zu Hause leicht zu führen und folgsam. Kontrolle über Beine, Füße nicht so besonders: Verletzt sich wieder häufiger durch fehlende Vorsicht beim Rennen und Treppensteigen an Kanten und spitzen Ecken. Seit Samstag Übung 3: III, alternierend, da schon nach kürzester Zeit keine Mitreaktionen mehr. Auch keine Mitreaktionen bei dieser Über-Kreuz-Übung, ebenfalls perfekte Mitarbeit bei den anderen Übungen.

Woche 35

Laut Klassenlehrerin konfliktreiche Woche, jedoch keine eindeutige Wertung durch Blitze im Laufzettel, sodass nicht nachvollziehbar. Erstaunlicherweise Vorfälle an Tagen mit vielen Sternen (wie auch schon früher). Justus wird als Einziger aus „Sicherheitsgründen" von Klassenaktivitäten ausgeschlossen. Kann sich auch Hausaufgaben nicht mehr wie bisher am Endes des Schultages notieren, da er das Schulgelände sofort nach dem Klingeln verlassen muss, um Konflikten zu entgehen. Wird auch häufiger auf dem Schulhof von Eltern angesprochen, die ihn wegen seines Verhaltens gegenüber ihren Kindern zur Rechenschaft ziehen wollen oder ihn beschimpfen. Zu Hause sehr chaotisch und garstig, daher strengere Maßstäbe beim „Dübelsystem" eingeführt. Donnerstagnachmittag Elterngespräch mit Frau B, Frau F und der Klassenlehrerin in der Grundschule zum Besprechen der Inhalte des „sonderschulpädagogischen Gutachtens", das zum Schulamt geht. Übungen zumeist sehr hektisch, lustlos, hibbelig – perfekt ist jedoch das gute Kurzzeitgedächtnis: Welches Bein, welcher Arm kommt dran, wie läuft die Übung ab und dergleichen mehr. Prima! Verletzungen wieder weniger.

Woche 36

Viel Verständnis für eigenes Fehlverhalten, meine Gespräche mit Justus sind sehr tiefgehend und feinsinnig, der Belohnungsplan bewirkt Wunder, wenn konsequent eingesetzt. Montagvormittag Elternsprechtag: Leistungen insgesamt besser, wenn auch nicht altersgerecht, Rückstufung in 2. Klasse derzeit kein Thema mehr. Mittwoch erstes Mal Einzelintegration mit Frau B: Was ist im Umgang mit anderen verboten, was erlaubt! Erlaubt ist Aufstampfen mit dem Fuß bei Wut, doch Justus sagt, das würde die Wut noch steigern. Deshalb Werfen mit Gegenständen? Donnerstag mit Begeisterung zu einem Klassenkameraden zum Spielen. Alles wie erwartet, wunderbar gelaufen. Abends Anruf von Frau B wegen vermehrter Telefonate der Schulleitung mit dem Schulamt aufgrund von gravierenden Vorkommnissen in der Schule. Schule will Verantwortung für Justus nicht mehr tragen und ihn lieber in Erziehungshilfe-Grundschule betreuen lassen. Klassenlehrerin hat sich bei der Ergotherapiepraxis nach Justus' Fortkommen in der Therapie erkundigen wollen, jedoch erfahren, dass er derzeit dort nicht in Therapie sei. Tja, ohne Erlaubnis und Aufhebung der Schweigepflicht hat sie dort auch nicht anzurufen. Bis auf die Schulpsychologin und die Sozialpädagogin ist keiner berechtigt, Auskünfte über Justus einzuholen. Sekretariat der Praxis noch mal informiert.

Auch in dieser Woche super Kurzzeitgedächtnis, viel Spaß am Lesen von Natur + Technik-Heften und Lexika, anscheinend Diskrepanz zwischen Lernverhalten zu Hause und in der Schule. Kriegt sich viel schneller wieder ein, wenn bockig. Verweigert speziell Ballsportarten, die Geschicklichkeit von Hand und oder Fuß erfordern (wie Dribbeln oder Prellen bei Fußball und Basketball). Bei den Übungen ist es interessant, zu beobachten, dass rechter Arm/linkes Bein leichter in der Ausführung sind, Astronaut noch recht häufig zappelig, unruhig.

Woche 37
Beginn der Woche ganz prima, fleißig, hilfsbereit. Justus ist sehr bemüht, Aufgaben korrekt zu erledigen, wenn die Aussicht auf Belohnungsdübel zum Erfüllen von Wünschen besteht, immer vorausgesetzt, wir haben die Aufgaben von „Angesicht zu Angesicht" kurz und präzise besprochen. Es fällt ihm jedoch immer noch schwer, sich mehrere Dinge gleichzeitig zu merken. Visuell und verbal kombiniert gestellte Aufgaben merkt er sich leichter. Montagmittag Termin beim Schulleiter der neuen Grundschule zum Vorgespräch (auch mit Klassenlehrerin der 3. Klasse) sowie nachmittags Termin bei der Schulpsychologin, beide Termine jeweils ohne Justus. Dienstagnachmittag Termin beim Hausarzt von Justus, wegen Überweisung zum Kinderarzt und Registrierung beim Autismusinstitut zur Abklärung des von Frau B vermuteten Asperger-Syndroms. Wegen

vermehrter Unstimmigkeiten im Tagesablauf und unverständlicher Wutausbrüche „Familiensprechstunde" sonntags zur Kaffeezeit eingeführt.

Übungen am Sonntag umständehalber mit Rainer, 1a geklappt. Seit Kurzem Probleme bei der Kopfkontrolle/Mittellinie, häufig leichtes Abdriften. Auch beim Schriftbild wieder Unruhe (zu hektisch?), „d" und „b" wieder öfter verdreht und auch Zahlen (speziell beim Kopfrechnen) falsch gelesen: Bild ist „52", er sagt „25"! Versuchen Ausgleich durch Üben mit „sehen, hören, nachsprechen" (z. B. beim 1x1-Auswendiglernen). Freitag Wiedervorstellung bei Frau NDT. Sie sagt, Dreher könnten durch Verstärkung durch Überkreuzübung kommen. Übung 1: Überkreuz noch 2 Wochen gemeinsam mit Übung 2: Feldenkrais 1.

Woche 38

Wieder ganz extreme Probleme mit Enuresis nocturna. Trotz Spezialhose morgens zumeist pitschepatschenass. In dieser Woche Registrierung beim SPZ, nachdem beim Kinderarzttermin Überweisung bekommen, auch Termin beim Pädaudiologen zur Abklärung von möglicher Fehlhörigkeit geben lassen (leider erst Anfang April 2005).

Ab Montag zur neuen Grundschule im Nachbarortsteil, in die 3. Klasse. Direktor Infos von vorigem Grundschuldirektor zum Asperger-Syndrom zum Kopieren gegeben. Habe uns Stundenplan am Freitag vorher zufaxen lassen, damit Justus wenigstens ein paar Informationen für seinen ersten Schultag hatte. Zudem haben wir uns gemeinsam die Homepage der Grundschule angeschaut, damit er schon ein paar Gesichter kennenlernen konnte. Wir beide sind morgens den weiten Weg hinmarschiert und mittags habe ich ihn ausnahmsweise auch abgeholt, weil ihm der Weg allein noch zu unbekannt war und er ihn noch nicht allein zurückgehen wollte. Die Eingewöhnung lief anscheinend ganz prima, seine Lehrerin gefiel ihm, ebenso seine Klassenkameraden. Konflikte konnten recht flott geklärt werden. Es war nur leider für mich schwierig, an Informationen der Klassenlehrerin heranzukommen (Material, Bücher, Stifte, Elternvertreter und dergleichen mehr), so habe ich mich dann am Donnerstagmittag ans Schulbüro gewandt, wo die Sekretärin mir ganz toll weitergeholfen hat.

Mittwochabend noch mal mit Frau B gesprochen, es läuft auch nach ihrem Gefühl prima an. Donnerstag Vormittag (während wir beim Kinderarzt waren) jedoch von Frau B auf Anrufbeantworter erfahren, dass

Mittwoch Schlimmeres in der Schule geschehen sein soll. Justus habe bei einer Rangelei mit einem Zweitklässler dessen Gesicht übel zerkratzt. Mittags deshalb auch noch einmal vom Direktor selbst informiert worden, wollte mir jedoch auch keine genaueren Auskünfte über den Zwischenfall geben. Auf Frau Bs Anraten auf AB hin nochmals den Kinderarzt um Rückruf gebeten. Er schlug Rhus Toxicodendron in D12 je 2 x 3 morgens und abends zur inneren Stabilisierung vor. Am selben Abend sofort damit begonnen. Am nächsten Tag zufällig die Mutter des betroffenen Jungen getroffen. Sie sagte, sie sei nicht auf Justus oder mich, sondern auf das Vorgehen der Schule sauer. Sie war sehr verständnisvoll. Freute sich schon auf Justus' schriftliche Entschuldigung an ihren Sohn.

Termin im Autismusinstitut in den Osterferien. Fragebogen folgt vor Weihnachten. Übungen laufen zurzeit ganz in Ordnung, manchmal etwas unlustig und albern, aber wenn es drauf ankommt, fleißig. Arbeitet sogar allein weiter, um erwünschtes Soll bei den Übungen zu erfüllen. Zehen spreizen noch immer sehr schwierig.

Woche 39

Enuresis in dieser Woche sehr schwankend, keine Besserung auf fast trocken. Für die Schule sehr fleißig, freut sich auf Mathearbeit am Mittwoch, hat in Religion von 15 Fragen 13 richtig beantwortet und eine 2- bekommen. Zur Belohnung mit Papa und Onkel schon am Montag ins Kino (für 150 erreichte Dübel). Erschreckenderweise einen Anruf von Frau B erhalten, dass Justus ab sofort nicht mehr zur neuen Grundschule gehen darf, da man ihn dort nicht entsprechend beaufsichtigen kann und seine Ausfälle und die mögliche Verletzung anderer Kinder extrem seien. Wir sind ziemlich geschockt, da wir bis auf den einen Vorfall von anderen nichts wussten. Auch die sofortige Recherche und Suche nach Hilfe bzw. der Vorschlag, Elternabende zur Aufklärung über den Umgang mit Justus anzuregen, half nicht. Der Direktor hat mir telefonisch am Montagmittag mitgeteilt, dass sämtliches Diskutieren oder Überzeugen nichts brächte, seine Entscheidung zu Justus' Ausschluss sei fest und unumstößlich. Beim Kinderturnen vom Kneippverein einmal in der Woche sind jedoch keine Auffälligkeiten bekannt.

Übungen laufen nicht so sonderlich gut, eher lustlos oder mit Verweigerungshaltung. Auch Zähneputzen derzeit problematisch (wieder Probleme mit korrektem Halten der Bürste).

Woche 40

Starke Lippenbläschenbildung, die erst im Laufe der Woche abklingt (Verstärkung durch Globuli?), Enuresis wieder sehr extrem. Sonntag extremes Ablehnen der Globuli und dabei sehr wütend. „Will ich nicht, bin schon über den Berg, brauche ich nicht mehr." Mit Rainers Hilfe vom Sinn der Globuli überzeugt. Ab Montag alles wieder viel besser und sehr kooperativ. Zudem viel Begeisterung mit Basteln an Lego-Eisenbahn, die er als Weihnachtsgeschenk bekam. Donnerstag weiter über neue Schule – Erziehungshilfegrundschule informiert. Die tollen Schulgebäude, Klassenräume und Außenanlagen im Internet gezeigt. Justus war total hingerissen, insbesondere von Werkraum, Küche und Klassenräumen. Seine neue Grundschule gefällt ihm wenigstens schon mal vom Bild. Wollen wir hoffen, dass ihm auch das Abholen mit dem Kleinbus nicht völlig aus dem Konzept bringt. Sagen will ich es ihm erst kurz vorm ersten Schultag, da er eine Busfahrt allein bisher immer vehement und mit Geschrei abgelehnt hat. Für Montag ist erst einmal ein Gesprächstermin vor Ort vonseiten der Schulleitung brieflich anberaumt worden. Fragebögen und Infos an Autismusinstitut zurück, gemeinsam mit Gutachten und Arztberichten. Ab Samstag Wechsel bei den Übungen. 1: Rolle, Übung 2: Feldenkrais 2.

Die ganze Woche wunderbar motiviert und sehr bemüht. Viel Spaß beim Untergrund, einer weichen Wolldecke: Man kann so prima Strudel auf ihr bilden, wenn man sich auf einem Bein auf ihr dreht. Ein Heidenspaß für Justus am Ende der Übungen. Rolle läuft prima, auch Feldenkrais 2. Anscheinend Probleme mit Schmerzen im rechten Knie (blauer Fleck), bei Feldenkrais 2 Übung mit Abstützen auf linkem Unterarm unsauberer (Bein nicht genügend gestreckt) in der Ausführung, auf rechtem Unterarm (= erster Teil) jedoch ganz toll.

Woche 41

Gleich am Neujahrstag neue Schule von außen angeschaut, um Justus schon vorab zu „akklimatisieren". Enuresis wie Vorwoche. Prima gelaunt, hilfsbereit und gutwillig. Probleme mit Aphte und erhöhter Temperatur. Bei Übungen macht er gut mit, gibt sich bei der Ausführung viel Mühe.

Woche 42

29

Zu Beginn Enuresis noch extrem, dann plötzlich schwächer. Lippenbläschen immer noch nicht wesentlich besser. Auf Busfahrt zur Schule hinweisen müssen. Zuerst extreme Ablehnung, durch Motivation jedoch überzeugen können. Beim Vorstellen am Montag in Förderschule hat er sich gut gegen die verbalen „Angriffe" von Frau B durchsetzen können. Es zeigen sich wieder vermehrt Missverständnisse wegen fehlerhafter Interpretation seiner, wie die Direktorin sagt, „Erwachsenen-Redeweise". Ich habe durch ein Beispiel Justus' vorbildliches Sozialverhalten hervorgehoben. Ob es bei den Anwesenden angekommen ist? Justus hätte gerne wieder einen Laufzettel, um weiter Dübel sammeln zu können. Wir versuchen, eine Lösung für zu Hause hinzubekommen. Seit Kurzem verstärkt Ängste vor Schlangen und Bränden, vor Insekten in Deckenbalken. Erste Schulwoche etwas problematisch, Busfahren läuft prima, nur Rangeleien und Hinterherlaufen und Lästern von Schulkameraden. Klassenlehrerinnen und Direktorin über Besonderheiten beim Umgang mit Justus (Enge und Lärm) nochmals informiert bzw. nachgefragt – da bei einem ernsten Gespräch in der Schule mit Frau B, Frau F und Justus, ihm Lügen und absichtliches Kratzen und Ärgern anderer Kinder vorgeworfen wurde. Ich glaube Justus' Version der Dinge. Trotz aller Missverständnisse und der langen Busfahrt total begeistert von neuer Schule und täglich regelrecht aufgekratzt nach Schulschluss wieder zu Hause!

Übungen laufen ganz okay – Änderung bei Feldenkrais 2, mittlerweile immer linke Seite besser in der Ausführung.

Woche 43
Ziemlicher Wechsel bei Enuresis zwischen nass und pitschepatschenass. Ängste noch immer (speziell abends). Angst vor aggressiven, beißenden Schlangen in den Griff zu bekommen versucht, indem Justus ein Bild von der Schlange gemalt hat und er es mit Rainer gemeinsam draußen mit einem Streichholz angesteckt und verbrannt hat. Zudem Verlustängste, Mama verbrennt im Feuer. Abends „Heilende Märchen" vorgelesen, damit er mit seinen Ängsten leichter umgehen kann. Zu Hause regt er sich nicht mehr so leicht auf und hat sich schneller wieder im Griff. In Schule bekommen alle Kinder ein Logbuch, in dem Punkte fürs Verhalten, Hausaufgaben und dergleichen vergeben werden. Die Kinder entscheiden mit, wie viele Punkte und was für eine Bewertung sie sich selbst geben würden (wie wir es daheim auch handhaben). Noch immer Proble-

me beim korrekten Hausaufgabennotieren. Klassenlehrerinnen meinen, dass Motivation durch viele Punkte im Logbuch ausreichen würde, um sich alles sorgfältig zu notieren. Wohingegen ich denke, dass Veränderungen bei der täglichen Routine seine Vergesslichkeit verstärken. Ich habe Justus dafür gelobt, dass er sich ganz toll entwickelt hätte und er sich in der Schule und zu Hause prima betragen würde. Er sei viel flotter und motivierter und würde zumeist fehlerlos arbeiten, wenn er konzentriert bei der Sache sei. Daraufhin meinte er: „Das stimmt nicht, ich habe mich nicht entwickelt. Ich wurde in der Schule nur immer ausgeschimpft, da habe ich mich nicht getraut zu zeigen, was ich kann!"

Übungen diese Woche eher unrund, etwas lustlos und mit zu viel Kraft (speziell bei Rolle).

Woche 44

Es ist auffällig, dass Justus immer noch intensiv Selbstgespräche führt, beim Fahren im Bus z. B. summt er die meiste Zeit (ähnlich wie beim Waschen während der Kur, als das monotone Abluftsurren lief). Er will den Dingen im wahrsten Sinne des Wortes immer auf den Grund gehen. Er schaut zum Beispiel auf Modellbahnmessen unter die Tische, um zu schauen, wie sie verdrahtet sind. Er hat mir erklärt, dass er deshalb manchmal überreagiere, weil man zu laut mit ihm rede oder schimpfe. Auch seine Lehrerinnen sind der Meinung, dass Justus sein Verhalten recht gut einordnen und reflektieren kann. Lässt man ihn kurz in Ruhe, ist alles vergessen und er entschuldigt sich für sein bockiges, lautes Benehmen bei mir. Bei Klassenarbeiten erster Teil zumeist alles richtig, später jedoch problematisch, da nicht alles in der Zeit fertigbekommen. Freitag Medaille in Schule für gutes Betragen bekommen, nachmittags Besuch von Klassenkameraden zum Spielen mit Schlitten und Lego.

Zu Hause vom Verhalten her sehr krisselig und aufgekratzt, Hände und Finger ständig in Bewegung. Auch verstärkt Auftreten von blauen Flecken, heißen roten Ohren und einem runden, roten, heißen Fleck (kalte Witterung?), laut Justus ist es die Aufregung und keine Allergie. Hinzu kommen eine immer noch laute, quietschige Stimmlage, ein scheinbar fehlender „Stopp-Reflex" beim Schlucken und seltsames Aufsetzen der Füße beim Gehen. Termine beim SPZ für Mitte September und Mitte Oktober bekommen. Übungen zumeist wie Vorwoche.

Woche 45
Einige Stunden mit Freundin aus der Nachbarschaft im Schnee und im Haus gespielt. Wahrnehmung beim „Touchcount" noch immer problematisch, auch Verlustängste (brennende Mutter) wieder da. Zeitweilig recht bockig und absichtlich (verständlicherweise) keine Lust aufs Dübelsammeln. Montagvormittag Termin bei Schulpsychologin. Bis auf Mittwoch jedoch immer sehr verlässlich und zumeist kooperativ. Freitag zu Frau NDT. Laut Klassenlehrerinnen ist Justus bei schriftlichen Aufgaben sehr langsam und verträumt. Roter Fleck noch immer nicht weg, Probleme mit Enuresis verstärkt. Übungen ganze Woche prima mitgemacht.

Woche 46
Die ganze Woche wegen Ringelröteln-Virus im Haus geblieben, da am Sonntag mit starker Bläschenbildung im Gesicht aufgewacht und vormittags zum Kinderarzt-Notdienst gefahren (lange Wartezeit dort prima durchgehalten). Leider auch nicht am Rosenmontagsfest in Schule mitmachen dürfen. Hausaufgaben und Infos täglich gefaxt bekommen, sehr fleißig gearbeitet. Enuresis ganze Woche abgeschwächt, da durch Krankheit häufiger wach und aufgestanden, wenn nötig. Ganze Woche Aphte und dadurch Schmerzen im Mundraum beim Kauen. Verdrehen der Augen bei Ärger und beim Nachdenken („O nein!"). Vermehrt Selbstgespräche und S-Zischlaute; recht quiekig, schrill, bei Hinweis jedoch kurz Besserung. Ursache/Wirkung besser im Blick: Etwas drunterlegen, damit Stift nicht auf Holz durchdrückt; genau hinschauen, um nicht gegen Hindernisse zu stoßen; nachts leise sprechen, um niemanden im Schlaf zu erschrecken. Übungen trotz Fieber und Ringelröteln zumeist ordentlich mitgemacht, Zähneputzen nicht so toll.

Woche 47
In der Schule wieder vermehrt Probleme mit anderen Kindern (Panikreaktion mit Kratzen), Justus wurde von der Schaukel geschubst und hat sich empfindlich am Steiß verletzt. Missverständnisse bei Lehrern und Kindern, Schulrucksack wurde von anderem Kind in den Teich geworfen, Dinge versteckt und dergleichen mehr. Lehrerinnen sind unter anderem der Meinung, dass Justus' Art und Auftreten die anderen Kinder auch zum Ärgern und Lästern reizt. Beim Zähneputzen ziemliche Probleme, keine Lust? Nicht wollen? Nicht können? Ich kann es nicht auseinanderhalten!

Am Donnerstagnachmittag 11. Milchzahn rausgefallen – ein Fall für die Zahnfee! Enuresis: ganze Woche nass oder leicht nass, also in etwa wie Vorwoche. Sonntag zum letzten Mal Rolle geübt, ab Montag nur noch stilisiertes Krabbeln, 5 Minuten Füße beim Krabbeln noch nicht flach am Boden, verstärkt Probleme mit rechtem Fußrücken. Ende der Übungswoche andere Räume mit weicheren Böden zum Krabbeln gewählt. Abends unter anderem wieder Vorlesezeit mit Gutenachtgeschichten.

Woche 48
Da ich unerwartet ins Krankenhaus musste, Rainer für Justus allein verantwortlich (Schule, Hausaufgaben, Übung). Montag schiefen Hals im Unterricht geholt und nur durch Wärme und Einreiben wieder einigermaßen hinbekommen. Freitag, bei einem Wutanfall versehentlich eine Schulkameradin mit Schlitten verletzt. Hat mit Überzeugung eine Entschuldigung geschrieben und ein Bild für das Mädchen gemalt. Wenn bekannte Aufsichtspersonen in der Nähe sind, fällt es Justus leichter, um Hilfe zu bitten. Lehrerinnen wünschen bei Justus kurz geschnittene und glatt gefeilte Fingernägel – verständlicherweise. Enuresis wie Vorwoche. Rechter Fuß beim Krabbeln noch immer problematisch, ebenso das Drehen des Kopfes und der Blick zu den Armen.

Woche 49
Ich noch im Krankenhaus, daher Rainer weiterhin allein verantwortlich. Während dieser Zeit Justus laut Logbuch in Schule verändert im Verhalten. Besuchstermine der Lehrerinnen bei uns zu Hause und von uns Dreien zum Gespräch mit Eltern wegen eines Vorfalles mit einem Schüler (Woche 47: Sturz aus „Vogelnestschaukel" und Kratzen aus Panik). Leider absagen müssen. Schwierige Situation zeigt sich bei Justus beim Verhalten in der Schule: Laut Lehrerinnen eher albern, anders als sonst, mehr am Provozieren. Laut Frau M sollte er dünne Baumwollhandschuhe tragen. Erstaunlicherweise an morgendlichen „Brennnesseltee-Tagen" mehr Auffälligkeiten in der Schule als an „Schwarztee-Tagen". Abends mit Begeisterung vorgelesen bekommen.
Speziell Freitag nach Schulschluss sehr traurig und verzweifelt wegen der Schule (ganz neue Reaktion): Fühlt sich unglücklich, weil er in der Sonderschule keine Freunde findet; niemand, der ihn versteht, so wie einige Schulkameraden der Regelgrundschule, die er vermisst. Erstmalig

zeigt er, dass ihn die Situation betrübt, dass ihn das Lernen nicht mehr hauptsächlich ausfüllt, dass ihm Kinder fehlen, die ihn mögen, die er mag. Auch zu Hause zieht er sich häufiger zurück, ist bockiger bzw. widerspenstiger als gewohnt. Enuresis verstärkt, steht leider nachts nicht mehr auf wie in Woche 46 und 47, spürt die nasse Hose anscheinend auch nicht. Übung während der ganzen Woche mit Rainer, unrund, aber mitgemacht.

Woche 50
In Schule noch immer sehr unglücklich, auch ziemlichem „Mobbing" ausgesetzt. Derzeit sehr schmusig, wirkt insgesamt jedoch älter, reifer. Ganze Woche sehr fleißig bei Hausaufgaben, Zähneputzen bemüht, jedoch manchmal geschummelt und ohne Zahnpasta. Übungen unrund, jedoch bemüht. Problem bei Auge-/Hand-Kontrolle. Tipp von Frau NDT: ablenken, Aufgaben oder dergleichen lösen lassen. Klappt ganz gut und macht viel Spaß (einfaches Multiplizieren!), bringt Justus jedoch vollständig aus dem „Krabbeltakt". Langsam Krabbelübungen abschließen: Nicht mehr allabendlich üben, sondern jeden vierten Abend aussetzen. Ab Do: abends Globuli abgesetzt. Enuresis derzeit sehr schlimm: pitsche-patschenass! Mit selbstständigem Aufstehen ist es derzeit vorbei. Mo., 8:30 Uhr zur Schulpsychologin.

Woche 51
Schule diese Woche sehr problematisch: Zügiges Arbeiten im Unterricht klappt (vorhersehbar!) überhaupt nicht. Reize und Unruhe meiner Auffassung nach einfach zu hoch. Laut Justus mehrfach Übergriffe von Mitschülern mit zum Teil blutenden, schmerzhaften Verletzungen (in den Rücken kneifen, mit der Hand ins Gesicht schlagen, massiv gegen das Schienbein treten, ins Gestrüpp schubsen und dergleichen mehr). Leider noch keine Antwort auf meine Hinweise im Logbuch, da Freitag keine Eintragungen durch Lehrer und Kinder. Konzentrieren auf mehrere Dinge gleichzeitig weiterhin problematisch. Freitag letztes Mal mit Busfahrer Herrn S. Während der Woche prima Legos in seine Kästen einsortiert. Mit allem fertig geworden und darum Freitag mit zum Essen gehen dürfen. Auch bei den Hausaufgaben weniger Probleme: Wenn er die Aufgaben verstanden hat, arbeitet er selbstständig und sicher, wenn auch recht langsam, aber immerhin ohne ständiges Ermahnen. Stilisiertes Krabbeln nur noch jeden 2. Tag, immer noch reine „Kopf"-Übung, von Justus mehr mit

Verstand denn mit Routine oder Gewohnheit ausgeführt: Es gelingt ihm noch nicht, das Krabbeln in eine unbewusst ablaufende Bewegung zu führen. Zudem läuft Übung meist recht missmutig ab, da Rainers und meine Korrekturen des Bewegungsablaufes von ihm zumeist mit: „Mach ich doch!" kommentiert werden. Wieder Lippenbläschenbildung. Enuresis problematisch, gerade zum Wochenende (längere Nächte?).

Woche 52
In den letzten Wochen haben sich die leichten Wutanfälle aus scheinbar nichtigen Gründen gehäuft, lässt sich durch Ablenkung jedoch auch schnell wieder beruhigen. Drauf rumreiten auf einer Sache bringt jedoch nichts. Insgesamt sehr zuverlässig: hält sich an Absprachen, kümmert sich selbstständig um die Sicherung von Fahrzeugen, wie zum Beispiel Wegstellen seines Rades im Holzschuppen. Ab Montag Osterferien, Mi., 14:00 Uhr mit Rainer zur Vorbesprechung Autismusinstitut.

Woche 53
Abschluss der neurophysiologischen Entwicklungsförderung bei Frau NDT. Do., 9:30 Uhr mit Justus zum Autismusinstitut wegen Abklärung Asperger-Syndrom. Noch immer viel Spaß beim stilisierten Krabbeln. Schon wesentlich besser in der Ausführung. Justus freut sich immer aufs „Rasant-Krabbeln" am Schluss.

Woche 54
Nach den Osterferien leider aus Kostengründen Wechsel des Fahrdienstes (Busunternehmens) zur Förderschule. Da noch keinen Abschlusstermin bei Frau NDT weiterhin Krabbel-Übung, derzeit jeden 5. Tag.

Woche 55
Am Montag mit dem Zug in eine entfernte Kreisstadt – Termin um 10:00 Uhr beim Pädaudiologen zum AVWS (Audio-Visuelle-Wahrnehmungs-Störung)-Test Teil 1. In der Schule derzeit sehr viele Probleme, da viele Reibereien im Bus und auch in den Pausen. Kommt fast täglich mit neuen blauen Flecken, Kratzern oder Prellungen nach Hause. Manchmal wehrt er sich mit Kratzen und Beißen gegen das Festhalten durch andere Kinder, wenn er die aufkommende Wut nicht mehr kontrollieren kann oder keine Möglichkeit hat, einen Lehrer zur Hilfe zu

rufen. Vermehrt Probleme bei Diktaten, trotz häufigen Übens, schreibt er immer wieder die gleichen Wörter falsch. Bin jedoch sehr zufrieden, dass er mitkommt und bis zum Ende der Arbeit durchhält. Ist sehr analytisch, wenn es darum geht, über „Fehlverhalten" in der Schule zu sprechen. Vermutet sogar einen Zusammenhang zwischen fehlender Entwicklung bei Enuresis und Wut(?!). Krabbel-Übung jeden 6. Tag.

Woche 56
Zur Schulpsychologin. Übung abgeschlossen.

Woche 57
Zum AVWS-Test Teil 2. Bis Anfang Juni noch kein schriftlicher Bericht, laut kurzer Besprechung mit Pädaudiologen ist Justus jedoch sehr langsam in seinen Antworten und hat eine hohe Ablenkbarkeit, seine Hörfähigkeit ist okay, eine Fehlhörigkeit scheint ausgeschlossen.

Termine und Untersuchungen ab Mai 2005:
11.05. Sprachheilberatung beim Kreis-Kindergesundheitsdienst wegen dem von der Schulzahnärztin festgestellten falschen Schluckmuster. Nach Pfingsten geht Psychologin des Autismusinstitutes zur Förderschule, um Justus im Schulalltag zu beobachten. *19.05.* und *25.05.* die ersten beiden Termin bei Logopädin; Übungen zur Zungenstellung und zu Zischlauten. *Fr., 20.05.* letzter Kontrolltermin bei Frau NDT zum Abschluss der neurophysiologischen Entwicklungsförderung sowie zwei letzte Übungen zur Unterstützung von Justus' Wunsch endlich trocken zu werden: TTNR-Stimulator und direkter Spinaler-Galant-Unterdrücker. *30.05.* Abschlussbesprechung beim Förderinstitut. *02.06.* dritter Logopädietermin. Montag zum Elterngespräch zur Schulpsychologin, Mittwoch zur Logopädin. Donnerstag Termin Abklärung bzw. Ausschluss einer LRS sowie ADS. August/September Vorstellung Autismusambulanz zur weiteren Asperger-Abklärung.

Im Mai insgesamt viele Fortschritte im Verhalten, nicht nur cm-mäßiges Größerwerden. Justus wirkt viel verständiger, bewusster. Noch immer große Probleme beim Busfahren von der Schule nach Hause, da er anscheinend alles anfasst, untersucht, dazwischenredet. Viele Rangeleien mit anderen Kindern (zu eng?) sowie einige Missverständnisse. Morgens kommt der neue Busfahrer prima damit klar und achtet darauf, wo Justus sitzt, um Gerangel zu vermeiden. Laut Klassenlehrerinnen in der Schule derzeit weniger Übergriffe von Justus' Seite aus, dafür jedoch immer noch sehr langsam, verträumt und unkonzentriert: Ohne Kontrolle läuft nichts. Vermehrt Verletzungen durch Schläge anderer Schüler oder Stürze von Spielgeräten in den Pausen. Zudem fürchtet sich Justus nicht mehr so sehr im Dunkeln, hält es auch ohne nächtliche Beleuchtung aus; er steht auch mal nachts auf und verspürt den Wunsch, endlich trocken zu werden. Hypertaktilität, Geräuschempfindlichkeit, kaum Merkfähigkeit und Arbeitsplanung, niedriges Arbeitstempo, hohe Ablenkbarkeit noch vorhanden.

NDT-Übungen – Memo nach Abschluss der Neurophysiologischen Entwicklungsförderung (März 2004 bis Mai 2005):

Sprache/Konversation
Auffällig sind enorme Entwicklungsschübe gerade im sprachlichen Bereich, anscheinend zahlen sich die häufigen Erklärungen und Verbesserungen aus, denn Justus kann nach einigem Nachdenken wortwörtliche und übertragene Bedeutungen auseinanderhalten. Voraussetzung ist jedoch die Konzentration auf das Gesagte und die Ruhe zum Nachdenken.

- Nimmt ohne großes Nachdenken häufig Wortwörtliches für bare Münze: „Hau mich doch!" – Er haut. „Kneif mich mal!" – Er kneift.
- Wenn nicht achtsam und konzentriert, dann Zunge zwischen den Zähnen beim Sprechen. Logopädin gibt Tipps zum Üben – klappt prima, wenn er es sich bewusst macht.
- Selbstgespräche beim Spielen, Lernen und dergleichen, sodass man denken könnte, er spräche mit jemandem in seiner Nähe.
- Hilft vorbehaltlos, wenn jemand – auch ein Erwachsener – Begriffe/Redewendungen falsch einsetzt, eckt damit auch ziemlich an, da dieses Verhalten als Besserwisserei verstanden wird. Kann sich jedoch in solchen Situationen nicht zurückhalten und platzt mit seinem Wissen heraus.
- Unbewusste Ausweichstrategien im sprachlichen Bereich: um Defizite zu überdecken? Blickkontakt fehlt häufig.

- Laut Lehrerinnen verständiger, analytischer, wenn es um Erklärung von Problemsituationen geht.
- Eher entscheidungsunfreudig, es braucht viel Zeit, bis er antwortet.
- Unpersönliche Ansprache: „Die machen", statt Namen zu nennen.
- Verwechselt fast immer, mit wem er spricht: „Papa, nein, Mama", hören wir täglich.
- Hasst und vermeidet Wörter wie „cool", „scheiße", „Ey, Alter" oder dergleichen.

Rituale/Interessen
- Macht einen Aufstand, wenn z. B. Tee auf sein Brot geschwappt ist, Krümel auf seinem Teller verbleiben oder seine Kleidung mit Schriftzügen oder Motiven versehen ist.
- Nach dem Trinken sofort auf die Toilette, hält nicht lange durch.
- Weigerung, etwas zu tun, wenn unbekannt. Erklärungen und Beschreiben von Situationen wecken zumeist Verständnis und Begeisterung (beim Schwimmen, neue Schule, neuer Busfahrer, Arztbesuche, neue Therapieformen – alles wird, soweit möglich, vorab detailliert besprochen).
- Ungewöhnliche Gesprächsführung: Auf Frage folgt Gegenfrage, Bitten werden mit Rätseln/Quizfragen eingeleitet.
- Medizinisch sehr interessiert, fasziniert von körperlichen Abläufen, liebt Arztbesuche, Impfungen, Blutabnehmen. Weitere Interessen der letzten Jahre: Astronomie, Eisenbahnen, Elektronik, Mechanik, Flugzeuge
- Verrückte Ideen: Auf Schienen mit Eisenbahn zur Schule; selber eine Rakete bauen, um Satelliten auszusetzen (mit Zeichnungen und allem Drum und Dran.)
- Kann sich stundenlang ruhig mit einer für ihn interessanten Sache beschäftigen.
- Alles muss ordentlich aussehen: Erst alle Stifte in Federmappe anspitzen, bevor es mit dem Lernen in der Schule losgehen

kann. Seitdem soll er laut Klassenlehrerin Federmappe zu Hause lassen.

- Ist mit Begeisterung am Rennen, sofern ihn keine interessanten Themen zum Innehalten zwingen, seien es nun Wolken oder Käfer oder Vögel oder Schattenspiele oder was auch immer seine Aufmerksamkeit plötzlich in Anspruch nimmt.

Motorik

- Ist recht ungeschickt beim Erzählen, wirft häufig etwas um, wirft etwas herunter.
- Weiterhin Probleme mit Ballspielen, Koordination, Grobmotorik: wenn aufgeregt oder nervös, Wedeln mit den Händen. Haltung/Körpermotorik sehr steif.
- Entwicklungsschübe sehr spannend mitzuerleben: wie beim Laufen lernen – plötzlich steht er auf und läuft los – das langwierige Training hat man gar nicht mitbekommen.
- Tritt beim Gehen eher auf Spitzen/Ballen auf, ohne richtiges Abrollen.
- Verletzt sich leicht: hat Hautabschürfungen, stürzt, verletzt sich an Gegenständen, klemmt sich die Finger, viele blaue Flecke (Schulsituation und Unfälle).
- Gangunsicherheit beim Balancieren und gleichzeitigem Sprechen/Nachdenken, jedoch allgemein Verbesserung der Feinmotorik und des Gleichgewichtssinns.

Sensorik/Reife

- Enuresis nocturna – zwar beim nächtlichen Aufstehen Fortschritte, nicht jedoch beim aufs WC Gehen: Immerhin merkt er mittlerweile, wenn es feucht wird, und unternimmt Gegenmaßnahmen wie Abdecken. Sehr tief am Schlafen.
- Falsches Schluckmuster, falsche Zungenlage, zu kleiner Kiefer.
- Für sein Alter ungewöhnliche Vorlieben beim Essen und Trinken: Meeresfrüchte, Forelle, Äpfel, Leitungswasser, schwarzer und Kräutertee, wenig Schokolade, eher Pralinen.

- Hochsensibel bei Therapien wie z. B. Cranio-Sacral – spürt anscheinend den „Craniofluss".
- Verbesserung beim Berühren, Umarmen – als Kleinkind ging das gar nicht, hat sich stocksteif gemacht und nicht lange durchgehalten – Hypertaktilität?
- Singen/Summen während Laufen eines Lüfters im Bad (Kur!).
- Schrille, laute, quiekige Stimme, wenn erregt (haben Handzeichen zum Stoppen oder Lautstärkemindern vereinbart).
- Kann Dunkelheit beim Schlafen mittlerweile besser ertragen, nur noch selten Nachtlicht.
- Zupft am Hosenboden, zieht Pullis lang, verdreht Pulliärmel.
- Kein vernünftiger Ablauf beim morgendlichen Waschen, trotz ungezählten Wiederholens. Zudem vergisst er manches, ob beim Gesicht- oder Körperwaschen.
- Verweigert sich Zurechtweisungen bzw. Schimpfen mit lauter Stimme, wenn beruhigt, folgt Entschuldigung.
- Beim Anziehen manchmal mehrere Tage dieselbe Unterhose oder dieselben Socken, wenn nicht daran erinnert.
- Augenfolgebewegungen verbessert, jedoch im schnellen Verfolgen noch Defizite.
- Wenn konzentriert, dann gutes Mitarbeiten.
- Lernt anscheinend auswendig, indem er anderen zuhört und sich die Texte merkt (ahmt nach, schreibt nach Gehör/Erinnerung).
- Kann sich problemlos erinnern, von wem er was zu welchem Anlass bekommen hat, vergisst jedoch zumeist, welche Aufgaben er für den kommenden Tag mitbekommen hat.
- Kein Gefühl für Tagesablauf. Wenn etwas Gewohntes ausfällt, kommt er mit dem Zeitgefühl völlig durcheinander.
- Oberfläche von Gegenständen, Trinkgefäße (Glas rubbelig?), Erspüren der Vibration von Ampelanlagen sind ungewöhnlich.
- Kann das Klappern von Aschenbechern im Schulbulli nicht ertragen und gerät deshalb leicht in Konflikt mit den anderen Schülern.
- Kapuzenkind: Lieber Kapuze auf statt Jacke schließen. Auch in Räumen schwer zum Absetzen zu bewegen.

Sozialverhalten

- Neue Situationen, fremde Umgebungen, ungewohnte Abläufe nur mit unserer Unterstützung möglich.
- Sehr störrisch und am Rumwüten, wenn ihm etwas nicht passt, schwierig zu beruhigen.
- Ekelt sich vor Spucke anderer Personen (auch Eltern) an z. B. Löffeln, Tellern, Tassen.
- Merkt es gar nicht, wenn er z. B. in Wartezimmern plötzlich mit einem anderen Kind weiterspielt, weil das erste den Raum verlassen hat.
- Witzige Wortspielereien, jedoch Ängste, z. B. beim Haareschneiden und: „Ich schneide dir jetzt mal das Ohr mit ab." – oder Erzählungen von Schulkameraden: „Ey, an der Macke stirbst du", solche Dinge nimmt er für bare Münze.
- Spricht von seinem „steinigen Weg des Lebens" und dem Berg, den er überwinden muss.
- Meidet größere Gruppen, sondert sich ab, in gewohnter Umgebung dreht er jedoch eher auf, versucht laut Gruppenleitung die Aufmerksamkeit auf sich zu lenken.
- Geht den Dingen im wahrsten Sinne „auf den Grund": Nimmt alles auseinander, prüft, guckt drunter, egal wo, egal wie – ohne Beachtung von Konventionen.
- Holt keine Hilfe, wenn in Bedrängnis – vergisst es einfach und muss sich letztendlich eine Bestrafung durch die Lehrer oder Busfahrer gefallen lassen.
- Gerät täglich in problematische Situationen mit anderen Kindern, da er deren Signale missversteht oder falsch deutet; reagiert in Bedrängnis noch manchmal mit Kratzen/Beißen.
- Vergisst morgendliche Begrüßung im Bus und auch sonst, wenn gedanklich woanders.
- Grinst oft, wenn ihm etwas unangenehm ist, hält sich dann die Hand vor den Mund; überzogene, alberne Mimik (insbesondere wenn Spiegelflächen in der Nähe sind).
- Platzt häufig mit völlig zusammenhanglosen, teils unpassenden Bemerkungen heraus, die nach längerem Nachforschen zu

einem Gespräch passen, das vor Tagen geführt wurde. Fühlt sich dann vom Unverständnis der Zuhörenden irritiert.
- Ängstigt sich vorm Beinestellen, in die Ecke Drängen und Verfolgen durch andere Kinder in der Schule, da keine Hilfe, Unterstützung in der Nähe.
- Ängstigt sich vor bleibenden Schäden nach Verletzungen, insbesondere wenn Gleichaltrige ihn aufziehen: „Davon wird man blind, da wirst du taub, kriegst ein steifes Bein" oder dergleichen mehr.
- Er kennt wohl viele Regeln und Abläufe in der sozialen Kommunikation, vergisst nur immer wieder, sie umzusetzen, keinen Blick für Konsequenzen/Reaktionen.

Maßnahmen zur Abhilfe
- Handzeichen
- Routinen/feste Abläufe einführen, um dem Vergessen entgegenzuwirken.
- Ängste auf Papier notieren lassen und verbrennen.
- Überreizung und Lärm vermeiden, misslichen Situationen aus dem Weg gehen.
- Präzise, knappe Anweisungen; erneut erklären und über Missverständnisse reden.
- Abläufe genauestens erklären, auf neue Situationen, soweit möglich, vorbereiten.
- Immer wieder aufs Neue Hilfen für den bequemen Tagesablauf anbieten.
- Wieder „Sonnenkalender" für trockene Tage führen.
- Nicht alles auf einmal in Angriff nehmen, sondern Schritt für Schritt.

2005 – 2006

„Wenn man das Leben erst kaufen muss, bevor man es leben kann, dann habe ich wohl die Demoversion gekauft."

Felix

Frühkindlicher Autismus auf hohem Funktionsniveau (HFA)

HFA heißt laut der Mediziner der Autismusambulanz, die das bei unserem Sohn mit 10 Jahren diagnostiziert haben: frühkindlicher Autismus auf hohem Funktionsniveau (hochfunktionierender Autismus, high functional autism). Die Übergänge zum Asperger-Syndrom sind fließend, werden von den meisten Fachleuten auch als unerheblich angesehen. Der Störungsbeginn bzw. die Auffälligkeit ist früher und es fehlt die frühe Sprachentwicklung. Beide Gruppen aus dem autistischen Spektrum sind zumeist normal bis überdurchschnittlich und vereinzelt auch hochbegabt, wobei es doch meistens bei „Inselbegabungen" bleibt.

Wenn HFA-Kinder entsprechend ihrer eigenen Problematik gefördert werden, gibt es viel Hoffnung, dass sie als Erwachsene mit etwas Unterstützung und einem verständnisvollen Umfeld ein selbstbestimmtes Leben führen können. Wie das aussehen wird, kann man erst im Laufe der Entwicklung sagen, deshalb mache ich mich wegen dieses Themas nicht verrückt – es gibt derzeit viele andere Dinge zu bedenken, damit unser Sohn sich jetzt in seinem Leben zurechtfindet.

Diese Kinder sind einfach total spannend. Sie haben einen Blick fürs Detail, bemerken Dinge, haben Empfindungen, alles, was einem anderen Menschen meist nicht auffällt. Interessant ist auch ihre Art zu lernen – über den Kopf, nicht über den Bauch wie „normale" Kinder. Das führt zwar oft zu Missverständnissen, lässt mich aber auch oft genug schmunzeln, weil ich auf diese besondere Art zu denken mal wieder reingefallen bin.

Nach der Diagnose habe ich begonnen, mich umfassend zu informieren, Lehrerbriefe und Elternbriefe zu schreiben und stelle immer wieder fest, wie viele Dinge mir noch unbekannt sind. Kein Wunder, dass Schule und Bekanntenkreis wenig mit HFA/Asperger-Syndrom anfangen können.

Auf dem Weg vom Verdacht zur Diagnose

Justus' Vertrauen und Sympathie für seine Klassenlehrerin war immens, bis zu dem Tag, als sie ihn des Lügens bezichtigte. Ich sehe noch das Bild vor mir: Ein kleiner Junge schaut erwartungsvoll mit großen Augen zu einer 1,85 großen Lehrerin auf – und sie beschimpft ihn. 20 Kinder hatten sich in der Pause auf ihn geworfen, Justus hatte sich befreit und sich in den Büschen versteckt, doch man ließ ihn nicht in Ruhe wieder „runterkommen". Die Lehrerin zog ihn heraus, meinte, „sie hätte Angst, er würde auf die Straße rennen". Die sogenannten Pädagogen waren der Meinung, dass mit richtiger Erziehung und Medikamenten zur Beruhigung alles besser werden würde. Dass Justus aber mit einer veränderten Wahrnehmung und einem hypersensiblen Wesen zu kämpfen hatte, das nahmen sie mir nicht ab. Wir versuchten es mit Unterstützung durch die Schulpsychologin, mit Logbüchern, mit neurophysiologischer Entwicklungsförderung (Reflexhemmungstherapie) und videogestütztem Verhaltenstraining für uns Eltern – alles ohne entsprechenden Erfolg: Justus wurde der Schule verwiesen, man hielt ihn für nicht beschulbar.

Wir drängten auf die andere Grundschule am Ort, wehrten uns vehement gegen die Schule für Erziehungshilfe und konnten uns durchsetzen. Im sonderpädagogischen Gutachten stand etwas von „Asperger-Syndrom" – hatte die Lehrerin wohl in den Medien oder bei einer Fortbildung gehört, danach gehandelt hatte sie jedenfalls nicht. Kurz nach dem Rauswurf sah der Konrektor das Wort „AS" zufällig im Gutachten und stutzte. Er hat einen Freund mit einem Asperger-Kind, vermittelte uns den Kontakt und hat sich bei uns entschuldigt, dass Justus wohl die ganze Zeit von den beteiligten Lehrern falsch eingeschätzt worden ist. Ich habe ihm das hoch angerechnet, denn immerhin hatte er mit Justus nur am Rande zu tun und ihn nie im Unterricht. Damit begann der lange Weg, Gerechtigkeit und vor allem Zufriedenheit für unser Kind erreichen.

Mit den neuen Informationen und dem bloßen Asperger-Verdacht ging es auf die neue Regelgrundschule zur Probe, zum Glück immer noch zu Fuß erreichbar. Ich wollte Justus nicht zu einem Fahrkind machen, solange es sich vermeiden ließ. Der Direktor wurde über den Verdacht informiert und ich bat ihn um besondere Rücksicht oder besser um Aufklärung des Kollegiums, doch er wollte nicht hören, meinte, er wolle mit Justus ganz neu und unbelastet anfangen. Doch leider ging das schief – nach 4 Tagen, die scheinbar relativ geregelt abliefen, musste Justus auch diese Schule verlassen. Der Direktor berichtete, Justus hätte ein Kind während der Hofpause gefährlich im Gesicht gekratzt. Es war wohl keine Aufsicht in der Nähe, die hätte eingreifen können. Justus war gerutscht und einem anderen Kind ins Gehege gekommen, das dann auf ihm drauflag. Diese Nähe konnte er nicht ertragen. Da das andere Kind nicht dazu bewegen war, von ihm runterzugehen, wehrte er sich damit, dass er es kratzte. Wir bekamen keinen genauen Bericht, was wirklich passiert war, niemand wollte mit uns sprechen. Der Direktor verlangte von uns, Justus sofort krankzumelden, damit er vor den Ferien nicht mehr in die Schule zurückkam.

Und das alles ein paar Tage vor Weihnachten 2004. Nun gab es nur noch die Sonderschule für Erziehungshilfe, erreichbar nur mit dem Schultaxi, einer Stunde Fahrzeit und mit wechselnden Fahrern. Wir fuhren an Weihnachten zu der Schule, um sie Justus wenigstens von außen zu zeigen, sie ihm etwas schmackhaft zu machen (sosehr wir auch diese Abschiebeaktion verabscheuten).

Dass die E-Schule nicht das Richtige war, wurde mir schon am ersten Tag bewusst, als ich Justus den Lehrern dort vorstellen sollte. Das Erste, was kam, war ein „Anschiss" der Sonderpädagogin, die ihn die vier Tage betreut hatte. Immerhin hatte sie den AS-Verdacht formuliert und der Vorfall mit dem Kratzen lag schon über drei Wochen zurück. Vor allen Lehrern und in meiner Gegenwart faltete sie Justus lauthals zusammen. Es war unverschämt und ich habe mein Kind in Schutz genommen. Immerhin hatte er sich bei dem andern Kind für sein Verhalten entschuldigt, seine Eltern hatten Justus auch nichts nachgetragen und die Sache war abgeschlossen. Somit lief es auch in der E-Schule von Anfang an nicht so besonders. Von Vorteil war, dass Justus täglich von zu Hause abgeholt und mittags wiedergebracht wurde und, dass bei uns zu Hause nicht mehr so oft das Telefon klingelte.

1,5 Jahre – bis zum Ende der Grundschulzeit – hat Justus ausgehalten. Für ihn war es der Horror, die ganzen Verletzungen, die er davontrug, zeugten von den täglichen Raufereien, vor denen die Lehrer ihn auch nicht schützen konnten. Sie hatten bis zuletzt, als die Diagnose schon feststand, nicht wirklich an „frühkindlichen Autismus auf hohem Funktionsniveau" geglaubt und waren nun mal der Meinung, durch richtige Erziehung ließe sich das beheben.

Vom Verdacht zur Diagnose

Durch den Kontakt zu einem Asperger-Vater hatten wir schon direkt vor Weihnachten 2004 das erste Telefonat mit dem Autismusinstitut und konnten uns für einen ersten Begutachtungstermin im März 2005 eintragen lassen. Dort waren wir wirklich gut aufgehoben, besser hätten wir es nicht treffen können. Schon im Juni war klar, dass eine differenziertere Diagnostik in der Kinder- und Jugendpsychiatrischen Klinik (KJP) stattfinden sollte, um endgültig alle Zweifel zu beseitigen. Nach langem Warten durften wir Justus im Dezember in der Autismusambulanz der KJP bei der zuständigen Psychologin vorstellen. Die Vorarbeit hatten wir und das Autismusinstitut schon geleistet, sodass es nur noch den einen Tag in der Ambulanz dauerte, bis wir das Ergebnis der Untersuchungen und Tests hatten.

Insbesondere durch die Sprachentwicklungsverzögerung wurde Justus als HFA diagnostiziert, der Verdacht auf ein autistisches Syndrom hatte sich bestätigt. Uns fiel ein Stein vom Herzen, endlich Gewissheit, endlich die Möglichkeit, Hilfen zu beantragen, einen Schulbegleiter für Justus zu bekommen, endlich! Endlich? Doch es war nur ein weiterer, wenn auch der wichtigste, Schritt auf einem unendlichen Weg, zu helfen und Hilfe zu bekommen.

Im Februar 2006 sollten die Grundschulkinder auf der weiterführenden Schule angemeldet werden. Anmelden konnte ich Justus erst im Juli, in den Sommerferien. Also ein halbes Jahr abwarten, Berichte anfordern, Hilfe erbitten, Gutachten erstellen, an Dezernenten wenden und Druck machen.

Ausgelöst wurde das Ganze durch ein paar kleine Intrigen und veraltete Vorstellungen der zuständigen Behörden. Schon Ende des dritten Quartals 2005 hatten wir Eingliederungshilfe beim Jugendamt beantragt, der Bericht der Ambulanz wurde nachgereicht. Wir hofften zuallererst auf Schulbegleitung und Autismustherapie und Hilfe bei der Auswahl eines LRS-Trainings. Am 30.12.05 dann der Termin bei der Amtsärztin des KJGD (Kinder- und Jugend-Gesundheitsdienst). Vier Stunden wurde Justus erneut in Augenschein genommen und wir über die Entscheidung informiert. Und das keine drei Wochen, nachdem Justus in der KJP den Diagnosemarathon durchlaufen hatte und der Ärztin der Bericht auch vorlag. Sie zielte darauf ab, Justus spezielle LRS-Therapie zukommen zu lassen (Eltern als Therapeuten leiten ihr Kind nach einem speziellen Verhaltenstraining an). Zudem empfahl sie dies mit dem VAS („visuelles, automatisiertes Schreiben") zu verbinden. Justus würde oppositionelles Verhalten zeigen und benötige eine konsequente Lenkung. Aha! Das war den Fachleuten in der Ambulanz gar nicht aufgefallen. Wir wussten auch nichts davon, dass Justus noch mal im Schnellverfahren getestet werden sollte und hatten ihn für diesen Termin nicht darauf vorbereitet. 2005 war ja schon eine LRS-Testung bei einem unabhängigen Institut (einer Fachfrau auf dem Gebiet der LRS-Förderung) gewesen. Das Gutachten war nicht gerade billig, sodass wir uns wünschten, dass die Empfehlungen auch umgesetzt würden. Doch die Amtsärztin ignorierte unsere Wünsche nach einer wissenschaftlich abgesicherten Therapie. Zudem hielt sie eine Schulbegleitung für kontraproduktiv, „das wäre doch nur was für schwer körperbehinderte Kinder, so ein Sonderstatus in der Klasse würde Justus' Beziehung zu den Klassenkameraden negativ belasten." Zusammengefasst: Schulbegleitung ist Unfug, gibt es hier nicht, und das Kind braucht konsequentes Training. Mit dieser festen Überzeugung und obwohl sie auch Kontakt zur Autismusambulanz zu Frau Dr. Hoffmann hatte, ging sie in das erste Hilfeplangespräch Anfang 2006 und beriet das Jugendamt, entgegen den Einwänden der anderen anwesenden Fachleute.

Eingliederungshilfe

Wie gut, dass ich mir ein dickes Polster an Naivität zugelegt hatte, zusammen mit einer dicken Mappe, was behinderten Kindern nicht verweigert werden darf. Ich wusste von vielen Beispielen aus den Nachbarkreisen, von fähigen Schulbegleitern und noch fähigeren Autismus-Therapeuten – und ich ließ mich nicht beirren, beharrte auf einer Schulbegleitung, verwies auf die Gesetze und brachte den Fachbereichsleiter damit zum Kochen. Er wies mich mit dem Spruch in die Schranken: „Wer bezahlt, der entscheidet auch, und wenn Sie einem Punkt der Vereinbarung nicht zustimmen, dann können Sie den Rest auch vergessen." Tja, somit begann der teure Weg durch den Paragraphendschungel und die Anwaltsgebührentafel. Vermutlich war dem Amtsleiter klar, dass nur wenige Bürger eine Rechtsschutzversicherung haben, die Verwaltungsrecht absichert. Denn gerade Eingliederungshilfe nach § 35a SGB VIII fällt bei Unstimmigkeiten unter die Zuständigkeit der Verwaltungsgerichte: ein teures Vergnügen.

Nachdem Justus von der Sonderschule eine gymnasiale Empfehlung bekommen hatte, mit der Empfehlung einen Schulbegleiter dabei zu haben, ging das Chaos weiter. Eine Schule hatten wir gefunden, einen speziell auf Schulbegleiter für autistische Kinder ausgerichteten Dienst ebenso, fehlte nur noch die Genehmigung des Schulamtes, der Bezirksregierung (wegen der Aufhebung des Sonderpädagogischen Förderbedarfs und der Erlaubnis, eine Schule im Nachbarkreis zu besuchen) und – die Finanzierungszusage der Jugendhilfe. Das Intrigenspielchen zu erzählen führt zu weit. Doch kurz gesagt: Mit Hilfe der Anwältin, der Unterstützung durch die Schule, des Kreis-Schulamtes, der Bezirksregierung, des Therapie-Institutes, des leitenden Autismus-Koordinators, möglicherweise auch des Bürgermeisters gelang es endlich, das Jugendamt von der Dringlichkeit und dem Nutzen einer Schulbegleitung zu überzeugen. Hat immerhin länger als ein halbes Jahr gedauert und unzählige Nerven und Telefongebühren gekostet.

Aber wir haben es geschafft: Seit August geht Justus wieder jeden Tag mit Begeisterung in die Schule, seine Schulbegleitung ist mit Leidenschaft bei der Sache, die Schule freut sich, die Lehrer sind engagiert – was will man mehr? Justus hat das Probehalbjahr überstanden, seine Leistungen sind zwar mau, aber sein Sozialverhalten ließ bisher nicht zu wünschen übrig. Und das Schönste war der Einschulungstag auf dem Gymnasium: Zum ersten Mal ging Justus auf eigenen Wunsch und allein auf die Bühne, als sein Name aufgerufen wurde (trotz Hunderten von Menschen in der Aula), nahm sogar seine Kapuze ab und marschierte mit seiner neuen Klasse Richtung Klassentrakt. Das rührte mich zu Tränen. Diese Schule tut ihm gut, auch wenn das Jugendamt es lieber gesehen hätte, ihn doch besser in eine weiterführende Erziehungshilfeschule abzuschieben.

Zum Thema Eingliederungshilfe gibt es noch über die LRS-Therapie zu berichten. Während eines Hilfeplangesprächs wurde mir von der Therapeutin im Beisein einer Mitarbeiterin des Jugendamtes Unfähigkeit zu erziehen, mangelnde Kooperation und als Krönung noch vorgeworfen, ich hätte mein Kind zum Autisten erzogen, die Gutachten können nicht in

Ordnung sein. Ich war baff, die Vorwürfe kamen völlig unerwartet. Und so was von einer sogenannten Lerntherapeutin, zu der uns immerhin das Jugendamt geschickt hatte. Das Jugendamt nahm mich vor der Demütigung und der Verleumdung nicht in Schutz. Als „Belohnung" wurde uns die Weiterfinanzierung einer LRS-Therapie gestrichen. Hier mussten wir als Kläger vors Verwaltungsgericht. Wenige Tage vor Ostern lenkte das Jugendamt plötzlich ein und schlug einen außergerichtlichen Vergleich vor. Wir machten einen Gegenvorschlag, den das Amt dermaßen missverstanden hat (vermutlich aus Eile nicht richtig gelesen), dass sie wütend ihren ersten Vorschlag erweiterten und wir durch diese Unachtsamkeit des Amtes nun mehr Hilfen für Justus bekommen, als von uns eigentlich vorgeschlagen wurden. Man sollte auch nicht immer das Schlechteste von Eltern denken. Liebes Amt, dumm gelaufen!

SBA und Pflegegeld

Wie auch schon bei der Beantragung der Schulbegleitung haben mich die Texte auf www.asperger-eltern.de bestärkt, mit Vehemenz Justus' Anspruch auf adäquate Hilfen zu betonen. Die Beantragung des SBA lief erst problemlos. Antrag aus dem Internet ausgedruckt, ausgefüllt, Arztberichte dazu und ab zum Versorgungsamt. Doch das wäre zu leicht gewesen. Justus bekam seinen SBA mit Schweregrad 60 und Merkzeichen H. Das ebenfalls beantragte B hatte die Sachbearbeiterin vergessen und stattdessen aG angekreuzt. Klar, dass der Gutachter des Versorgungsamtes das ablehnte. Doch trotz der Anrufe und Hinweise auf das Versehen, trotz Widerspruch, der Antrag auf B wurde abgelehnt. Also auch hier der Gang vors Gericht. Sozialgerichtsverfahren werden zum Glück von der Rechtsschutzversicherung gedeckt. Der vom Gericht bestellte Gutachter aus Münster hatte leider die Unterlagen auf seinem Schreibtisch vergraben, sodass wir erst nach über fünf Monaten einen Termin bekamen (leider kriegt man Merkzeichen nicht rückwirkend, sodass ich die ganze Zeit brav weiter die Zugfahrkarten zur Therapie bezahle). Orkan Kyrill zum Trotz fuhren wir nach Münster, doch leider nicht am selben Tag zurück. Egal: Der neue Gutachter bestätigte die Ansprüche in allen Punkten und unterstützte auch die rückwirkende Anerkennung ab Geburt. Jetzt warten wir noch auf das Gerichtsurteil.

Wunderbar gelaufen ist es mit dem Ummelden meines Autos auf Justus. Das Finanzamt hat gleich alles eingetragen und akzeptiert – Kfz-Steuerbefreiung problemlos.

Das mit dem Pflegegeld war da schon eine andere Sache. Das Versorgungsamt hatte in seinen Schreiben den Vermerk es wäre sinnvoll schnellstens Pflegegeld zu beantragen, um keine Ansprüche zu verlieren. Mit dem Thema habe ich lange gehadert und bin mittlerweile auf dem Standpunkt, dass gerade für meine eigene Rentenabsicherung der Antrag richtig war. Ich bin rund um die Uhr mit Justus beschäftigt, selber Geld verdienen ist momentan nicht drin. Wir haben keine Eltern oder Bekannte, die mal einspringen könnten. Und wenn, würde Justus das nicht akzeptieren. Allein der Gedanke, mit PS1 die Möglichkeit zu haben, über den FED Justus an andere Betreuer zu gewöhnen, die auch mal mit ihm schwimmen gehen oder Rad fahren oder so – eine Sorge weniger. Ich mache viel zu wenig mit ihm. Allein durch die Fahrten zur Schule und zurück, die Kontrolle der Hausarbeiten nach der Schule, den wöchentlichen Fahrten zur Therapie und den täglichen Anforderungen an konsequente Erziehung und auch durch den Haushalt bin ich schon so erschöpft, dass meine eigene Gesundheit auf der Strecke bleibt.

Beim Pflegegeld haben mir die ausführlichen Informationen und Hilfen anderer Eltern im Internet sehr geholfen. Also habe ich es im März 2006 beantragt – und nach Widerspruch und Ablehnungsbescheid kann man ahnen, was derzeit läuft: richtig – eine Klage vorm Sozialgericht. Hat mir die begutachtende Ärztin gleich vorgeschlagen: „Sie gehen doch vor Gericht, oder?" Na, toll! Die haben ja Vorstellungen! Warum wird nicht gleich einheitlich entschieden? Warum muss in Bayern eine andere Vorgehensweise als in Berlin sein? Warum gibt es im einen Land PS1 bei H, bei anderen wird die Verbindung von Pflege und SBA abgelehnt und alles erneut geprüft – zum Teil sogar von denselben Gutachtern, die für MDK und Versorgungsamt arbeiten und sogar unterschiedlich urteilen (müssen?). Warum? Wie sagt unsere Anwältin so schön: „Das ist Föderalismus, jeder macht sein eigenes Ding." O Mann!

Da war doch noch was – was macht Justus so besonders?

Über Justus' Schrullen zu schreiben, würde wohl noch ein paar Seiten beanspruchen. Die Liebe einer Mutter – und eines Vaters – verklären vieles, doch einige Eigenarten finden wir an unserem Sohn einfach beachtenswert. Sein wunderbarer Sinn für Humor. Hier liegt auch seine Teilbegabung (IQ von 150 im Sprachteil), schade nur, dass er LRS hat und dadurch Schwierigkeiten mit dem Aufschreiben seiner Ideen. Er lässt sich aber nicht beirren, entwirft und schreibt kleine Filmchen am PC und als Anmerkung kommt darunter: „Vorsicht, LRS!" Justus hat eine Begeisterung für „Werner" und Uli Stein. Was er nicht versteht, fragt er nach, und kann sich auch nach dem hundertsten Mal wegschmeißen vor Lachen. Vor lauter Aufregung und Begeisterung fängt er an zu hüpfen und mit den Händen zu flattern. In der Autismusambulanz hat uns die Psychologin empfohlen, ihm Asterix-Hefte zu kaufen. Damit wurde auch noch seine Begeisterung für Rom und Latein geweckt. Ein Grund für ihn, sich in der Schule anzustrengen, um ab der sechsten Klasse endlich Latein lernen zu dürfen.

Justus' Lautstärke, sein Lachen und auch sein Geschrei sind nur schwer zu ertragen. In der Öffentlichkeit haben wir deshalb Handzeichen vereinbart. Ein Zurechtweisen vor anderen Leuten würde alles nur noch schlimmer machen. Er hält dann seine Hand vor meinen Mund – macht sich vor Fremden auch nicht gerade gut! Also nutzen wir Gestik zum Kontrollieren seines überschäumenden Verhaltens, nutzen schriftliche Verträge und Tagespläne zum Vorgeben von Aufträgen und Konsequenzen bei Nichterfüllung. Kurz und knapp, bloß nicht das Diskutieren anfangen – konsequente Erziehung und die x-te Wiederholung, bis es endlich sitzt, puh, ist das anstrengend. Sicherlich auch für Justus. Und dann verbieten wir ihm auch noch, alles Mögliche von der Erde aufzuheben. Justus ist so pingelig, was Spucke, Gläser, schmutzige Tassen und nicht mehr ganz frische Lebensmittel angeht – aber mit dem Ärmel oder der Hand über Geländer wischen, an denen sich Tausende Menschen täglich festhalten, jeden Stein oder Glitzersachen aufzuheben, jede Pfütze zu begutachten, auf jede besondere Bodenplatte auf Gehwegen zu hüpfen – das alles stört ihn komischerweise nicht. Ich kriege dann immer einen leichten Brechreiz!

Oder seine Brille. Mittlerweile musste sie schon fünfmal zur Reparatur – in einem Dreivierteljahr (sie ist übrigens schon wieder gebrochen – trotz Sportbrillenfassung). Die Kleidung ist auch so ein Thema: Wehe, ich kaufe etwas mit Aufdruck. Er akzeptiert nur uni oder mit Streifen und Hosen mit Gummibund und Schuhe mit Klettverschluss. Brauche ich nicht so lange zu suchen, es gibt eh nicht so viel für Jungen ab 10.

Dann die Missverständnisse: Beim Essen heißt es, halt den Löffel gerade. Was passiert? Er hält den Löffel waagerecht, die Suppe läuft runter. Aber Justus hielt den Löffelstiel gerade. Solche Dinge lassen sich noch ewig aufzählen: Sie machen unser Kind aus und machen es für uns einfach so liebenswert (nach dem ersten Ärger und wenn Justus' schriller Wutanfall erst mal abgeklungen ist). Ist Justus wütend, kommt leider nicht hinterher der Spruch, „Kleiner Scherz", mit dem er uns klar machen möchte, dass sein Ausspruch nur ein Witz war. Ist die Wut abgeklungen und wir haben endlich kapiert, was ihn bedrückte oder wo das Missverständnis lag, dann heißt es lapidar und mit einem Seufzer in der Stimme, im Sinne von „Warum nicht gleich so?": „Meine Güte – geht doch!"

2006

Felix' wahre Worte

Erstaunlich, was Felix manchmal so von sich gibt. Ob nun Wortneuschöpfungen oder interessante Kommentare, Doppeldeutigkeiten und Wortwitz – mit Felix hat man immer viel zu lachen.

Mir fällt immer sofort die Bezeichnung **Gott ess dienst** für das Abendmahl ein oder aber der **Finanz errater**, ein Kassenprüfer in kleinen Vereinen. Oder die **Sauerstoffe** als Bezeichnung für saure Bonbons.

Ich mag auch solche Sprüche wie: „Lieber hellsehen als im Dunkeln tappen" oder „Manchmal findet man Sachen an Orten, an denen man gar nichts verloren hat." Dann solche Dinge, wie „Leicht obszöne Sachen sind schwer witzig." Etwas obszön auch sein Spruch: „Ich bin gut geworden, denn die Spermien von Papa sind erste Sahne." Bei Fieber und dem Prüfen der Stirn sowie dem Hinweis; „Du bist aber ganz schön heiß", bekam ich die Antwort: „Prima, umso besser krieg ich später eine Frau." Tja, dann: „Die Schraube hilft der Mutter, sesshaft zu werden." Auf den Hinweis: „Findest Du das nicht egoistisch, denk doch an die anderen", antwortete Felix damals: „Wenn jeder an sich selber denkt, ist an jeden gedacht." Stimmt irgendwie.

Das war eine kleine Auswahl und Felix wäre damit sicher nicht zufrieden, da er sehr streng mit der Qualität seiner eigenen Sprüche ist. Darum nennt er sie gern „Mülleimer-Witze – die kann man auf Papier schreiben, dann sind das die Knüller."

Nun gut, so lass ich das als Fazit und notiere demnächst noch ein paar witzige Szenen zur Erinnerung. Denn leider läuft das Leben nicht immer so ab, dass man immer Witze reißen mag. Oft gibt es gar nichts zu lachen.

Mal wieder vor Gericht

U nsere Familie plagt zurzeit ein ganz besonderer Virus – der „O nein, schon wieder vor Gericht"-Kampfvirus.

Justus, mittlerweile 11, ist als „hochfunktionierender Autist (HFA)" mit einer Unmenge von Wahrnehmungsproblematiken, dazu Enuresis nocturna und LRS geplagt. Als die Diagnose endlich im Dezember 2005 von der Autismusambulanz der Kinder- und Jugendpsychiatrie gestellt wurde, haben wir uns schon sehr gefreut: Diagnose bedeutet die Chance auf Hilfe. Endlich Anträge stellen dürfen, um Justus ins Regelschulsystem rückführen zu „dürfen", SBA beantragen, Pflegegeld beantragen und dergleichen mehr. Doch weit gefehlt!

Das Jugendamt stellt sich ja schon bei der Eingliederungshilfe quer und meint: „Dann klagen Sie doch, Sie werden schon sehen, was Sie davon haben. Wir bezahlen, dann bestellen wir die Musik auch." Soviel zum Thema „Wunsch- und Wahlrecht". Also müssen wir einen Teil der Eingliederungshilfe auf dem Gerichtsweg „prüfen" lassen.

Das Versorgungsamt hat sich beim Übertragen unseres Antrages in einer Spalte vertan, dadurch bekam Justus zu seinem Merkzeichen H leider kein B und auch unser Widerspruch wurde abgeschmettert, obwohl das Ganze doch nur durch ein Versehen der Sachbearbeiterin ausgelöst wurde. Wir benötigen das B dringend, weil die Zugfahrten zu den Therapien finanziell kaum zu bewältigen sind. Was sagt also der Sachbearbeiter: „Gehen Sie doch den Klageweg". Ach, nee!

So langsam geht das alles an die Substanz: Hat man einen kleinen Schritt erreicht, stellt einem bestimmt wieder einer ein Bein!

Und jetzt auch noch der Medizinische Dienst der Krankenkassen (MDK): Wir haben uns beim Pflegegeldantrag im April 06 an die Infos aus Foren gehalten, haben präzise Pflegetagebuch geführt, Besonderheiten notiert und der Ärztin bei der Erstbegutachtung mitgegeben. Sie hat sich sehr viel Zeit genommen und wir hatten ein gutes Gefühl. Als jedoch der

Ablehnungsbescheid kam, haben wir ihn genauestens geprüft, Unstimmigkeiten formuliert und Widerspruch eingelegt. Vor zwei Wochen dann war wieder ein Hausbesuch des MDK – zur Widerspruchsbegutachtung. Da ging es dann wirklich rund: Diese Ärztin gab den Grund für beinahe sämtliche Entwicklungsstörungen als pädagogisches Problem an – inklusive der Enuresis („Da hilft nur die harte Methode, soll das Kind doch selbst sehen, was es mit dem nassen Bett macht. Ich würde mir die Arbeit nicht antun. Konditionierung und Medikamente helfen da gar nicht, nur radikale Maßnahmen!"). Oh, oh!

Dementsprechend fiel auch das Widerspruchsgutachten aus: Ein Großteil der vorher zuerkannten Pflegezeiten wurden wieder gestrichen, plötzlich waren mein Mann und ich beide Pflegepersonen, die Anerkennung des Pflegetagebuches wurde abgelehnt, hauswirtschaftliche Verrichtungen wurden völlig aberkannt. Wie kann der Gutachter das in 25 Minuten entscheiden, ohne Rücksicht auf vorliegende Unterlagen und dann noch mit einer selbst gestellten Diagnose („da liegt doch Hyperaktivität vor", obwohl dies definitiv von den Fachleuten ausgeschlossen wurde). Und der Satz am Ende des Hausbesuches: „Sie werden doch sicher vor Gericht gehen!" Und was kann man daraus lernen: Nach einer Begutachtung immer schön das schriftliche Gutachten anfordern. Erstaunlich, was da manchmal so alles drin steht.

Langer Rede kurzer Sinn: Wie macht man bloß dem MDK klar, dass ein Kind mit Autismus ein besonderes Kind mit besonderen Anforderungen in der Pflege ist?

Wir werden jetzt den Widerspruch weiterhin aufrechterhalten, noch einmal genauestens die Diskrepanzen im Gutachten aufschreiben, auf fachliche Stellungnahmen hinweisen und einfach nur ... hoffen.

Wann hat das alles mal ein Ende – wir können doch nicht schon wieder den Gerichtsweg einschlagen? Warum überall diese Taktiererei und diese Spielchen? Das ist doch nicht normal!

Justus' Sprache war schon früh sehr gewählt und pedantisch genau. Trotz der leicht verzögerten Sprachentwicklung. Er hat alles wortwörtlich genommen, sodass es oft zu Missverständnissen kam. Mittlerweile hat er eine hohe Sprachbegabung und ist sehr witzig, auf Zuruf seines Namens reagiert er aber immer noch nicht – er braucht immer noch ganz präzise Aufforderungen, was zu tun ist. Das Verständnis für den Sinn mancher Sprüche fehlt ihm völlig. Doppeldeutigkeiten zum Beispiel. Zumeist fragt er nach – und so sind wir halt den ganzen Tag am Reden!

Bei Justus traten schwerwiegende Auffälligkeiten eigentlich erst am Ende der 1. Klasse auf. Die Regelgrundschule kam nicht mit seinen Reaktionen auf andere Kinder und mit seinem langsamen Arbeiten klar, sodass nach vielen schlimmen Szenen und Verdächtigungen gegenüber unserem Kind und auch unserer Erziehungsfähigkeit, Justus die Schule unfreiwillig verlassen musste. Auf der nächsten Grundschule war der Verdacht auf Asperger-Syndrom schon da und wir haben Rektor und Lehrer aufgeklärt, doch nach 4 Tagen war alles vorbei und er flog auch von dieser Schule und musste dann auf die Schule für erziehungsschwierige Kinder. Eineinhalb Jahre Horror für unseren Sohn – das einzig Gute war, dass wir nicht mehr jeden Tag von der Schule angerufen wurden und schon Grauen vor dem Telefonklingeln hatten. Wenn ich so nachträglich lese, was ich damals alles dazu geschrieben habe, da krieg ich nachträglich wieder eine leichte Unruhe.

Doch ohne Diagnose keine Hilfe, keine Anträge – es war zum Heulen. Ein Jahr nach dem Wechsel hatten wir die Diagnose: frühkindlicher Autist auf hochfunktionellem Niveau, kurz HFA. Justus' Sprachentwicklung war etwas verspätet, was zum Asperger-Syndrom nicht passt.

Seit der offiziellen Diagnose haben wir alles verschlungen, was für uns zum Thema Autismus interessant ist und wir haben uns umfassend informiert. Doch trotzdem kämpfen wir jetzt seit über einem Jahr für jedes Fitzelchen Hilfe vom Jugendamt. Wir waren zuerst so naiv zu denken, man geht zum JA und die helfen einem weiter – mit Eingliederungshilfe nach 35a und so – doch weit gefehlt – ohne Druck und Anwalt und Beleidigungen, die wir uns noch zusätzlich anhören müssen, scheint hier nichts zu laufen – dabei weiß ich von anderen Eltern, dass es auch anders geht, und bin auch in unserem Kreis davon ausgegangen. Nun ja, das ist ein anderes Thema.

Auf jeden Fall konnten wir nach einem Dreivierteljahr zähen Ringens und viel Überzeugungsarbeit eine Schulbegleiterin für Justus bekommen und er durfte beim Schulwechsel nach der 4. Klasse runter von der verhassten E-Schule und mit ihr auf eine Regelschule – ein Gymnasium aus dem Nachbarkreis, das sich bereit erklärt hat, Justus zu beschulen (trotz seiner LRS und seiner uneinheitlichen schriftlichen Leistungen und der Integrationshilfe) – Justus liebt die Schule, und wie es scheint, mag die Schule Justus – was will man mehr?

So, das wollte ich alles mal loswerden – mit der Schule hat es erst mal geklappt und die anderen Sorgen, die wir mit Ämtern und Behörden noch so haben und die einem ganz schön an die Substanz gehen, die werden wir auch noch lösen – mit Hilfe von Foren, Selbsthilfegruppe und ganz viel Gottvertrauen.

Nach der offiziellen Diagnose haben wir den Antrag gestellt und gekämpft, denn das Jugendamt verweigerte eine Schulbegleitung, sie sei nur etwas für Körperbehinderte. So was gäbe es im Kreisgebiet nicht. Bis zur Genehmigung, erst einmal für ein paar Wochen im neuen Schuljahr, hat es ein Dreivierteljahr gedauert. Mittlerweile ist die Schulbegleitung (Vollzeit) bis Ende Januar genehmigt. Dann entscheidet sich auch, ob Justus an der Schule bleiben darf, weil dann die Bezirksregierung ihr Okay zur Fortführung gibt – oder auch nicht. Das ist wohl so, weil ehemalige Sonderschüler noch weiterhin für eine Übergangsfrist einen sonderpädagogischen Förderbedarf haben.

Die Schulbegleiterin wurde vom Integrationsdienst gestellt und dort hat man ein wirklich glückliches Händchen bewiesen. Justus ist die letzten Wochen regelrecht aufgeblüht, hat wieder Spaß an der Schule und kann auch das Lernen wieder richtig genießen. Es gibt keine Attacken ihm gegenüber mehr, er wehrt sich nicht mehr unangemessen – es ist alles traumhaft.

Das Gymnasium selbst haben wir gewählt, weil es sich als einzige Schule bereit erklärt hat, das Wagnis autistisches Kind einzugehen (und dann noch mit LRS) – keine Selbstverständlichkeit! Außerdem hat sich Justus dort gleich wohlgefühlt und die Sympathie der Lehrer gespürt. Ob Justus' Leistungen dem standhalten, bleibt abzuwarten – morgen ist Elternsprechtag und ich habe ein sehr gutes Gefühl dabei.

Die letzten beiden Jahre waren jedenfalls kaum zu ertragen, gerade weil wir als Eltern nicht ernst genommen wurden und sogar noch gewagt hatten, uns zu wehren und bei unserem Kind auf eine gestörte Wahrneh-mung hinzuweisen. Bis zum nächsten Hilfeplangespräch Mitte Dezember werden wir die Zeit auf jeden Fall genießen und dann weitersehen!

November

Schreikind

So im Rückblick muss ich auch sagen, diese Schreierei war schreck-lich, wir konnten uns nur die Ohren zuhalten. Damals haben wir einfach nicht verstanden, was unser Kind hat, dass seine Wahrnehmung so extrem gestört ist, und wir sind viel zu oft selbst zu Schrei-Eltern geworden.

Ich glaube nicht, dass Verhaltenstraining bei allen jüngeren autisti-schen Kindern hilft. Im Normalfall ist dieses Verhaltenstraining perfekt und die Grundlage einer jeden guten Erziehung (wobei man nicht verges-sen sollte, dass das „Umerziehen" einer unerwünschten Verhaltensweisen jeweils ein halbes Jahr in Anspruch nimmt).

Doch unsere autistischen Kinder leben und empfinden anders, und ge-rade wenn sie noch jünger sind, schreien sie nicht wegen der Aufmerk-samkeit, sondern um das Geschehen um sie herum auszublenden, weil sie von der Reizüberflutung völlig überfordert sind, sie können Reize nicht ausblenden. Schimpfen, gerade lautes, hilft nicht, ist klar, denn viele Au-tisten hören dann nur noch ein Rauschen. Viele autistische Kinder machen nichts, um jemandem zu gefallen, sie lernen alles über den Kopf, niemals aus dem Bauch heraus, deshalb ist es viel leichter, sie zu verstehen und mit ihnen umzugehen, wenn sie etwas größer sind und man ihnen Situa-tionen erklären kann.

Vor einiger Zeit erzählte mir eine Mutter, dass sie ihr Kind fest in den Arm nimmt, wenn es eine Schreiattacke hat. So etwas hätte bei uns nie funktioniert, schon gar nicht, als unser Sohn kleiner war. Er ist sensorisch so überempfindlich, dass dann alles nur noch schlimmer würde. Unser Sohn spürte dann selbst am besten, was helfen würde, um aus der Paniksi-tuation wieder rauszukommen – er hat sich irgendwohin verzogen und sich dort wieder beruhigt. Wenn es eine Wutattacke war, hat er Pappen bekommen, die er zerreißen konnte, bis es ihm wieder besser ging – das macht er heute in Extremsituationen immer noch.

Bevor wir wussten, weshalb unser Kind immer so überreagierte und so entsetzlich laut schrie, wenn es völlig überreizt war, wussten wir uns auch oft nicht zu helfen und haben viel geschimpft, wir haben Verhaltenstraining gelernt, trainiert, um noch bestehende frühkindliche Reflexe zu hemmen und vieles mehr. Doch als wir eine Ahnung hatten und irgendwann Bescheid wussten, dass sein Gehirn einfach anders funktioniert und er einfach nicht anders kann, da wurde alles viel besser. Wir haben wohl unbewusst auch besser reagiert. Jetzt mit 11 kann unser Sohn mit Erklärungen und Auszeiten beruhigt werden und die schlimmen Schreiattacken sind nicht mehr so schrecklich.

Sicherlich ist jedes autistische Kind anders, aber man kann lernen, ihre Reaktionen zu erkennen und dementsprechend vorzubeugen. Aber gerade HFA- und Asperger-Kinder lassen sich ab dem Schulalter leichter lenken. Und sie sind so liebenswert und manchmal doch recht schlingelig, dass man dann unerwünschte Verhaltensweisen durch Verstärker und Ignorieren in den Griff bekommen kann und mit diesen Erziehungsmethoden wunderbar weiterkommt.

2007

Hier noch ein paar von Felix' Mülleimerwitzen:

Wenn ich Felix etwas anbiete, antwortet er gern mit: „Wenn es dir zu Freuden gereicht." Oder an einen Lehrer: „Herr X, ich habe die Hausaufgaben nachgeholt, würden Sie die mal bitte in Augenschein nehmen?" Und wenn Felix einen Fehler gemacht hat, kommt gern mal: „Moment mal, vielleicht habe ich mich ja verdacht" (statt vertan). Und auch gern: „Können Sie mir das bitte mal erklären? Und bitte autistisch zugeschnitten."

Tja, und ein Lehrer konnte mit dem Vorschlag zu der Lehre, die aus einer Fabel gezogen werden könnte „Wer anderen eine Bratwurst brät, hat meist ein Bratwurstbratgerät", wohl auch wenig anfangen. Doch die Klasse hatte Tränen in den Augen vor Lachen. Sehr gut beobachtet eine Antwort auf den Hinweis, jemand wolle sich mit jemand anderem kurzschließen: „Dann gibt es einen Wackelkontakt."

All das hat er in der Zeit von 10 – 12 Jahren gesagt. Schon recht ungewöhnlich in dem Alter. Doch es macht ihn einfach liebenswert.

Lese-Rechtschreib-Therapie

E ine Therapie für unseren Sohn wurde von mir aus gesundheitlichen Gründen nach 12 Wochen nicht fortgeführt – ich konnte die Autofahrt zum Therapieort nicht mehr leisten und hatte der Jugendhilfe auch schon früh genug angekündigt, dass ich möglicherweise den weiten Weg auf Dauer nicht auf mich nehmen könne. Mit Bus oder Bahn kommt man dort nicht hin, mein Mann arbeitet Wechselschicht und kann die wöchentlichen Fahrten auch nicht übernehmen.

Doch anstatt diese Therapieform (es geht um LRS) an unserem Wohnort zu finanzieren, hat der Kostenträger sie uns gleich ganz gestrichen: Die Dringlichkeit der Therapie stünde zwar außer Frage, aber wir müssten eine andere Therapieform als die im Fachgutachten empfohlene akzeptieren (soll heißen: Ein verhaltenstherapeutisch orientiertes Elterntraining würde finanziert, ein klassisches – wissenschaftlich fundiertes – LRS-Training nicht).

Wir haben nach Monaten des Hin- und Herdiskutierens mit den Behörden im Wege der Selbstbeschaffung einen Therapieplatz bei einem Institut vor Ort gefunden und finanzieren ihn erst mal vor (die Jugendhilfe weigerte sich, ihn zu finanzieren. Wir konnten und wollten nicht länger warten und die Spielchen des Hin und Her weiter mitmachen. Immerhin geht unser Sohn mittlerweile auf eine weiterführende Schule und ohne konsequentes LRS-Training ist er aufgeschmissen.

Da bei Justus sein zumeist sonniges Gemüt im Vordergrund steht, hält er sich in der Klasse leistungsmäßig prima im Mittelfeld auf und kann mit seinem mündlichen Wissen punkten. Die Schule (Lehrer) mag ihn, er mag die Schule – was will man mehr?

April

Hilfe bei der Selbsthilfe

Irgendwann ist es an der Zeit, sich einer Selbsthilfegruppe anzuschließen. Ich habe mich für die Asperger-Eltern – eine yahoogroup entschieden. Von der Gruppe erhoffe ich mir einen regen Austausch mit Asperger-/HFA-Eltern, um aus der Isolation herauszukommen, in die ich unweigerlich hineingerutscht bin. Zudem bin ich begeistert, dass die Gruppe von genau den Moderatoren gegründet wurde, die mir mit ihren Texten im Netz schon viel Hilfe und Nachdenkenswertes an die Hand gegeben haben.

Ich habe mir bisher oft die Seiten von www.asperger-eltern.de zur Information aufgerufen, habe dort über die „Notwendigkeit einer Diagnose und des SBA" gelesen oder allgemeine Texte zum Asperger-Syndrom. Nachdem wir im Dezember 2005 endlich die Diagnose bekommen haben, bin ich los, um mich im Internet und in Büchern genauer zu informieren (vorher wollte ich nicht, trotz des Asperger-Verdachtes, um mich nicht selbst bei den Antworten gegenüber den Diagnostikern und in den Fragebögen zu beeinflussen). Ich habe mich mit dem Thema „Behinderung" auseinandergesetzt – und dies bei Justus in wenigen Wochen akzeptiert, nachdem ich durch Frau Gerners Beiträge meine Vorstellung von Behinderung revidieren konnte.

Mai

Hilfeplangespräche

Heute war es mal wieder so weit: ein Hilfeplangespräch in den Räumen der Jugendhilfe. Mittlerweile schon das Fünfte innerhalb der letzten 15 Monate, und eines ist unangenehmer als das andere. Mittlerweile konnten wir ja Autismustherapie, Schulbegleitung und Lerntraining (hauptsächlich mit anwaltlicher Hilfe) erreichen, doch die Hilfeplangespräche machen mir immer wieder Angst. So ein kalter Abteilungsleiter der Jugendhilfe, der nur die negativen Punkte von Justus aufgreift, die Dinge, die er noch nicht kann. Der Typ fragt nur nach, wann Justus endlich etwas gelernt hat, was die Schule dafür tun will, dass die Jugendhilfe ihre finanziellen Zusagen zurückfahren kann.

Es tut so weh, jemanden nur über die Unzulänglichkeiten seines Kindes sprechen zu hören. Dabei haben alle Fachleute auf die Fortschritte und die Wirksamkeit der Therapien hingewiesen und sich gefreut, wie gut Justus sich macht. Doch den Hinweis, dass Justus' Behinderung manche Änderung einfach nicht zulässt, dass er manches nie können wird, das wollte der Jugendhilfe-Mann nicht hören, seine Sachbearbeiterin übrigens auch nicht – immer nur sparen, Stunden kürzen, weniger begleiten und so weiter. Und während die Therapeuten von den Fortschritten berichteten, malt der Chef der Jugendhilfe Kästchen und Formen auf seinen Schmierzettel. Ich könnte schreien.

Justus ist durch das Herunterfahren der Stunden sowieso schon total durch den Wind, dann die vielen Ferien- und Feiertage – er ist total aus dem Trott. Mittlerweile zeigt er schon Abwehr- und Trotztendenzen in der Schule – alles Dinge, bei denen er sich vorher viel besser unter Kontrolle hatte. Er hat doch erst seit diesem Schuljahr Hilfe und mir scheint, diese Sparerei macht jetzt alles kaputt. Hoffentlich wird die Hilfe nicht in der sechsten Klasse auf null zurückgefahren. Wie soll mein Kind in der kurzen Zeit die vier Jahre Grundschulchaos schon überwunden haben? So bin ich irritiert und wieder enttäuscht von der Kühle mancher Behörden.

Computer und Spiele

Oh, Justus spielt an sich gerne draußen (nur Schaukeln für Justus nein danke, unser Grundstück ist auch zu steil, das bringt wohl nicht genug Spaß, wenn es nicht hoch genug hinausgeht): Wasser umfüllen bis zum Umfallen oder die Regentonnen leer sind. Staudämme am Bach bauen, Steine sammeln, mit Stöcken bauen, ich habe die Hoffnung, dass es im Sommer wieder besser wird, speziell, wenn nicht so viele Leute bzw. andere Kinder draußen rumlaufen, sonst ist er schnell wieder zurück. Im Winter war es Eis klopfen, was ihn ewig beschäftigte. Doch dieser Winter war ja fast eisfrei. Da hat es dann seit einem halben Jahr mit dem Computer etwas überhandgenommen.

Ein Belohnungssystem hatten wir mit Holzdübeln, nur irgendwie gab es damals keine adäquaten Belohnungen mehr, sodass Justus immer viel zu viel angesammelt hat. Das war in der Erziehungshilfe-Schulzeit, da brauchte er Motivation für sein Durchhaltevermögen. Und für angesparte Dübel gab es eine Fahrt zum Elektronikmarkt zum Staunen, flippern gehen, zum Hamburgerladen usw. Doch das System auf Computerzeit umzumünzen, das sollten wir mal in unserem Mini-Familienrat besprechen und einen neuen schriftlichen Vertrag machen (erspart Missverständnisse und endlose Diskussionen – meist jedenfalls).

Ich hasse Muttertage

Ich bin heute ziemlich genervt – es ist wieder Muttertag. Zeit zum Essengehen und angemault werden – von den eigenen Müttern und Vätern wohlgemerkt. Zeit für ein quengeliges Kind und ganz viel Zwang, dem man nicht entkommen kann. Zeit für Geschrei im Restaurant, blöd guckende Leute, besserwisserische (Groß-)Eltern und eine Mutter, die einem in aller Öffentlichkeit sagt: „Du hast doch selbst Schuld, dass Justus so ist, wenn du ihm alles durchgehen lässt" und einem Vater, der meint: „Justus hat GdB 80? Ich habe aber 100". Wer es glaubt? Später sagte er, er hätte 35).

Ich hasse Muttertage! Keine Möglichkeit, sich zurückzuziehen und Justus die Möglichkeit zum Runterkommen zu geben. Ewiges Gemecker. Und die Schwiegermutter? Die verbarrikadiert sich zu Hause und macht gar nicht erst auf. Altersstarrsinn mit 80? Lasst mich bloß in Ruhe mit Muttertagen (und Familienfesten)! Ist das nicht traurig? Familie habe ich mir immer anders vorgestellt.

Plädoyer für einen fähigen Integrationsdienst

Vom Glück, begleitet durch den Schulalltag gehen zu dürfen.

Justus' Schulbegleitung ist ein Traum, der wahr geworden ist. Nicht nur, dass sie ihre Dolmetscherfunktion perfekt wahrnimmt, sie nimmt auch Justus wahr – in seiner ganzen Art, mit seinen ganzen Eigenarten. Das, was einem Lehrer bei 30 Kindern nicht zusätzlich zuzumuten ist, übernimmt sie: Struktur, Organisation, Planung, Koordination, Kommunikation, Deeskalation. All die Dinge, die uns intuitiv begabten Menschen leicht fallen, die einem Asperger- oder HFA-Kind jedoch als unüberwindbare Hürden in seinem Schulleben entgegenstehen können.

Und bei Justus gab es unzählige Hürden, die es zu bewältigen gab – und ein Großteil davon wurde ihm in den Weg gestellt, weil keiner seine Andersartigkeit akzeptieren wollte, sein ungewöhnliches Verhalten verstand.

1,5 Jahre – bis zum Ende der Grundschulzeit – hat Justus es auf der Förderschule aushalten müsse. Für ihn war es ein Horror, die ganzen Verletzungen, die er davontrug, zeugten von den täglichen Raufereien, vor denen die Lehrer ihn auch nicht schützen konnten. Sie hatten bis zuletzt, als die Diagnose schon feststand, nicht wirklich an „frühkindlichen Autismus auf hohem Funktionsniveau" (HFA) geglaubt und waren der Meinung, durch richtige Erziehung ließe sich das beheben. Trotz allem bekam Justus seine gymnasiale Empfehlung mit der Befürwortung eines Integrationshelfers bzw. einer Schulbegleitung.

Eine Schule hatten wir gefunden, ebenso den speziell auf Schulbegleiter für autistische Kinder ausgerichteten Dienst, fehlte nur noch die Genehmigung des Schulamtes, der Bezirksregierung (wegen der Aufhebung des sonderpädagogischen Förderbedarfs und der Erlaubnis, eine Schule im Nachbarkreis zu besuchen) und – die Finanzierungszusage der Jugendhilfe.

Das Hin und Her zu erzählen führt zu weit. Doch kurz gesagt: mithilfe der Anwaltskanzlei, die vom Integrationsdienst empfohlen wurde, der

Unterstützung durch die Schule, das Kreis-Schulamt, die Bezirksregierung, das Therapie-Institut, den leitenden Autismus-Koordinator und die persönliche Intervention des I-Dienstes gelang es endlich, das Jugendamt von der Dringlichkeit und dem Nutzen einer Schulbegleitung zu überzeugen. Hat immerhin länger als ein halbes Jahr und unzählige Nerven und Telefongebühren gekostet. Angemeldet habe ich Justus im Juli, in den Sommerferien. Sechs Monate abwarten, Berichte anfordern, Hilfe erbitten, Gutachten erstellen, an Dezernenten wenden und Druck machen.

Aber wir haben es geschafft. Mittlerweile ist das erste Schuljahr an der weiterführenden Schule vergangen. Justus hat es mit Bravour bestanden und es allen bösen Stimmen und meckernden, warnenden sogenannten Fachleuten gezeigt. Er hat seine Art zu lernen entwickeln können und dürfen, Schulfächer entdeckt, die ihn anspornen, und kann ganz gewiss dazu beitragen, eines zu beweisen:

Schulbegleitung bedeutet, eine Brücke zu bauen zwischen Kind und Schule. Mit einer wohlüberlegt ausgewählten, kompetenten Schulbegleitung und einer wohlmeinenden, hilfsbereiten Schule kann ein autistisches Kind seinen Weg gehen und seinen Beitrag zu unserer Gesellschaft erbringen.

Es war ein weiter, schwerer Weg, all dies für unser Kind zu erreichen, doch ich würde ihn immer wieder gehen. Dabei ist es mein Ziel zu erreichen, dass für andere Eltern in derselben Situation die Hürden leichter zu überwinden sind. Dass Eltern von Beginn an einen kompetenten Ansprechpartner an ihrer Seite haben, der ihnen dabei hilft, den Weg für ihre Kinder zu ebnen.

Gerichtstermin

Ich mache mich jetzt auf zum Zug und zum Gericht in die Großstadt. Dort wird ja heute vorm Sozialgericht wegen Justus' SBA, dem B (vielleicht auch dem G), der Höherstufung des GdB auf mindestens 80, der Anerkennung ab Geburt, der Gültigkeit über das Alter von 12 Jahren hinaus und der Neubezeichnung der Beeinträchtigung verhandelt. 13:20 Uhr soll es losgehen, mal schauen.

Möge alles gut gehen – ich habe absolut keine Lust (und auch keine Kraft) auf die nächste Instanz.

Und dann: Tja, irgendwer hat uns wohl vergessen, der Richter hatte nämlich auch absolut keine Lust. Er wollte nur über das Widerspruchsverfahren vorm Versorgungsamt entscheiden – und da ging es vor 1,5 Jahren nur um das zusätzliche B. Hätte er ja mal früher sagen können, dass er die Klageerweiterung vom letzten Jahr nicht akzeptiert. Somit hat sich auch das Versorgungsamt geweigert, unseren Antrag zu bearbeiten.

Irgendwer hat ihn hinten an die Gerichtsakte geklemmt und er ward nicht mehr bearbeitet. Und wer war das? Laut Versorgungsamt die Bezirksregierung, na toll, kennen wir doch schon.

Eine Unverschämtheit, unsere Anwältin war stinksauer. Immerhin kam sie aus dem fernen Berlin zu uns gefahren, um sich dann so etwas vom Richter anhören zu müssen. Dabei waren die Aussagen des vom Gericht bestellten Gutachters eindeutig, in allen Punkten, die wir beantragt hatten. Doch der Richter meinte, Gutachter schreiben halt manchmal so einiges, zu dem Sie nicht gefragt wurden. Was für eine Verschwendung von Steuergeldern. Und was sagt die Dame vom Versorgungsamt? Sie könne das nicht entscheiden, sie sei keine Medizinerin, könne nicht sagen, ob Autismus angeboren sei, müsse das Ganze noch einmal amtsärztlich prüfen lassen. Da kriege ich einen Schreikrampf.

Also, in einem Punkt hat das Daumendrücken der Asperger-Eltern auf jeden Fall geholfen: Das Versorgungsamt will jetzt am Ende des Verfahrens wegen der Gewährung des Merkzeichens B (wussten die wohl schon länger, dass ihnen da ein Fauxpas passiert ist) „zeitnah" über unseren Erweiterungsantrag vom letzten November entscheiden. Die sind zwar der Meinung, ein GdB von 60 reicht aus, doch wir konnten in das Gerichtsprotokoll aufnehmen lassen, dass wir 80 „verlangen" und dass unser Antrag anhand des Schriftsatzes des Gutachters entschieden wird. Und so lange bezahle ich weiterhin brav meine wöchentlichen Zugfahrkarten und muss mich darüber ärgern, dass ich dieses Geld erst einmal nicht wiedersehe. Sogar der Richter fragte erstaunt, wofür wir die Anerkennung ab Geburt denn brauchen. Die steuerrechtlichen Konsequenzen waren keinem im Saal bewusst.

So, jetzt muss ich mich erst einmal ein bisschen abregen. Die Dame vom Versorgungsamt hatte heute mindestens 8 Fälle vor Gericht. Man konnte das Gefühl bekommen, dass es zwischen Richter und Versorgungsamt um ein zügiges Abhaken der Rechtsstreitigkeiten ging.

Schadensersatz

Ich habe wegen des fehlenden Bs und der zusätzlichen Zugfahrtkosten der letzten 1,5 Jahre beim Versorgungsamt um Ersatz gebeten. Eigentlich unüblich, doch heute kam ein Schreiben der Bezirksregierung wegen der „Geltendmachung von Schadensersatzansprüchen wegen Amtspflichtverletzung" und – ich bekomme meine Fahrtkosten erstattet. Juhu!

Lobbyarbeit

Hier zwei Briefe an Politiker zu unserem Versorgungsamtsdebakel und den Ärger über die Verschwendung von Steuergeldern. Sicherlich bringt so ein Brief nicht viel. Doch ich hoffe auf viele Eltern, die ihren Ärger auch öffentlich machen, denn: Ein Brief ist ein Tröpfchen, viele Briefe sind eine Pfütze und machen Politikerfüße aufmerksam.

Der Brief an den Landes-Sozialminister:
Auflösung/Kommunalisierung der Versorgungsämter /Kosten für Schwerbehinderten-Ausweisverfahren

Sehr geehrter Herr Landes-Sozialminister,

ich möchte Ihnen meinen herzlichen Dank aussprechen, dass Sie bzw. die Landesregierung die Auflösung der 11 Versorgungsämter angeschoben haben. Dies ist meines Erachtens einer der Wege, um das Verschwenden von Steuermitteln im Landeshaushalt einzudämmen.

Meine Auffassung gründet sich auf das Antragsverfahren bei Schwerbehindertenausweisen (SBA) für behinderte Kinder und den Flüchtigkeitsfehlern(?), die keiner zugeben mag.

Im Februar 2006 haben wir für unseren Sohn einen SBA beantragt, um ihm durch die Gewährung von Nachteilsausgleichen die Teilhabe am gesellschaftlichen Leben und in der Regelschule zu ermöglichen. Er war damals 10 Jahre alt. Eine ganz einfache Sache: Diagnose und Arztbericht einer der führenden Kapazitäten der Autismusforschung und ein kurzer Blick des Versorgungsarztes in die Anhaltspunkte, schon kommen ein vorgegebener Grad der Behinderung (GdB) von etwa 80 und die Merkzeichen H und B sowie eventuell noch G dazu. Das Ganze ab Geburt anerkannt – fertig! Alles so wie gesetzlich vorgeschrieben.

Doch das Versorgungsamt gewährte einen GdB von 60 und das Merkzeichen H, das B fiel aus Versehen unter den Tisch und wurde dann abgelehnt. So beginnt ein Antrags-, Widerspruchs- und Klageverfahren, das bis heute nicht abgeschlossen ist. Diverse Mitarbeiter des Versorgungsamtes, die Versorgungsärzte, der gerichtliche Gutachter, die Stellvertreterin vor Gericht, der Richter, zwei Beisitzer und unsere Anwältin: alles auf Kosten der Steuerzahler, weil ein Amt die gesetzlichen Grundlagen missachtet und dann notgedrungen vor Gericht eine Niederlage einstecken muss.

Nachdem wir auf neue wissenschaftliche Erkenntnisse aufmerksam wurden, wollten wir das Verfahren verkürzen und beantragten im November 2006 Klageerweiterung – diese wurde erst beim Gerichtstermin im Juni 2007 vom Richter abgeschmettert. Vorher war keiner in der Lage, darauf hinzuweisen, dass diese verfahrenstechnisch zeit- und kostensparende Zusammenlegung von Anträgen gar nicht beachtet wurde. Unser Antrag wurde vom Versorgungsamt hinten an die Gerichtsakte geheftet und dann vergessen zu bearbeiten. Jeglicher Hinweis unserer Anwältin auf die Klageerweiterung und auch die Begutachtung aller Punkte durch den gerichtlich bestellten Gutachter im Januar 2007 verhallten ungehört und unwidersprochen. Dafür wird der Antrag von 2006 jetzt neu bearbeitet und entschieden. Auf das alles noch einmal von vorne beginnt!

Somit, Herr Landes-Sozialminister, freue ich mich über die Kommunalisierung der Versorgungsämter und die gewaltige Einsparung von Steuergeldern des Landes bei unnötigen Widerspruchs- und Klageverfahren – zum Wohle der behinderten Kinder in den Kommunen, für die dann mehr Geld für Integrationsmaßnahmen da ist und deren Eltern dann nicht immer vor Wände rennen, wenn sie dringend nötige, gesetzlich vorgeschriebene Hilfen einfordern. DANKE.

Und der Brief an den Bundespräsidenten:

Besondere Kinder erfordern besondere Maßnahmen – Umgang mit behinderten Kindern in der Bundesrepublik Deutschland

Sehr geehrter Herr Köhler,

als Mutter eines autistischen, einfach tollen 11-jährigen Jungen mit Namen Justus wende ich mich an Sie, um auf einen Missstand hinzuweisen, der nicht nur mich an unserem Sozialsystem stört.

Ich begreife nicht, warum ich für jedes bisschen Hilfe für mein Kind vor Gericht ziehen oder mir anwaltliche Hilfe holen muss. Und das mir, die ich so eine Vorgehensweise zutiefst verabscheue. Doch anders gelingt es mir nicht, die Dinge zu erreichen, die vom Gesetzgeber für Menschen mit Behinderungen als Integrationshilfe vorgesehen wurden.

Keiner spricht es aus, doch wie so oft geht es um fehlende Gelder. Die Kommunen schieben es aufs Land, das Land auf den Bund und die behinderten Kinder werden abgeschoben, weil sich keiner zuständig fühlen will. Da frage ich mich doch, wieso so viele Steuergelder verschwendet werden, wenn sie an anderer Stelle so nötig für Integrationsmaßnahmen von Behinderten gebraucht werden. Mich macht es traurig, dass das Leben mit einem behinderten Kind durch diesen ganzen „Behördenkram" erschwert wird. Speziell, wenn die gesetzlichen Vorgaben eindeutig sind.

Ich möchte mein Kind fördern und es lieben und mich nicht den lieben, langen Tag mit Behörden und Gerichten rumstreiten. Ich möchte mein Kind mit meiner positiven Lebenseinstellung prägen und es nicht zum Opfer des Mecker-Kults werden lassen.

Was können wir, was können all die Eltern tun, die sich täglich aufs Neue bemühen, ihrem Kind die bestmögliche Förderung zukommen zu lassen, damit es mit seinen Eigenarten ein vollwertiges, wenn auch besonderes, Mitglied unserer Gesellschaft wird?

Vielen Dank, dass Sie diesen Brief gelesen haben, denn mir ist klar, dass unsere Sorgen nichts im Vergleich mit den Problemen dieser Welt sind, doch finde ich es wichtig, dass erst einmal alle Bürger im Kleinen zusammenhalten müssen, um gemeinsam etwas Großes zu erreichen.

Entschuldigung

Vor Kurzem gab es ein Schreiben des Sozialministeriums aufgrund meines Schreibens. Auch von dort gab es eine Art Entschuldigung wegen der ganzen Probleme beim Beantragen des SBAs. Dabei ging es mir gar nicht darum. Ich wollte nur auf die Schwierigkeiten aufmerksam machen, die Eltern haben, wenn sie präzise anhand der Gesetze Anträge für ihre behinderten Kinder stellen und dann durch Widersprüche und ablehnende Bescheide vor Gericht gezerrt werden. Das Schreiben an den Landes-Sozialminister steht ja ein paar Seiten vorher.

Also, auch ich kann nur empfehlen, den Gang vor Gericht, gerade vor das Sozialgericht, nicht zu scheuen. Und mit einer Rechtsschutzversicherung braucht man auch keine Sorgen wegen der Rechtsanwaltskosten haben. Das Geld für unser damaliges Verwaltungsgerichtsverfahren wegen der Schulbegleitung und dann wegen der Lerntherapie, das leider in die Tausende ging, haben wir durch die Anerkennung von Justus' Behinderung ab Geburt über das Finanzamt lässig wieder bekommen.

Auch ansonsten ist in unserem Bundesland einiges los. Ein Institut untersucht im Auftrag der Landesregierung in Zusammenarbeit mit Eltern, Behindertenverbänden und Behörden, wie die Verschwendung von Steuermitteln vermieden werden kann und dadurch solche zermürbenden Rechtswege für Eltern vereinfacht und die Probleme aufgezeigt und gelöst werden.

Also, wehrt Euch! Nur so wissen die Politiker auch, wo es Probleme gibt.

Ihr seid Gold wert

Das geballte Wissen der Asperger-Eltern ist eine ungeheure Bereicherung für mich. Durch den Einsatz und das Wissen anderer Eltern habe ich sehr viele Informationen bekommen, die ich sonst niemals bekommen hätte. Ob Dateien, Zeitschriftenartikel oder persönliche Tipps, ohne Hilfe geht es nicht. Denn wer sollte einem helfen, wenn nicht andere Eltern?

Die Behörden haben mir nicht geholfen, ganz im Gegenteil. Und eine staatliche Stelle, die Hilfen koordiniert, gibt es immer noch nicht. Und somit danke ich auch allen, die mir immer so voller Optimismus den Weg weisen, den man einschlagen könnte.

Juli

Wut abbauen

Das kennen sicher viele: Das Kind wird leicht wütend und muss irgendwo hin mit seiner Wut. Bisher klappte das prima mit Kartons zerfetzen.

Doch mittlerweile muss es richtig knallen. Türendonnern ist verboten (arme Türblätter), Porzellan ist zu gefährlich und Steine zerdeppern auch die Terrasse mit. Was kann man bloß mit so richtig voller Wut auf den Boden knallen, dass es kracht, zerbirst oder irgendetwas, das die Wut verrauchen lässt? Ist ja zumeist Wut auf sich selbst oder die Situation, weniger auf andere.

August

Endlich SBA-Bescheid

14 Tage nach Antragseingang ist das Geld für die letzten 11 Jahre auf dem Konto. Tja, das Finanzamt hat bei uns noch nie Probleme gemacht! So, jetzt geht es ans Umverteilen. Ich kann meine Rentenversicherung

wieder auffüllen und wir haben wieder etwas Geld für Justus' Therapien und die Schule übrig. Puh, bin ich froh, dass wir die ganzen Kosten, die wir für den Anwalt und die drei Gerichtsverfahren bisher ausgegeben haben, wieder ausgleichen können. Eine Sorge weniger.

September

Schock

Meinem Mann geh ich schon auf die Nerven, darum nerv ich jetzt mein Tagebuch. Da guck ich vorhin prüfhalber online unsere Konten durch und was sehe ich auf dem Konto meines Mannes: eine Überweisung von der Pflegekasse für die letzten siebzehn Monate! Ich kann es gar nicht fassen! Noch vor Kurzem ging das Gerichtsgutachten ans Gericht zurück und Kläger und Beklagte mussten ihren „Senf" bis Ende September dazu schreiben. Bisher hatte ich keine weitere Info, wusste nur, dass laut Gutachten die PS 1 (ohne Anrechnung der Wegezeiten) um drei Minuten im Plus erreicht wurde. Und nun? Kein Gerichtsverfahren, keine Gegenwehr meiner geliebten Krankenkasse, kein Bescheid, kein Anwaltsschreiben – nichts!

„Nur" eine Zahlung auf einem Konto, das eigentlich gar nicht mehr existiert, weil es vor 2 Monaten aufgelöst wurde. Wow! Vor ein paar Monaten gingen wir finanziell noch auf dem Zahnfleisch wegen der drei anhängigen Gerichtsverfahren und jetzt kommt aus allen Ecken ein Geldsegen nach dem anderen und alle Verfahren wurden zu unserem Gunsten entschieden. So, jetzt muss ich noch eine Weile schlucken. Und mir dann schnellstens Gedanken machen, was ich alles bei der Pflegekasse beantragen muss. Rentenbeiträge, diese Pflegehilfen (Name ist mir derzeit entfallen) und die Unterstützung für Justus' Schulbegleitung demnächst bei der Klassenfahrt.

Also, an Arbeit mangelt es mir wahrlich nicht. Abgesehen von den täglichen Schulaufgaben, Hausaufgabentexte abschreiben, zur Schule bringen und abholen, zweimal die Woche Therapie ... Genug genervt, jetzt bin ich es los und danke meinem lieben Tagebuch fürs Erdulden.

Pflegestufe

Ich habe gerade ein bisschen rumrecherchiert, bin jedoch nicht fündig geworden. Ich suche nach Links mit Antragsformularen oder Musterbriefen zum Beantragen von Verhinderungspflege und Pflegeleistungsergänzung sowie einen Antrag auf Zahlung von Rentenbeiträgen durch die Pflegekasse. Ob ich wohl etwas Besonderes beachten muss? Ich schau jetzt noch mal auf der Seite der Kranken-/Pflegekasse, ob sich dort was findet. Denn lieber vorher informiert als hinterher angeschmiert.

Justus darf mit zur Klassenfahrt

Ich habe vorhin die Info von Justus' Klassenlehrerin bekommen: Sie haben eine Lösung gefunden – Justus darf nun doch an der Klassenfahrt im Oktober nach den Herbstferien teilnehmen. Es gibt wohl noch ein 4er-Zimmer und die 10 Jungen aus Justus' Klasse teilen sich nun ein 6er und das 4er Zimmer. Ein Glück, dann muss ich keine Argumentationshilfe nutzen. Nun kann Justus beweisen, was für ein netter Junge er doch ist, und was sonst noch so alles in ihm steckt.

Oktober

Sexualkundeunterricht

Justus hat derzeit in Biologie Sexualkundeunterricht. Das Thema ist ihm mehr als unangenehm. Er ist zwar umfassend informiert, technisch, nur die Gefühlsebene und die Gespräche über das Thema machen ihn nervös. So fragte er mich doch letztens auf der Heimfahrt im Auto: „Mama, wie funktioniert das mit dem Kinder Adoptieren?" Es hat einiges gebraucht, bis ich begriffen habe: Justus sagt JA zum Kind, nur Nein zum „Selbermachen". Na, immerhin kann er sich Familie vorstellen, das ist doch schon was, nicht wahr!?

Mama, ich habe einen Nagel verschluckt

Ich stehe noch leicht unter Schock und so langsam fange ich an zu zittern. Schreck, lass nach! Den Satz aus der Überschrift hat Justus mir vor ein paar Minuten gesagt. Was, einen Fingernagel? Was für einen? Hilfe, was macht man da? Wir beide schnell ins Bad und es fiel mir nur ein, ihm auf den oberen Rücken zu klopfen. Plötzlich macht es plopp und ein Nagel fällt Justus aus dem Mund – ein Stahlnagel – 2,2 cm lang, ein Kopf von 3 mm. Du hältst es nicht aus. Was hätte da alles passieren können? Wenn es einer der spitzen Pinnwand-Nägel gewesen wäre, das wäre nicht so gut ausgegangen. Wie schafft es mein Kind nur, einen Nagel einzuatmen und in die Luftröhre zu bekommen? Hast du Kinder, da kannst du was erleben! So, tief Luft geholt – jetzt geht es mir wieder besser!

Nägel gehören an die Wand und nicht in den Mund, das sollte ich Justus mal erklären. Tja, das ist ihm sicher klar. Er ist ja schon 11 (in sechs Wochen sogar 12), das ist ja das Schlimme daran. Das war mal wieder Abgelenktsein pur! Über die Sachen, die Justus mit 5 gemacht hat, will ich heute gar nicht mehr nachdenken – das war die Aus-dem-Fenster-Kletter-Phase und Alles-was-glitzert-muss-ins-Klo.

Und was sagt eine andere Asperger-Mutter? „Gib dem Kind mehr Fleisch, dann braucht es seine Eisenvorräte nicht auf diese Art und Weise aufzufüllen."

Und andere kleine Unfälle gab es auch immer wieder gerne: Wenn ich Justus früher zu Fuß zur Schule gebracht und nicht aufgepasst habe: Rumms ist er gegen eine der Straßenlaternen gekracht. Da war er etwa sieben oder acht Jahre. Solche Dinge hat er heute glücklicherweise besser im Blick. Und die blauen Flecken? Nun, die zählen wir heute noch täglich. Justus mit seinen fast 12 Jahren hat noch immer kein ausgeprägtes Schmerzempfinden. Da wissen wir nie, Bänder überdehnt oder Fuß angeknackst? Zum Glück hatten wir bis jetzt ganz viele Schutzengel – bis auf zweimal, wo wir um einen Arztbesuch nicht herumgekommen sind. Das waren aber jedes Mal Fälle, in denen Justus von anderen verletzt wurde und das auch aufgefallen ist.

Ich mag mich gar nicht an früher, die Kleinkindzeit, zurückerinnern. Jedenfalls nicht die Schrei-, Hau-, Beiß- und Kratzphasen. Da wusste ich ja von Justus' Behinderung noch nichts und habe sehr oft sehr falsch reagiert. Dafür schäme ich mich heute gewaltig. Und geschämt habe ich mich früher natürlich auch, denn ich habe ja irgendwo gespürt, dass Justus nicht absichtlich so aggressiv drauf ist. Nach der Diagnose vor zwei Jahren ist der ganze Ballast wie abgefallen, ich konnte viel ruhiger und sachlicher reagieren. Das Gequatsche der sogenannten Fachleute, die mich verantwortlich gemacht hatten, kann mich nicht mehr so leicht erreichen. Die hatten es nach so vielen Jahren beinahe geschafft, dass ich an mir gezweifelt habe.

Im Vergleich zu heute weiß ich, dass es Justus' Unfähigkeit war, sich auszudrücken, sich auch selbst zu verstehen. Jetzt, kurz vorm zwölften Geburtstag, hat er es rein intellektuell viel leichter, sich und andere zu verstehen. Je älter er wird, um so leichter wird es, sein Verhalten zu begreifen. Man muss ihn nämlich einfach fragen, dann bekommt man auch die Antwort, warum er manchmal seltsam, unhöflich, frech oder sonstwie reagiert. Er ist nämlich gar nicht seltsam, unhöflich, frech oder sonstwie. Er ist einfach er.

Ich finde das total spannend, wie meine HFA-Maus so drauf ist – auch wenn ich wie so oft wieder vergessen habe, ihn einfach zu fragen, wenn er mal wieder überreagiert.

Einmaleins

Justus rechnet noch immer mit den Fingern. Auch das Malnehmen ist ein Horror. Ich kriege das kleine Einmaleins nicht in dieses Kind rein. Ich habe alles versucht: Vorlesen, vorsingen, auf Kassette sprechen und abhören, selbst lernen, ablesen, was weiß ich nicht noch alles. Klappt nicht. Und das in der sechsten Klasse Gymnasium – sollte ich seinem Mathelehrer besser nicht verraten. Na ja, der weiß es sicher. Hoffentlich gibt es bald Taschenrechner, denn auch Mathe ist ein Lieblingsfach von Justus. Ich habe ein Hörkind. Ein Kind, das nur übers Zuhören richtig lernt. Deshalb hat auch das Abschreiben und dadurch Lernen bei Justus keinen Zweck – und ich habe mittlerweile die ganze Arbeit. Aber vielleicht habe ich auch ein Kind mit Dyskalkulie, neben der LRS?

Perfekte Ansprache

Bei Justus ist es das Gegenteil von vielen anderen Jugendlichen. Er siezt alle. Ob Freundinnen von mir, die er schon ewig kennt, manchmal sogar seinen Opa. Auch seinen Therapeuten, den er immerhin jede Woche sieht. Das ist vermutlich leichter, als sich zu merken, wen man nun duzen darf und wen siezen muss. Seine Klassenkameraden, von denen er zumeist nur die Vornamen kennt, duzt er – die einzige Ausnahme.

Puh, abschreiben!

Den Sinn hat Justus noch nicht verstanden. Zum einen lernt er durch Abschreiben nichts, zum anderen findet er, warum Abschreiben, steht doch da im Buch. Also bei Mathe-Hausaufgaben schreibt er gerne die Lösung ins Heft, ohne die Aufgabe. Mittlerweile haben wir in Absprache mit den Lehrern eingeführt, dass ich Texte und Aufgaben abschreibe, damit Justus nicht noch Stunden länger mit den Hausaufgaben verbringt. Auch bei Lückentexten schreibe ich sie vor und entweder trägt Justus handschriftlich ein oder er diktiert mir. Ach ja, das ist mittlerweile so viel Arbeit für mich (was die in der Quinta schon alles lernen – war früher bei uns Stoff für die 8. oder 9. Klasse), manchmal wünsche ich mir eine Fleiß-Kopfnote, ganz für mich allein.

Doppeldeutigkeiten

Justus liebt Doppeldeutigkeiten, Palindrome, Teekesselchen. Doch bei neuen Begriffen fragt er immer nach. Er reagiert auch verstört, wenn er Ausdrücke in einem Zusammenhang nicht begreift. Zum Beispiel vorgestern – Hausschuhkauf für die Klassenfahrt. Eine ewig lange Prozedur, weil Justus sich Männerschuhen verweigert und unbedingt kuschelige Damenpuschen möchte. Und da sagt die Verkäuferin: „Da machst du gleich sicher drei Kreuze, wenn du nach Hause darfst." Das hat Justus nicht begriffen. Nach der Erklärung, meinte er jedoch pfiffig: „Nein, mache ich nicht, ich gehe nach Hause, wenn ich die Schuhe mitnehmen kann, die mir gefallen, nicht die, die für mich richtig sein sollen." Na, ein Glück habe ich diesem Kind ein gesundes Selbstbewusstsein mitgegeben. Dass er auf der Klassenfahrt mit dummen Sprüchen wegen der Puschen rechnen muss, habe ich ihm gesagt. Doch ihn kratzt das nicht, sagt er (natürlich nicht in dem Wortlaut).

Justus ist das Gerede der anderen egal. Muss wohl an meiner Erziehung liegen. Ich habe ihm immer gesagt, er müsse zu sich und zu den Dingen, die ihm wichtig sind, stehen und solle das Gequatsche der anderen ignorieren. Tja, da muss ich jetzt wohl damit leben, dass er mit Damenpuschen rumschlappt. Aber finde mal Hausschuhe, die hinten zu sind, gut zum Rennen, in Größe 41!

Justus auf Klassenfahrt

Seit Freitagnachmittag ist Justus wieder zurück. Es ist einiges verschwunden oder verloren gegangen, bei manchen Dingen ist es schade, aber das gehört dazu. Dafür hat mir Justus ein wunderschönes Geschenk mitgebracht: einen klasse Schwarztee mit einer Holzblume dran, beides aus einem Teehaus, in dem er mit seiner Begleiterin war. Und in dem Brief, den er geschickt hatte, lag ein kleiner Umschlag in einem meiner Lieblings-Grüntöne – wunderschön!

Und für sich hat er sich das schönste Geschenk gemacht: Sein Koffer war so schwer, was war drin? Zehn Kilo Steine aus der Gegend um Schleswig und aus dem Meer. Es konnte ihn keiner davon abbringen, sie mitzunehmen. Mein Steinsammlerkind konnte nicht widerstehen.

Keiner hat über seine Damenpuschen gelästert, die meisten mussten nämlich barfuß im Haus rumlaufen, da sie keine Hausschuhe dabei hatten. Tja, und auch ansonsten lief wohl alles recht gesittet ab. Nachdem es am ersten Tag zum Frühstück Kakao zum Trinken gab – Justus hasst Kakao -, durfte er am nächsten Tag Tee vom Lehrertisch nehmen. Und auch abends hat man ihm erlaubt, mehrere Teller zu nehmen, weil er Soße gemischt mit anderen Beilagen so richtig eklig findet. Wow, hätte ich nicht gedacht, dass man ihm da so entgegenkommt. In seinem Zimmer waren noch drei andere Jungs, davon zwei der ganz Harten – und was war? Nichts, es war das liebste Zimmer, ohne großen Radau. Na also!

Ach übrigens: Wer Heimweh hatte, durfte „Tabletten" (Placebos? Traubenzucker?) von der Klassenlehrerin holen, hat bei den meisten funktioniert, bei Justus nicht. Muss wohl daran liegen, dass beim ihm vieles anders anschlägt. Kaffee macht ruhig und solche Geschichten.

Viel gesagt hat Justus nicht, was so alles passiert ist. Ich konnte es später an den ganzen blauen Flecken und Kratzern und einer Art Verbrennung am Unterarm erkennen. Da hat mein kleiner Unglücksrabe durch Unaufmerksamkeit so einige Blessuren davon getragen. Das lässt sich nicht vermeiden, da müsste man ihn schon nur an die Hand nehmen und das ist ja nicht der Sinn einer Klassenfahrt.

Mal hören, was in den nächsten Wochen noch so alles zu mir durchdringt, auch von der Begleiterin, die natürlich ein präziseres Bild zeichnen kann. Heute Morgen jedenfalls war Justus glücklich, endlich wieder zur Schule zu dürfen, nach zwei Wochen Ferien und einer Woche Klassenfahrt. Er findet, Freizeit ist nur Zeittotschlagen, bis man wieder zur Schule kann. Nun denn – wenn es Spaß macht!

Grundoptimismus

Eines darf man nie, seinen Grundoptimismus verlieren. Es geht immer irgendwie voran, das soll gerade unser Beispiel zeigen. Manchmal geht es auch zurück, aber nur ein kleines Stück. Und somit erobere ich mir meinen Grundoptimismus und leider auch eine Riesenportion Naivität immer wieder zurück.

Nachteilsausgleiche

Beim Deutschen Institut für Schulentwicklung (difs) habe ich endlich mal eine umfassende Liste mit „Formen des Nachteilsausgleiches" gefunden.

Zitat: „Der Nachteilsausgleich darf nicht dafür sorgen, dass die inhaltlichen Anforderungen einer mündlichen, schriftlichen oder auch praktischen Leistungsüberprüfung herabgesetzt werden. Inhalte und Aufgabenstellungen können differenziert und behinderungsspezifisch gestaltet werden, ohne die inhaltliche Gesamtanforderung zu mindern.

1. Spezielle Arbeitsmittel (sächlicher Nachteilsausgleich)

1.1. Computer

1.2. Diktiergerät

1.3. Kassettenrekorder oder CD-Spieler oder mp3-Player

1.4. Hefte mit größeren Linien

1.5. größere Aufgabenblätter

1.6. spezielle Stifte

1.7. Einzelplatzbeleuchtung

1.8. Kopfhörer

1.9. Digitale Fotokamera oder Filmkamera

1.10. Ohrstopfen (Ohropax)

2. zeitliche/ organisatorische Maßnahmen

2.1. Verlängerte Arbeitszeiten

2.2. Verkürzte Aufgabenstellungen

2.3. (Vor-) Strukturierung der benötigten bzw. zur Verfügung gestellten Arbeitsmittel und Medien

2.4. Reduktion der benötigten Arbeitsmittel

2.5. Individuelle Pausen während der Arbeitsphasen

2.6.	(Fortdauer der) fachgerechte Pflege während der Erarbeitung
2.7.	Sicherung der Präsentationen und Erarbeitungen (u. a. Tafel, Overhead-Projektor) von Lehrkräften und Mitschülern durch Einsatz von digitalen Medien (Keine Mitschrift)
2.8.	Schriftliche Überprüfung anstelle mündlicher Mitarbeit
2.9.	Mündliche Überprüfung anstelle einer schriftlichen Arbeit
2.10.	Diktieren der Arbeitsergebnisse
2.11.	Vorlesedienst
2.12.	Exaktheitstoleranz individuell auslegen (u. a. Geometrie, Schriftbild, Zeichnen)
2.13.	Leistungsüberprüfung außerhalb der Klassengemeinschaft
2.14.	Integrationshilfe
2.15.	blendungsarme Beleuchtung
2.16.	reizarme Arbeitssituation
2.17.	Einzelplatzbeleuchtung
2.18.	Unterteilung einer Leistungsüberprüfung in mehrere Phasen
3.	inhaltliche Maßnahmen
3.1.	reduzierte Aufgabenstellungen
3.2.	kleinschrittige Aufgabenstellung
3.3.	Erläuterungen zur Aufgabenstellung
3.4.	Reduzierung des Arbeitsumfanges bei gleichbleibender inhaltlicher Dichte
3.5.	Individuelle Sport- und Bewegungsaufgaben
3.6.	Verzicht oder Schwerpunkt auf graphische Reize (Bilder)
3.7.	Verknüpfung der schulischen Inhalte mit „Interessengebieten"
4.	Bewertung

Prinzipiell gelten bei der Leistungsbewertung die gleichen Kriterien für behinderte und beeinträchtigte Schülerinnen und Schülern, wie für nicht behinderte und nicht beeinträchtigte Mitschülerinnen und Mitschülern.

Jedoch sollten auch nach einer Leistungsüberprüfung die behinderungs- und beeinträchtigungsspezifischen Einschränkungen Berücksichtigung finden.

In den Schulgesetzen der Bundesländer finden sich übereinstimmende und sinngemäße Aussagen, dass „wenn Leistungen aus Gründen, die von der Schülerin oder dem Schüler nicht zu vertreten sind, nicht erbracht (…werden), können nach Maßgabe der Ausbildungs- und Prüfungsordnung Leistungsnachweise nachgeholt und kann der Leistungsstand durch eine Prüfung festgestellt werden" (vgl. § 48 (4) SchG NRW).

Verfahren

Schülerinnen und Schüler mit Behinderungen und Beeinträchtigungen haben einen rechtlichen Anspruch auf einen individuellen Nachteilsausgleich. Dieser ist nicht an einen Antrag gebunden. Die Schulen sind hingegen von Amts wegen dazu verpflichtet, entsprechend einer nachgewiesenen Behinderung Ausgleichsmaßnahmen umzusetzen. Ein medizinischer Nachweis muss erbracht worden sein.

Die Schulleitung entscheidet in Absprache mit den unterrichtenden Lehrkräften – weitere Fachkräfte, Fachberater und die Erziehungsberechtigten sollten ebenfalls eingebunden bzw. gehört werden – über die Gewährung eines Nachteilsausgleichs. Hierbei sind die ggf. vorhandenen Förderempfehlungen des Bundeslandes für die jeweilige Behinderung und Beeinträchtigung zu berücksichtigen. Die Entscheidung über Art und Umfang des Nachteilsausgleichs ist zur Schülerakte zu nehmen. In den Leistungsüberprüfungen und in den Zeugnissen darf kein Vermerk erfolgen. Gegebenenfalls kann die zuständige Schulaufsicht bei einer Entscheidung unterstützend und klärend tätig werden." Zitat Ende.

Kaffee statt Psychopharmaka?

Ihr werdet es kaum glauben: Seit ein paar Wochen bekommt Justus jeden Abend – so gegen 21.00 Uhr – eine Tasse Cappuccino: Es wirkt!

Seitdem ist er vormittags in der Schule konzentrierter, arbeitet besser mit, schreibt bessere Noten, regt sich nicht ganz so leicht auf. Alles natürlich im Verhältnis zum Halbjahresbeginn Anfang August und dem Ende des letzten Schuljahres, als er sehr unkonzentriert und abgelenkt war.

Alles echte Wirkung oder Placebo? Keine Ahnung! Doch wie sagte Justus' Schulbegleitung: „Es zeigt sich nur Positives – weiterschlürfen."

Den Tipp hatte ich von einer anderen Mutter, deren Sohn nimmt Kaffeekaugummis, wenn sich eine unruhige oder wütende Phase abzeichnet.

Kaffee statt Psychopharmaka? Wenn es hilft, warum nicht?

Justus bekommt auch „nur" dieses Pulverzeugs mit weniger Koffein drin und liebt heiß und innig den Schaum. Cola lehne ich (noch) ab. Für Justus jedenfalls, denn ich trinke es gern, gerade wegen meiner Migräne. Das ist eher eine Erziehungsgeschichte, weil ich ihm seit Jahren sage: Nein, das ist zu süß für dich. Er durfte bei meinem Mann mal nippen, mochte es aber auch nicht. Eine Suchtgefahr sehe ich am Rande, und zwar eine Gewöhnung an den allabendlichen Vorgang vor der Schule.

Den Kinderarzt brauche ich nicht fragen, der ist Homöopath und fällt sicher aus allen Wolken. Mit Medikamenten hat er es allgemein nicht so. Da gibt es nur Globuli und davon halte ich nicht viel, da sie noch nie geholfen haben. Wegen der Enuresis hatte ich mal nach dem Medikament mit den Hormonen (für 2 Nächte einer Klassenfahrt nachgefragt) – keine Chance. Ich werde mich mal weiter umhören und hoffe, dass ich alle Kritikpunkte mit in die Überlegungen einbezogen habe.

Zum Grinsen und Freuen

Justus hat heute im Matheunterricht der 6. Klasse mal wieder einen seiner supertrockenen Sprüche gebracht (an den Lehrer gerichtet):

„Ich habe die Aufgabe 10 nachgearbeitet. Würden Sie die bitte in Augenschein nehmen?"

Warum alle gelacht haben, hat Justus nicht verstanden, sich aber doch darüber gefreut. Er liebt es, wenn er Witze machen kann, doch dass man

Situationskomik nicht so einfach wiederholen kann, begreift er (noch) nicht. Und so grinse auch ich hier belustigt vor mich hin.

Großeltern

Ach, ja. Was kann ich nachfühlen, was manche Asperger-Eltern mit ihren Verwandten und Bekannten und dem ganzen Unverständnis erleben. Unsere Kinder sind manchmal sehr gewöhnungsbedürftig, dafür aber strikt in ihrem Handeln. Justus nimmt nichts, wo schon jemand dran war. Und wehe, jemand geht mit seiner Gabel an Justus' Teller. Auch wenn er hungrig ist, er isst nicht weiter.

Bei uns sind es meine Eltern, die dies einfach nicht begreifen wollen. Auch sie machen dann absichtlich etwas, um Justus zu provozieren, weil sie nicht einsehen, dass dann alles noch schlimmer wird. Und gerade im Restaurant ist das mehr als unangenehm, wenn das eigene Kind austillt. Ich bin dann die Dumme, die nicht richtig erzieht und zu viel durchgehen lässt. Justus wird jedoch mit dem Alter etwas genügsamer und macht nicht mehr den großen Aufstand, isst aber trotzdem nicht weiter, probiert aber mal von anderen Tellern ein, zwei leckere Sachen, wenn er weiß, da war noch keiner dran.

Tja, die Konsequenz ist: Justus hat absolut kein Verhältnis zu seinen Großeltern, der Kontakt ist lauwarm und es bedeutet meist Zwang, sie zu besuchen. Justus war noch nie ein paar Stunden allein dort. Immer fahren mein Mann und ich oder ich allein mit Justus dort hin. Bekannte kann man in den „Wind schießen", doch seine Eltern – mit denen man ja auch mal gute Zeiten erlebt hat, eher nicht – oder doch?

Mein Vater hat während des Essens im Restaurant Justus gebeten, die Hände auf den Tisch zu legen und hat dann ganz fest auf die Hand ge-schlagen. Er meinte, er wolle mal testen, ob Justus wirklich nichts fühle. Justus hat erstaunlicherweise nicht reagiert. Was das Ganze jedoch mit Emotionen zu tun haben sollte? Keine Ahnung. Ich war jedenfalls so er-bost, dass wir uns wochenlang nicht bei meinen Eltern haben sehen las-sen. Ich war stinksauer.

Mein Vater wird auch immer einsichtiger – oberflächlich. Doch akzep-tieren? Kann ich mir nicht vorstellen. Jetzt als Pensionär, er ist 72 und seit einem halben Jahr aus dem Beruf raus, würde er sicher gern etwas mit seinem Enkel erleben. Doch dafür müsste ich hinfahren und dabeibleiben. Das ist mir derzeit gesundheitlich alles zu viel.

Und ehrlich? Mein Vertrauen ist auch sehr eingeschränkt. Wenn ich Unterstützung gesucht habe, ein bisschen Zuneigung und sozusagen ein paar Streicheleinheiten, wenn mal wieder alles zu viel wurde, Justus ausgegrenzt wurde – da, ja da bekam ich meist einen dummen Spruch statt ein paar liebevoller Worte. Da kam dann ein: „Ach, die haben Justus auf die Sonderschule abgeschoben? Na, der Nachbar, ein ehemaliger Schulleiter hat gesagt, das würde wohl seine Richtigkeit haben, wenn das Schulamt das so entschieden hat." Gut, da ist der Nachbar wohl mehr wert als die eigene Familie.

Schade, dass Großeltern in solcher Hinsicht nicht auch offener werden. Ein sehr schwieriges Thema, wirklich.

Mitteilungsbedürfnis

Justus erzählt mir bis heute nicht, wenn etwas vorgefallen ist. Auf der Klassenfahrt hat er sich viele, zum Teil entzündete Blessuren zugezogen. Hätte ich das an seinem Körper nicht entdeckt und nachfragen können – oh, oh!

Mittlerweile ist alles viel besser, weil Justus seit Übertritt zum Gymnasium eine Schulbegleitung hat. Wir führen ein Mitteilungsheft und da steht Wichtiges drin. Ich kann mich also austauschen. Zudem kann ich per eMail mit der KL in Kontakt treten oder sie in Notfällen auch mal anrufen. Privat, wohlgemerkt. Wirklich ganz klasse!

Nur erzählen tut Justus nichts, nie, es sei denn auf Nachfrage. Wie ist die Klassenarbeit ausgefallen? Schulterzucken, langes Überlegen. Das ist schon recht frustrierend, da viele wichtige Dinge an einem vorbeirauschen. Ich habe ja nicht explizit danach gefragt! Und wenn ich Justus frage: „Wie war Dein Tag?", dann sagt er: „Normal.".Das heißt dann: „Er war ganz besonders gut." Ich habe lange gebraucht (und übe immer noch), um diese Feinheiten zu verstehen.

Justus' schlimme Zeit in den Regelgrundschulen und in der Förderschule, die verarbeitet er erst jetzt. Jetzt kommen manchmal aus heiterem

Himmel Sprüche zu den Dingen, die ihm damals widerfahren sind. Dinge, die mich total erschrecken, denn die Lehrer waren in der damaligen Zeit nicht so mitteilsam und ich wurde über vieles im Unklaren gelassen.

Solche Dinge, wie die Verzweiflung darüber, dass die Lehrer Hilfe angeboten haben, aber gar nicht halfen, sondern wieder weggingen. Oder eine ähnliche Geschichte: drei von den schwersten Schülern der Klasse, jeweils mindestens doppelt so schwer wie Justus, mein kleiner „Magerlappen", hatten sich auf ihn gestürzt und unter sich begraben. Davon hatte er selbst auch nichts erzählt, obwohl die Lehrer vermuteten, er hätte eine Brustkorbquetschung davongetragen. Von Justus kein Wort. Er fühlte sich hilflos und hatte die Angreifer gekratzt, das wurde von den Lehrern thematisiert. Dieses Sichwehren zog sich durch die ganze Grundschulzeit und das Missverstehen kam noch hinzu.

Ob sich das mit dem Mitteilungsbedürfnis noch bessert, wenn die Kinder die Pubertät hinter sich haben? Wüsste ich auch gern, denn Austausch finde ich sehr wichtig. Ich habe zwar ansonsten eine liebenswerte Quasselstrippe, doch die täglichen Dinge, die erzählenswert wären? ...

Man sieht, ich bin auch sehr nachtragend. Da muss ich wohl noch Unmengen an Kränkungen aufarbeiten. Wie schön, dass mein Sohn und auch mein Mann mich dabei unterstützen, die nehmen das Ganze viel lockerer.

November

Latein lernen

Ich bin erneut am Rande der „Latein-Lern-Verzweiflung". Ich hatte gehofft, dass Justus mit dem Lateinlernen leichter zurechtkommt, doch es ist die reinste Katastrophe. Wenn es nicht besser wird und eine Nichtversetzung nicht infrage kommt, weil sie nichts bringt – dann bleibt uns nur noch Aussetzung der Note bis zur zehnten Klasse. Auch nicht das, was ich mir für Justus wünschen würde.

Er begreift seine Lateinlehrerin und ihre Lehrmethode einfach nicht und dann fängt er meist an, sich zu verweigern. Ein Teufelskreis von

Nicht-mehr-mitmachen-Wollen und Grundlagenverpassen. Die Lehrerin erklärt wohl mit vielen Umwegen und möglichen Ausnahmen, das verwirrt Justus total. Und fragen im Unterricht ist nicht erwünscht, denn das stört und außerdem ist Latein ja die einzige Sache, die zu lernen wichtig ist, sagt die Lehrerin. Ach ja? Wobei die Lehrerin anscheinend wirklich dieser Meinung ist. Einem Hinweis von mir, dass eine Stunde Latein-Hausaufgaben am Tag doch etwas viel ist, wurde von ihr empört widersprochen.

Und ich verstehe überhaupt nichts von Latein und kann ihm so gar nicht helfen. Dabei hat er so eine Freude daran und seine Begeisterung noch nicht verloren.

Die ersten Tests und die Arbeit lagen bei 5 und 6, wie auch bei einem großen Teil der Lateinklasse. Von den vierzig Kapiteln des Lehrbuches haben die Kinder schon 5 durch. Dabei brauchen sie bis zum Ende des Schuljahres höchstens 10 zuschaffen. Auch die Schulbegleitung, die ein bisschen mit übt, hat den Anschluss schon verloren. Nur muss man halt lernen, auch mit „ungeliebten" Lehrern klarzukommen.

Ich predige Justus immer, er müsse üben, üben, üben. Doch bei Dingen, die ihn verwirren, schaltet er auf stur. Wir haben mittlerweile schon die passenden Übungsbücher und Lernprogramme, doch fünf Lektionen nachzuarbeiten ist echt zeitaufwendig.

War der Anfang bei anderen AS-/HFA-Kindern, die Latein lernen, auch so problematisch? Gibt es Tipps oder Lockmittel, damit es besser wird? Ist alles eine Frage des Auswendiglernens, klar, doch wie? Und so seufze ich heute vor mich hin.

Justus übt schon fleißig Wortarten mit der CD-ROM, und bei den Vokabeln hat man eine gute Übersicht. Doch ich habe auch den Verdacht, dass die Probleme auch durch das G8 kommen: Die Kinder sind in deutscher Grammatik noch gar nicht so weit, dass sie in Latein mithalten können. Immerhin ist Justus' Klasse die Erste, die Latein ab der Sechsten hat. Ich habe der KL geschrieben – mal schauen, was dabei herauskommt.

Zahnarzt

Justus war, als er jünger war, auch sehr ungehalten, wenn es um Dinge ging, die ihm fremd waren und die er nicht verstehen konnte. Kein Eingriff ohne genaue Erklärung und seine Zustimmung.

Die Versiegelung der Zähne jedoch stand bei ihm erst bei den Prophylaxeterminen ab 11 Jahren an, also erst, als alle Milchzähne ausgefallen waren. Erst dann wurden die Backenzähne versiegelt. Justus hat traumhaft gute Zähne von meinem Dad vererbt bekommen, doch die Prophylaxe musste sein. Mit 11 war er auch verständig und interessiert genug, die Arzthelferin mit seinen Fragen zu löchern und die Prozedur über sich ergehen zu lassen.

Autismus-Verstärker

Die Marburger Forschungsgruppe um Professor Remschmidt hat bei Autismus-Spektrum-Störungen (ASS) auf die genetische Komponente hingewiesen, wobei das Asperger-Syndrom überproportional über die männliche Linie weitervererbt wird.

Auch Sauerstoffmangel bei der Geburt wird oft als Auslöser genannt. Jedoch ist es nicht abschließend geklärt, ob diese Komplikationen nicht eher Verstärker als Auslöser sind. Die Forscher haben zudem herausgefunden, dass es zu Genmutationen während der Schwangerschaft kommen kann. Ein Hauptgrund für die möglichen Schwierigkeiten unter der Geburt sollen weniger plötzlich auftretende Hirnschädigungen sein, sondern eher daran liegen, dass das Baby den natürlichen Geburtsvorgang „verweigert", da es „nicht weiß, wie es geht". Anders als der NT-Säugling, der intuitiv mitarbeitet. Die Komplikationen unter der Geburt können eine bereits vorhandene ASS zwar verstärken, diese wird aber in vielen Fällen durch die genetische Disposition begünstigt. Bei ASS sind Geburtskomplikationen relativ häufig.

Nachzulesen ist das in ähnlicher Form in dem Buch von Dr. Kamp-Becker/Prof. Remschmidt „Asperger-Syndrom" auf Seite 225.

Bei mir gab es auch vielfältige Komplikationen während der Schwangerschaft mit Blutungen und frühzeitigen Wehen nach einem Unfall und einer komplizierten Frühgeburt. Nach den im Fachbuch genannten Faktoren vermute ich jedoch einen Zusammenhang mit einem genetischen Auslöser und Verstärkung durch den Verkehrsunfall.

Doch genau genommen ist mir das gleich, ist halt nur theoretisch spannend. Ich habe das Kind, das ich wollte und das zu mir und meinem Mann passt. So und nicht anders nehme ich es an und freue mich täglich über den Zusammenhalt und den Fortschritt in unserer Minifamilie.

It's okay to be different

http://www.youtube.com/watch?v=CIMYAHhZY60

Ich verdrücke gerade ein paar kleine Tränen. Ein wirklich wunderschöner Film. Mal abgesehen von dem kleinen Bruder könnte ich statt Adam auch Justus da hinstellen – die dunkelbraunen Augen, die rasierten Haare, das strahlende Gesicht, die Freude am Leben, am Ganz-man-selbst-Sein.

Wie kommt es nur, dass Autisten so häufig äußerliche Ähnlichkeiten aufweisen? Eine Frage, die sich viele Asperger-Eltern stellen. Wirklich erstaunlich. Der Film drückt genau das aus, was ich auch empfinde, wenn ich Justus anschaue.

2008

Regnerischer Sommertag

Der Regen fällt in Kübeln
und macht die Erde nass,
die Steine auf den Hügeln,
die Autos und die Gass'.

Dann wird es immer nasser,
die Schirme gehen auf.
Bei gar so vielem Wasser,
da bildet sich ein Lauf.

Da hört er auf, der Regen,
da kommt hervor die Sonn',
trocken wird's auf den Wegen
und jeder strahlt vor Wonn'.

Felix' Kreuzreimgedichte 2008

Februar

Hausaufgaben-Erlass

I ch habe gerade den HA-Erlass unseres Bundeslandes durchgelesen, weil mich interessiert hat, ob Justus' Lateinlehrerin mit dem HA-Pensum richtigliegt. Und was sehe ich da für einen hübschen Satz? „Hausaufgaben, die ... oder der Disziplinierung dienen, sind nicht zulässig." Aha, wichtig zu wissen, wenn ein Kind mal wieder 50 Strafsätze aufbekommt, obwohl es Probleme mit der Handmotorik hat.

Alphasmart genehmigt

Wir haben es geschafft. Was für eine Freude. Nach nur gut sechs Wochen ab Antragstellung, einigem Geschreibe und der Ablehnung des MDK (Medizinischer Dienst der Krankenkassen) hat unsere Krankenkasse für Justus den Alphasmart ohne Murren genehmigt. IKK, ich liebe dich!

Nach der eigentlich erwarteten Ablehnung durch den MDK hatte ich mich noch einmal an die Lieferfirma gewandt und von dort auch massig Infos passend zur MDK-Ablehnung (die meinten, ein Laptop wäre doch viel besser, weil für Schreiben und Rechnen nutzbar) bekommen und alles zusammengeschustert, plus Kommentar von Justus' Mathelehrer. Zwei Wochen nach Eingang meiner Stellungnahme hat die Krankenkasse positiv beschieden. An Weiberfastnacht hatte ich noch mit der Sachbearbeiterin telefoniert. Die sagte, die Stellungnahme von Lehrer und Schule wären ausschlaggebend und stimmig, sodass von einer Genehmigung durch ihren Vorgesetzten auszugehen wäre. Jubel, schrei und spring herum.

März

Katechumenenunterricht – mit Begleitung?

Gehen viele Asperger-Kinder wohl zum Katechumenenunterricht bzw. schon zum Konfirmationsunterricht? Wie handhaben andere das so, speziell, wenn ihr Kind in der Schule eine Schulbegleitung hat? Gehen sie dann mit?

Wir sind nun extra in eine kleine evangelisch-reformierte Gemeinde in der Nachbarstadt gewechselt. Justus geht in der Stadt zur Schule und wurde in der Kirche auch getauft, zudem gibt es nicht so viele Katechumenen in diesem Jahr. Es werden wohl 10 Kinder sein, von denen Justus vermutlich nur ein Mädchen kennt. Im Juni geht es los. Justus lehnt jeglichen „Tüddelkram" in Gottesdiensten ab. Für ihn muss Kirche auf die althergebrachte Art sein, ohne Tanz und Popmusik. Das wird bei seinen Mit-Katechumenen sicherlich nicht allzu viel Begeisterung hervorrufen. Und auch die Jugendfreizeiten, die besonders auf Gesangswettbewerbe zwischen den Gemeinden ausgerichtet sind, werden sicherlich ein verärgertes Schnauben bei ihm hervorrufen. Wie andere Eltern da wohl reagieren? Ihr Kind zum Mitmachen gedrängt oder den Pastor um einen „Nachteilsausgleich" gebeten?

Ich tendiere ja zur zweiten Variante, da Justus in der Schule schon so viele Dinge mitmachen muss, die für ihn schwer zu ertragen sind. Da möchte ich nicht, dass er auch im kirchlichen Unterricht solchen Zwängen ausgesetzt ist.

Mai

Nachteilsausgleiche dokumentieren

Ich hatte heute ein sehr ausführliches Telefonat mit dem für unseren „Fall" zuständigen Dezernenten des Schulministeriums. Einen besonderen Punkt möchte ich aufschreiben, da er die Eltern trifft, deren Kinder zum Abschluss der Klasse 10 (Zentrale Abschlussprüfungen – ZAP) oder zum Abitur Nachteilsausgleiche für die zentralen Prüfungen bei den Bezirksregierungen beantragen müssen.

Der Dezernent hat mich eindringlich darauf hingewiesen, dass Nachteilsausgleiche unbedingt während der Schulzeit (hier Sek. I) von der Schule umfassend dokumentiert werden müssen. Ansonsten gibt es Probleme bei der späteren Beantragung und Genehmigung, da man der

Schulaufsicht schwer erklären kann, warum ein Ausgleich erst zum Zeitpunkt der Beantragung genutzt wird. Wie soll es dann vorher gegangen sein?

Also sollte man ruhig mal bei den Schulen nachfragen, ob es so eine schriftliche Dokumentation in den Schulunterlagen des Kindes gibt und ob sie fortgeführt wird. Da kann man auch mal erfahren, was die Schulen so anwenden. Manche Lehrer sind da ja oft etwas verstockt.

So, jetzt muss ich erst einmal all die Infos, die ich heute Vormittag bekommen habe, sortieren und mir für die nächsten Tage eine Strategie überlegen, wie ich es schaffe, alle Verantwortlichen (Lehrer, Schulbegleitung, Therapeuten, Schulleitung) an einen Tisch zu bekommen und Justus' Zukunft an der Schule gemeinsam zu planen.

Da habe ich gehofft, das Ministerium gibt mir eine schriftliche Stellungnahme mit so einer Art Machtwort, aber leider muss ich mal wieder alles selbst in die Wege leiten. Und das so kurz vor den Zeugniskonferenzen – die killen mich doch, wenn ich mit so einem Anliegen in der Hochphase vor den Ferien vorbeischaue. Mich graut es schon.

Und gerade heute hat Justus bei seinem „Vergiss es"-Fach, also Latein, in der Klassenarbeit kein einziges Wort geschrieben. Er war völlig durch den Wind. Er hat nicht gebockt, sondern zweifelte plötzlich am Sinn des Lebens. Bekam philosophische Anwandlungen, ob man mit Erfolg oder Misserfolg überhaupt etwas in seinem Leben bewegt, all solche Dinge – und ausgelöst wurde das durch die diesmal fehlende Aufmunterungsformel der Lateinlehrerin „di bene vertant" oder so ähnlich (ich vermute mal das heißt Gutes Gelingen) auf dem Arbeitsbogen. Dabei war gerade heute das Thema für ihn zu lösen, das erste Mal überhaupt in diesem Schuljahr in Latein.

Nun seufze ich doch wieder in mein Tagebuch. Das nimmt es mir nicht übel. Meine Mutter, mit der ich gestern kurz telefoniert habe, meinte nur zu dem Thema ‚seit zwei Wochen veränderte Stimmung in der Schule': „Wahrscheinlich hast du dich zu viel beschwert". Na toll, soviel zum Thema Unterstützung in der Familie.

Nachteilsausgleiche wirken

Justus' Mathelehrer, der Mann der guten Ideen, hat Justus bei der letzten Mathearbeit besondere Nachteilsausgleiche gewährt. Justus durfte auf das Ausrechnen der Aufgaben (Dreisatz) verzichten und brauchte sich nur auf die Rechenwege konzentrieren. Justus hat es ihm mit einer Zwei gedankt. Großer Jubel bei uns zu Hause (und in der Schule). Da sieht man doch, was es ausmacht, wenn ein Lehrer einen Schüler in seiner Art ernst nimmt und sich Gedanken macht, wie er ihn fördern und fordern kann.

Justus ist so stolz auf seine Leistung, dass er heute hoffentlich voller Freude den Nachschreibtermin der Lateinarbeit wahrnehmen kann – sofern die Lehrerin ihn lässt und ihm nicht für das leere Heft letzten Freitag eine Sechs reinwürgt. Mal abwarten, ob sie den im Schulgesetz vorgesehenen Paragraphen zur Wiederholung von Leistungsabfragen bei Nichtverschulden des Schülers anwendet. Eine sechste Sechs in Latein verschlechtert zwar nichts, es kann nur besser werden, doch gerade das wäre ja schon ein gutes Zeichen für Justus' Fleiß. Ich denke ganz fest an ihn und drücke ihm die Daumen – um 8:35 Uhr geht es los.

Justus zeigt es allen

Bei uns gibt es Grund zum Freuen: Justus hatte heute in der 2. Stunde statt der Deutscharbeit einen mündlichen Leistungsüberprüfungstest für die für ihn ausgefallene 6. Klassenarbeit in Latein. Er hat die letzte Klassenarbeit ja nicht mitschreiben wollen, weil er nicht schon wieder mit Sechs benotet werden wollte, wie alle Klassenarbeiten davor – obwohl er so fleißig übt. Da war er völlig demotiviert.

Nun gab es heute die mündliche Prüfung vor 2 Lateinlehrern und mit seiner Schulbegleitung. Das vorläufige Ergebnis bzw. die Einschätzung der Lateinlehrerin, die Justus bisher als den schlechtesten Schüler der Klasse beurteilte: unter Beachtung aller Nachteilsausgleiche und der bisherigen Leistung – sehr gut! Also, „Geht doch", würde Justus dazu sagen. Und ich jubele und freue mich voller Erleichterung mit. Und Justus? Der

bereitet sich nun auf die Arbeit in Deutsch, den Grammatik-Test in Englisch, den Biotest und den Physiktest (die alle von morgen bis Donnerstag
stattfinden) vor und hat nebenbei heute noch den Therapietermin und
morgen das erste Mal Katechumenenunterricht – wie macht dieses Kind
das nur?

Kopfnoten

Ich habe gestern mit unserem „Ober-Autismuskoordinator" gesprochen. Er sammelt derzeit Fälle, bei denen autistische Kinder Kopfnoten
unterhalb der schulischen Normen bekommen haben. In den meisten Fällen wünschen sich die Schulen von ihren Schülern durchgehend ein Gut in
den Kopfnoten. Ansonsten muss daran gearbeitet werden und wird wohl
auch explizit beobachtet, ob es Verbesserungen gibt. Nun ist es wohl so,
dass die Förderschüler mit dem Förderschwerpunkt soziales und emotio-
nales Verhalten von den Kopfnoten befreit sind, autistische Schüler jedoch nicht.

Es werden wohl derzeit Fälle gesammelt, bei denen die Eltern unzu-
frieden mit der Beurteilung ihrer autistischen Kinder sind, um im Rahmen
des Nachteilsausgleiches bei der Landesregierung auch für diese Fälle
eine Befreiung zu bewirken.

PS: Ich selbst habe übrigens heute bei unserer Bezirksregierung, also
der Schulaufsicht für die Gymnasien, für Justus einen Antrag auf Befreiung von den Kopfnoten gestellt.

September

Schulbegleiter – letzter Tag

Heute ist der letzte Tag. Das letzte Mal Besprechung und Abschiedsri-
tual mit Justus' Schulbegleitung. Nach den Ferien in zwei Wochen kommt
der „Neue". Wirkt ganz nett, ist Erzieher, nur als Schulbegleiter noch
nicht so versiert. Doch geben wir ihm eine Chance, nicht wahr? Immerhin
hat Justus dann jemanden, mit dem er „Jungenprobleme" in der Pubertät

besprechen kann. So was wie: „Was mache ich bei „Latte Machiatto"?
Und endlich Schutz in der Jungenumkleide.

Trotzdem: Die jetzige Schulbegleitung war der Grund, warum ich Justus frohen Mutes auf das Gymnasium geschickt habe. Sie hat ihn einen Tag lang unerkannt auf der Erziehungshilfeschule begleitet und war sofort von ihrer möglichen Aufgabe überzeugt. Wie schön, dass jemand das eigene Kind mal nicht als Unruhestifter und aggressiven Störenfried sah. Mit ihrer Einstellung konnte sie für Justus den Übergang in die weiterführende Schule wesentlich erleichtern.

Sie hat sich eine Senseo-Maschine zum Abschied gewünscht. Von Justus gibt es „Glückskaffee" dazu: 3 Pads mit einem fröhlich lachenden Justus-Bild. Das wird ein schwerer Abschied. Auch wenn schon seit Ende letzten Schuljahres klar war, dass es irgendwann vorbei ist und man aufhören muss, wenn es am schönsten ist. Es wird ja auch Zeit, dass sie mal was verdient. Schulbegleitung war sie hauptsächlich der unbezahlbaren Erfahrung wegen – stimmt: Den Einsatz kann oder besser will kein Jugendamt finanzieren.

Nun geht es auf zum Abschiednehmen und Hoffnungschöpfen für die Zeit nach den Ferien – alles neu macht der Justus (so heißt auch der I-Helfer mit Vornamen.

November

Ohrenstöpsel

Einige Kinder tragen Ohrenstöpsel in der Schule, um Umgebungsgeräusche zu reduzieren. Nun leidet Justus schon seit einiger Zeit unter schlimmen Ohrenschmerzen, die meist auftreten, wenn es laut ist. Da trägt das Geschimpfe seines Schulbegleiters nicht gerade zur Besserung bei. Justus würde am liebsten jede Woche zum Ohrenspülen, weil er meint, es sitze alles zu. Nur ob es das ist? Der Ohrenarzt konnte letztens nichts feststellen. Ach gäbe es doch Ohrentropfen, die den Hörgang geschmeidig machen. So ein Öl oder so.

Und tschüss, lieber Schulbegleiter!

Lange habe ich in meiner Naivität gehofft, noch etwas retten zu können und bin kaum zum Schreiben gekommen: hier der vorläufige Stand unserer Schulbegleiter-Odyssee der Wochen nach den Herbstferien (ab Mitte Oktober):

Am Montag werde ich den Chef anrufen und ihn bitten, sich schon mal nach einer neuen Begleitung umzuschauen. Vorher einfach das Erlebte noch einmal sacken lassen. Denn: genau genommen wollte ich das eigentlich schon am Freitag erledigen, da war das Maß nämlich voll – mir reicht es! Leider war kein Verantwortlicher mehr zu sprechen. Vielleicht gut, um runterzukommen, doch ich bin immer noch total verärgert und fange wie grundlos an zu flennen, wenn ich über die derzeitige Situation und die Behandlung meines Kindes nachdenke.

Trotz eines eindringlichen Gespräches mit allen Beteiligten und dem Hinweis, dass ich es nicht akzeptiere, wenn Missverständnisse zum Lehrer getragen werden, bevor sie geklärt sind, kam es doch gehäuft letzte Woche wieder vor. Am schlimmsten am Freitag. Da soll Justus einen Tisch mit einer Schere zerkratzt haben, und nachdem der I-Helfer Justus nicht „bändigen" konnte, teilte er dies dem Lehrer mit, damit der eingreift. Also: Geschrei und Gemecker von allen Seiten. Alles wegen „Schmiere" auf dem Tisch, die Justus entfernen wollte. Der I-Helfer ließ Justus' Einwände nicht gelten, antwortete nicht, Justus' immer eindringlicheres Klopfen an seinem Arm, um Aufmerksamkeit zu bekommen, sah er als Schlagen an ...

Tja und nach Schulschluss erklärt der I-Helfer, es möge sein, dass Justus das anders wahrnimmt, doch er wolle verhindern, dass wir Eltern den Tisch bezahlen müssten, den Justus mutwillig zerstört und außerdem sei er der Erwachsene und allein dadurch im Recht. O Mann, der Typ zerstört das Ansehen meines Kindes bei den Lehrern, verdirbt die Eingliederung in die neue Klassengemeinschaft, macht die Erfolge der letzten Jahre zunichte, bewirkt schlechtere Noten durch sein Verhalten und sein einziger Kommentar dazu: „Nun, da hat Justus selber Schuld, wenn er mir nicht gehorcht und im Unterricht nicht mitarbeitet."

Mal abgesehen von so Kleinigkeiten wie: dem Lehrer nicht sagen, dass Tests, wie genehmigt, nach der 4. Stunde für Justus nicht okay sind, dass vergessen wird, darauf zu achten, Arbeitsblätter abzugeben. Über zwei Jahre hatten wir den Himmel auf Erden mit unserer Schulbegleitung – das habe ich auch nicht wieder erwartet, jedoch ein grundlegendes Verständnis für mein Kind und nicht so ein selbstgerechtes Gehabe. Ich gestehe: seit Freitag finde ich ihn nicht mehr nett, sondern einfach nur unfähig. Soviel zum Thema: Fachkraft – diese I-Hilfe ist wohl eher was für „erziehungsschwierige" Kinder, da mag so ein hyperkonsequentes Verhalten Sinn machen.

Na, dann bis Montag sacken lassen – ist mir schlecht! Wenigstens durfte ich mich noch gemeinsam mit Justus bei der vorherigen I-Hilfe ausquatschen – jetzt ist uns etwas leichter ums Herz.

Dezember

Der Schluss von: Und tschüss, lieber Schulbegleiter!

So spielt das Leben: Er hatte selbst ein Einsehen und von sich aus seinen Chef informiert, dass er keine Basis bei der Arbeit mit Justus findet. Somit hat er sich bereit erklärt, bis jemand anderes gefunden wird, Justus weiter zu betreuen.

Nachdem heute wieder viel Streiterei zwischen den beiden schwelte und den Unterricht störte und ich zudem Justus nach der 8. Stunde vorzeitig abholen musste, weil er im Sportunterricht einen Unfall hatte (einen Basketball mit voller Wucht auf den Hinterkopf – und mal wieder hat es keiner gesehen), muss der I-Helfer spätestens eingesehen haben, dass er keinen Draht zu Justus hat, seine Art nicht versteht. Finde ich schön, dass er diesen Schluss selbst gezogen hat und nun als Konsequenz anbietet, seinen Platz freizumachen. Hoffentlich das vorläufige Ende einer Mini-Odyssee.

Tschüss, lieber Schulbegleiter – das Ende der Geschichte

Nun der Höhepunkt der Geschichte – drei bzw. vier Tage vor den Weihnachtsferien. Der Schulbegleiter hatte ja letztendlich von sich aus zugegeben (gegenüber seinem Chef), dass es für die Arbeit mit Justus keine Basis gibt und er aufhören möchte. Er wolle aber weitermachen bis ein Neuer gefunden ist. So weit, so gut. Doch anstatt, dass er es jetzt lockerer angeht, waren die letzen drei Wochen richtig, richtig schlimm. Die Vorgabe des Chefs, sich im alleräußersten Fall wegzusetzen, hat der „liebe" Schulbegleiter dahingehend ausgelegt, dass er fast gar nicht mehr im Unterricht war. Die Klassenkameraden waren schon so genervt durch die ewige laute Dazwischenquatscherei dieses Menschen, dass sie sich mir gegenüber schon bereit erklärt hatten, selbst die Betreuung von Justus zu übernehmen. Daraufhin habe ich mit dem Chef nach Lösungen gesucht, um den Begleiter schnellstmöglich loszuwerden. Doch es waren noch vier Klassenarbeiten zu schreiben und allein wegen des Schreibgerätes ging das nicht ohne Hilfen für Justus.

Und anstatt dass dieser blöde Typ es endlich, wie gesagt, locker angeht, verschlimmert er die Sache noch. Streitet sich mit Justus direkt vor Arbeiten, gibt ihm keine Antwort auf seine Fragen, es gibt körperliche Übergriffe, er passt selbst nicht auf, sodass Justus oft ohne wichtiges Material in den Unterricht kommt, nimmt Justus ganz oft mit auf den Gang und Justus verpasst den Unterricht, und, und, und. Alles bekomme ich ja gar nicht mit. Somit habe ich an den drei letzten Schultagen den Begleiter auf seine Versäumnisse hingewiesen, erntete aber nur ein verkniffenes Gesicht.

Doch gestern war Klassenarbeit, und meine Bemerkungen an diesen Typen hatten damit gar nichts zu tun. Ich erfuhr erst am Nachmittag von einzelnen Dingen: Die Weigerung Justus während der Arbeit zu betreuen, der Ruf nach der Lehrerin, dann kam eine Mitschülerin, ein ewiges Gerenne und Durcheinander (die armen Klassenkameraden!). Und zuletzt hat Justus alleine geschrieben, der Begleiter war verschwunden, Justus musste selbst sehen, dass seine Texte ausgedruckt werden konnten. Er hat sie der Englischlehrerin mitgegeben und ihr erklärt, wie man das ausdruckt. Vom Begleiter keine Spur.

Das gab mir den Rest und ich habe mir vorgenommen, gleich heute am Dienstag früh den Chef anzurufen und den Begleiter abziehen zu lassen. Obwohl am Mittwoch eine Klassenarbeit ansteht. Auf so eine Begleitung kann Justus jedoch verzichten.

Tja, reingelegt – hat sich der Typ doch für heute krankgemeldet. Kaum zu glauben, was für strahlende Augen mein Kind heute früh hatte! Er war überglücklich, als ihn sein Lateinlehrer vom Parkplatz abholte und nicht Herr A. Irgendwie kriegen wir die nächsten Tage auch noch rum. Wie man sich denken kann, habe ich dem Chef erklärt, dass der Begleiter auch nicht mehr wiederzukommen braucht. Also heißt es von mir aus: „Es reicht, tschüss!"

Das war es mal wieder von Justus und mir: ein glückliches Kind und eine zwar grollende, aber erleichterte Mutter. The end – hoffentlich!

Und tschüss – endlich

Es ist zum Glück ja nur noch Mathematik. Erstaunlicherweise erst morgen, am Donnerstag, weil der Stoffel nicht mitbekommen hat, dass die Arbeit verschoben wurde. Oh, Mann! Die Lehrer müssten eigentlich wissen, wie es richtig läuft. Sie kannten ja den Traum einer Schulbegleitung lange genug, um selbst feststellen zu können: „Früher waren wir einfach verwöhnt". Und zwar vom engagierten Einsatz der Schulbegleiterin bis Oktober. Das Chaos ist ja erst Mitte Oktober nach den Herbstferien ausgebrochen. Soviel Unverständnis habe ich noch nie erlebt. „Du hast etwas nicht begriffen, dann hör halt richtig zu", waren so Standardreaktionen auf mein Kind. Oder: „Ich habe es dir schon tausendmal erklärt" und „Du verhältst dich wie ein Dreijähriger". Justus hat das Ganze sehr verletzt. Kein Wunder, dass er grantig wird, er lernt dieses Verhalten ja erst von diesem unfähigen Kerl. Doch diese Zusammenhänge versteht der Typ einfach nicht.

Tja, nun ist er weg – ein Glück. Noch zweieinhalb Tage – das klappt schon, die Lehrer werden vergessene Hausaufgaben oder fehlendes Material bestimmt nicht kritisieren – hoffe ich zumindest.

Und dann noch: Auch Justus hat um sich geschlagen: dem Schulbegleiter direkt ins Gesicht. Hat der mir aber nicht erzählt, sondern Justus selbst hat Tage später darüber gesprochen. Er wurde bis aufs Blut gereizt, hat den Begleiter gebeten zu gehen, er könne sich nicht mehr zurückhalten. Und dann: ein federleichtes Patschen auf die Wange.

2009

Rosen im Winter

Wiedersehen

Im Frühling, wenn die Rosen blühen,
so funkelnd rot und frisch,
werde ich mich hinbemühen,
zu dir an deinen Tisch.

Wenn der Regen fällt
über die ganze Welt,
werden wir zusammen sein –
du bist nicht allein.

Felix, 7. Klasse

Justus wird so langsam alles zu viel

Heute früh war es das zweite Mal, dass ich ein völlig verzweifeltes Kind an der Schule abgegeben habe. In letzter Zeit kommt das öfter vor: „Ich kann einfach nicht mehr."

Justus geht eigentlich nur noch wegen seines Mathelehrers zur Schule. Wenn er ihn nicht sehen würde, wäre es noch schlimmer. Er sehnt sich gewaltig nach einem neuen Schulbegleiter, der für ihn vermitteln, den er einfach mal in den Pausen etwas fragen kann.

Erst letzte Woche war so ein verzweifelter Tag: Ich brauchte eine ganze Stunde, bis er soweit war, in den Gruppentherapieraum im Autismusinstitut zu gehen.

Er wollte so gerne, doch er konnte nicht. Sagte aber auch, er wisse nicht, warum. Und weinte herzergreifend. So kenne ich ihn gar nicht. Er ist meist fröhlich, aufgeschlossen, voller Optimismus.

Wo bleibt ein neuer Schulbegleiter? Wann werden unsere Gebete erhört? Lange geht das nicht mehr gut, dann bricht Justus zusammen.

Heute ist zum ersten Mal etwas Schlimmeres passiert. Justus wollte nach Unterrichtsschluss schnell nach Hause (zu mir auf den Schülerparkplatz), übersah vermutlich eine Steinumrandung und stürzte mitsamt dem gefühlten 30-kg-Tornister auf den linken Arm. Alle haben gelacht, keiner hat geholfen. Und Justus: Zähne zusammenbeißen, bloß nicht weinen, schnell zum Parkplatz, losfahren und erst dann brach es aus ihm heraus – die ganze Verzweiflung, der Schmerz, den er nicht zeigen wollte.

Und nun? Er hat im Krankenhaus einen Gipsarm bekommen – und ist das fröhlichste Kind, das man sich vorstellen kann. „Toll, ein Gipsarm, wollte ich schon immer." Die Ärzte und Pfleger hatten viel zu schmunzeln. Verkehrte Welt. Und ich sitze hier zwischen Grinsen und Heulen.

Februar

Nachteilsausgleiche

Uns geht es momentan beim Thema Halbjahreszeugnis ähnlich wie vielen Asperger-Eltern: Ich kann auf die Lehrer einreden, wie ich will, es gibt eigentlich nur einen, der Justus wirklich fair benotet. Bei einigen habe ich nachgefragt und als Antwort Geschichten bekommen, warum Justus in so vielen Fächern plötzlich auf 4 steht, obwohl doch vor ein paar Wochen noch die Rede von einer Chance auf eine 2 war. Die beste Geschichte war wirklich, Justus würde nicht reagieren, wenn man ihn anspräche, er würde das Buch nicht herausholen, er würde versuchen, die Tische gerade zu rücken und auch nicht damit aufhören, wenn der Lehrer sich auf die freie Seite des Tisches setze, um ihn nonverbal zum Aufhören zu zwingen. O Mann! Justus ist derzeit nicht nur ganz allein – nämlich ohne Begleitung -, er hatte ja auch noch den Verdacht auf einen Bruch in der Schulter durch den Schulunfall letztens. Ich bin echt stinkig drauf und habe das Wochenende damit zugebracht, die weit über 500 Seiten an Broschüren und Handreichungen durchzuarbeiten und in Kurzform zusammenzufassen. Vielleicht liest das dann mal jemand. Es ist ja wohl ein Unding, dass Justus gerade das vorgeworfen wird, für das er am wenigsten kann: die Auswirkung seiner Behinderung auf den Schulalltag.

Ein Muster für einen Lehrerbrief – abgestimmt mit dem KL

Sehr geehrte Lehrerinnen,

sehr geehrte Lehrer der Klasse 7,

die meisten von Ihnen werden ihn schon kennen, unseren obligatorischen Lehrerbrief zu Beginn eines jeden Schuljahres. Doch ob Sie erst ab diesem Jahr oder schon länger diese Klasse unterrichten, es gibt einige Neuigkeiten zu berichten. Zuerst die üblichen Vorabinformationen, auf Seite 4 in der Anlage die angeglichenen Nachteilsausgleiche.

In der Klasse 7 unterrichten Sie Justus, einen Schüler mit kindlichem Autismus auf hohem Funktionsniveau (HFA), einer angeborenen, nicht heilbare Behinderung gleichzusetzen mit dem Asperger-Syndrom. Für Justus bedeutet das, eine überdurchschnittlich hohe Intelligenz zu haben, sie jedoch ohne Unterstützung nicht in allen Bereichen adäquat einsetzen zu können. Komorbid liegt eine Rechtschreibstörung vor. Justus wird in der Klasse zielgleich in Einzelintegration beschult. In zwei Wochen wird eine neue Schulbegleitung, Herr B, seine Arbeit aufnehmen.

Justus' Verbleib auf dem Gymnasium bietet ihm selbst die Chance, Dinge in einer Vielfalt zu lernen, wie es ihm nur ein Gymnasium bieten kann. Er definiert sich wie viele Kinder mit AS über die Anerkennung der schulischen Leistung. Sie fördert das Selbstwertgefühl und ist somit die Motivation, zur Schule zu gehen.

Damit er im Regelschulsystem bestehen kann, sollte Justus eine über die Eingliederungshilfe finanzierte Schulbegleitung an seiner Seite haben. Sie gilt sozusagen als Dolmetscher für die psychosozialen Situationen.

Eine Therapeutin hat damit argumentiert, dass man sich vorstellen soll, wie es wohl einem blinden Kind geht, das in einen fremden Raum geschickt wird, in dem es sich zurechtfinden soll und was jeder tun würde, wenn es auf ein Hindernis zugeht oder über ein solches stolpert und stürzt. Man stoppt es rechtzeitig und leitet es auf den richtigen Weg und, wenn es doch gestürzt ist, wird man es trösten und beim Aufstehen helfen, ihm erklären, weshalb es gestürzt ist. Und man wird im Vorfeld dafür sorgen, erkennbare Hindernisse aus dem Weg zu räumen. Der Autismuskoordinator der Bezirksregierung brachte dies folgendermaßen auf den Punkt und bezeichnete Schulbegleiter als „menschliche Prothesen", denn HFA-Kinder seien emotional blind.

HFA bedeutet neben der Wahrnehmungsstörung auch eine Beeinträchtigung der exekutiven Funktion, jede Situation und die entsprechende Strategie muss neu eingeübt werden. Dies ist ein neurologisches Problem und geschieht nicht willentlich. Eine erwachsene Asperger-Autistin hat eine liebevolle Umschreibung für diese Hirnfunktionsstörung gefunden: „Das ist ein Hardware-Schaden und kein Software-Problem."

In der Hoffnung, dass es Ihnen hilft, Justus besser zu verstehen und seine Leistung zu bewerten, im Folgenden eine Aufzählung Justus' anderer Lernweise – ohne Anspruch auf Vollständigkeit:

- Justus lernt kognitiv, nicht intuitiv wie andere Kinder; er lernt demnach konkret und kann Erlerntes oft nicht auf Neues übertragen, weil er relevante Infos nicht zuordnen kann.
- Die praktische Durchführung seines planerischen Handelns ist beeinträchtigt, nicht jedoch die theoretische Anwendung, was auf die Problematik mit der eingeschränkten exekutiven Funktion hinweist.
- Er nutzt andere, zum Teil unkonventionelle Wege, um Lösungen zu finden.
- Justus liebt es, andere Menschen zum Lachen oder Schmunzeln zu bringen – „kleiner Scherz" –, ist jedoch manchmal unpassend oder der Situation nicht angemessen.
- Justus versteht Sprache wörtlich. Die Aufforderung: „Ich möchte nicht, dass du *so* mit ihm sprichst" ist für ihn nicht konkret genug. Auf was bezieht sich „*so*'?
- Kinder mit Autismus können Gesten und Gesichtsausdrücke nur schwer deuten. Justus erinnert sich auch schlecht an Gesichter oder Personen (Prosopagnosie). Diese Gesichtsblindheit drückt sich im Fehlen der intuitiven Fähigkeit aus, Gesichter im Bruchteil einer Sekunde zu erkennen und Ereignissen zuzuordnen. Menschen und Gesichter werden in der gleichen Gehirnregion wie Objekte verarbeitet.
- Justus ist überempfindlich gegenüber Lärm und Geschrei. Er kann dann Gesagtes nicht mehr herausfiltern und hört nur noch ein Rauschen oder Gemurmel, auch seine eigene Lautstärke kann er nicht immer der Situation anpassen.
- Autistischen Kindern fällt es schwer, eigene Gefühle und Erlebnisse mitzuteilen, was sich besonders beim Aufsatzschreiben oder im Kunstunterricht bemerkbar macht.
- Unter anderem durch Unsicherheiten beim Gleichgewicht und durch Probleme mit der Auge-Hand-Koordination fällt es Justus schwer, Entfernungen richtig einzuschätzen, sodass er manchmal

unbeabsichtigt irgendwo anstößt. Diese Koordinationsstörung und auch die beeinträchtigte Feinmotorik wirken sich auf seine Fähigkeit aus, zügig Tafelbilder abzuschreiben oder Stifte richtig zu halten. Oder aber auch im Sport, Bälle zu fangen.

- Justus' LRS erschwert zusätzlich die Verschriftung seines Wissens bzw. des Gehörten.
- Er kann sich nur auf eine Sache konzentrieren (zuhören oder abschreiben).
- Justus hat Schwierigkeiten, zu planen, zu organisieren, Prioritäten festzulegen. Durch die schwache zentrale Kohärenz kann er nicht entscheiden, was relevant, was redundant ist und benötigt mehr Zeit für das Erfassen einer Aufgabenstellung. Kurze, prägnante Anweisungen und Erinnerungen an zuvor Besprochenes helfen dann am besten.
- Oft traut er sich nicht, sich zu melden, aus Sorge, das Falsche zu sagen.
- Soziale Hierarchien in einer Gruppe sind für ihn fremd und uninteressant. Im sozialen Miteinander ist er zum Perspektivenwechsel nicht in der Lage.
- Die körperliche Entwicklung ist der emotionalen um einige Jahre voraus.
- Wichtig bei Aufforderungen an die Klasse ist auch die zusätzliche, direkte Ansprache, damit Justus weiß, dass auch er und nicht „nur" die Klasse gemeint ist.
- Wenn Justus eine Aufforderung also nicht befolgt, kann das vermutlich drei Ursachen haben:

- Er hat Sie nicht gehört, weil er z. B. aufs Schreiben, Anziehen, Tasche einpacken, konzentriert war,
- er ist hochgradig erregt und nicht mehr reaktionsfähig oder
- er hat die Aufforderung nicht als solche erkannt.

Wenn ein Museumsführer fragt: „Bist du müde?", weil Justus am Boden hockt, versteht er das nicht als Aufforderung aufzustehen, weil ihm nicht bewusst ist, dass er sich unhöflich verhält und ein anderes Verhalten erwartet wird. Auch „Was machst du noch hier oben?" des Lehrers hält Justus für eine echte Frage und nicht für die bereits etwas ungehaltene

111

Aufforderung, sofort in den Pausenhof zu gehen und sich eventuell noch dafür zu entschuldigen, dass er noch oben ist. Übrigens kann man in so einem Fall mit Sicherheit annehmen, dass er einen sehr triftigen Grund dafür hat, noch oben zu sein, denn aus Übermut übertritt er eine Regel, wie „Alle gehen in der Pause nach draußen", nicht.

Wenn die Fakten erst einmal kurz dargestellt sind, ärgert ihn jede Wiederholung oder Beleuchtung des Themas aus einem anderen Blickwinkel – das ist für ihn nur Zeitverschwendung, lästiges Übel.

• Die sehr eingeschränkte Fähigkeit, sich vorzustellen, was im anderen vorgeht und was er will, kann mitunter zu Leistungseinbrüchen führen, weil die Aufgabenstellung nicht verstanden wird, während das faktische Wissen für die Lösung vorhanden gewesen wäre. Er hat das Faktenwissen, aber es fehlt ihm das Wissen, was, wann, wo und von wem vermutlich erwartet wird. Ich erinnere mich mit Dankbarkeit an Lehrer, die Arbeitsblätter aufbereiteten und Texte und Aufgaben so strukturierten, dass auch Justus die Möglichkeit hatte, sein Können zu zeigen.

• In Stresssituationen mit zu vielen Reizen wie allgemeine Unruhe, Lärm, Durcheinander, Missverständnissen, Erschöpfung, zu vielen Informationen zur gleichen Zeit kann es zu einer Reizüberflutung kommen, Justus scheint nicht mehr zuzuhören, ist „abgetaucht". Justus gelingt es nicht, Reize zu filtern, Unwichtiges einfach zu ignorieren: Auch das ist kein absichtliches Verhalten, sondern eher eine Schutzfunktion des Organismus: Jemand hat das einmal mit einem Computer verglichen, der nur einen alten 386er-Prozessor hat, aber mit modernsten Hochleistungselementen ausgerüstet ist – wenn die Datenmenge für den Prozessor zu viel wird, stürzt das System ab. Nach einer kurzen Pause kann man den Computer dann wieder hochfahren.

Durch diese Ausführungen kann leicht der Eindruck entstehen, dass es ungeheuer anstrengend ist, ein Kind wie Justus zu unterrichten. Das mag manchmal schon der Fall sein, aber zumeist unterscheidet er sich auch sehr wohltuend von anderen Kindern. Gerade jetzt in der Pubertät zeigen sich bei ihm nur die körperlichen Veränderungen und die daraus resultierenden Irritationen. Die emotionale Auseinandersetzung mit der Pubertät setzt erst in ein paar Jahren ein.

Tony Attwood, ein australischer Psychologe, der sich auf das Asperger-Syndrom spezialisiert hat, hat einmal die Vorteile dieses Andersseins aufgezählt:

- Menschen mit AS sind absolut zuverlässige, treue Freunde, denen Konkurrenzdenken, Eifersucht und Neid völlig fremd sind.
- Sie teilen ihre Interessen mit jedem gern, der dazu Lust hat; Alter, Geschlecht, Rasse, Aussehen, Herkunft, Religion und dergleichen sind ihnen dabei vollkommen unwichtig.
- Sie sagen, was sie denken, und meinen, was sie sagen. Sie stehen zu ihren Überzeugungen, ergehen sich nicht in Andeutungen, verbergen ihre Sympathien und Abneigungen nicht.
- Sie können sich für sehr ungewöhnliche Interessengebiete begeistern, endlos mit Dingen beschäftigen, die andere schnell langweilen. Ihre Ausdauer ist schier unerschöpflich. Wenn die anderen Kinder bei physikalischen Versuchsaufbauten, Weltentstehungsszenarien, Computerstatistiken, föderalistischen Strategien usw. die Ohren auf Durchzug stellen, wird man in ihnen begeisterte Diskussionspartner finden.
- Sie sind sehr pflichtbewusst, arbeiten sorgfältig und zuverlässig, lieben Ordnung und Ruhe, achten auf kleine Details und führen ohne Hast zu Ende, was sie einmal begonnen haben.
- Einmal gefasste Ziele oder in Angriff genommene Aufgaben werden unbeirrt verfolgt.
- Menschen mit AS sind sehr wissbegierig und lernen gern. Sie freuen sich auf die nächste Lektion und wollen im Unterricht etwas leisten und Neues erfahren.

- Sie haben ein ausgezeichnetes Gedächtnis, auch für Details, die andere sofort vergessen oder gar nicht erst wahrnehmen.

Hochfunktionierende Autisten wie Justus sind anders, nicht besser und nicht schlechter als Ihre anderen Schüler. Sie können sie nicht heilen, doch Sie können ihnen durch Ihren Einsatz helfen, auf ihre besondere Weise der Schulgemeinschaft zu nützen oder auch mit ihrer anderen Art des Denkens und Problemlösens gemeinsam ungewöhnliche Wege zu gehen.

Wir freuen uns, dass Sie diesen Weg mit Justus gehen werden.

Anlage

Wenn Sie das Thema für Ihre Arbeit vertiefen, gibt es im Rahmen der Fortbildung Kurse speziell für Pädagogen auf der Seite www.aspergia.net.

Das Gros der im „Autismus-Ordner" im Lehrerzimmer vorhandenen Broschüren und Handreichungen mit Strategien und Tipps für den Unterricht und Informationen zum Erbringen von Leistungsnachweisen haben wir in Kurzfassungen – auf Justus zugeschnitten – zusammengestellt, sodass Sie sich nicht mit den Hunderten Seiten Infomaterial des Ordners abplagen müssen. Internet-Links und einige weitere lesenswerte Abhandlungen zum Thema Autismus und Schule wie „Strukturiertes Lehren und Lernen – ein pädagogisches Modell" können wir Ihnen auch gern per eMail zusenden.

Telefonnummern von erfahrenen Kollegen als Ansprechpartner bei allgemeinen schulischen wie auch rechtlichen Fragen und Tipps (zum Beispiel zum Thema Nachteilsausgleiche oder Unterrichtsgestaltung) sind für den Kreis, den Regierungsbezirk und das Land im Lehrerzimmer ausgehängt.
Auch die Autismus-Fachleute aus Therapie und Integration stehen für eine Fortbildung oder eine auf Justus' Besonderheiten spezialisierte Informationsveranstaltung für Sie zur Verfügung. Dann können schon im Vorfeld viele Fragen zum Behinderungsbild geklärt und etwaige Missverständnisse ausgeräumt werden.

Zum Schluss die Auflistung der Nachteilsausgleiche, die Justus nutzen darf – analog der Vorgaben des Schulministeriums in den oben erwähnten Zusammenfassungen und den Absprachen mit den Fachlehrern und der Schulleitung – zur Entlastung des Schulalltages und des Schülers:

- Nutzung eines festen Sitzplatzes im Klassenverbund, möglichst mit dem Rücken zum Fenster, vorne beim Lehrer
- Frühzeitiges Hinweisen auf Veränderungen im Schulalltag
- Überprüfung, ob Hausaufgaben notiert wurden, insbesondere solange ohne Begleitung
- Klassenarbeiten werden gemeinsam mit der Schulbegleitung in einem Extraraum geschrieben
- Zeitverlängerung bei Tests und Klassenarbeiten oder/und Verkürzung des Arbeitsumfanges
- Tests, Prüfungen, Klassenarbeiten möglichst bis zur 4. Stunde
- Bei Diskrepanzen der schriftlichen Leistung zum sonstigen Können – mündliche Überprüfung
- Verzicht auf das Vokabelabschreiben, Konzentration aufs Lesen, Sprechen, Hören
- Vokabelabfragen und Übersetzen mit Zeitzugabe, da es nicht in einem Schritt möglich ist, Strukturen zu erkennen, zuzuordnen, zu decodieren und zu antworten. Erlaubnis, bei den Klassenarbeiten in den Fremdsprachen erst einmal Wort für Wort zu übersetzen, um den Text zu sortieren. Erlauben von Deklinations- und Konjugationstabellen in Latein
- Höhere Bewertung der mündlichen Leistung und der sonstigen Mitarbeit
- Verzicht auf die Abschrift von Tafelbildern; Informationen als Kopie oder von Justus abfotografiert und zu Hause diktiert
- Umfangreiche, schriftliche Hausaufgaben werden zu Hause diktiert. Zum weiteren Umgang mit der Verschriftung und Justus' LRS-Problematik hat das LRS-Institut einen Bericht geschrieben (Kopie in der Akte)

- Individuelle HA-Gestaltung gemäß Runderlass Punkt 2.3: Verzicht auf reine Wiederholungen (Ausnahmen: Vokabeln, Texte lesen, Unsicherheiten)
- Nutzung einer anderen Lineatur, wo nötig
- Justus nutzt Arbeitsmappen mit Amtsheftung
- Individuell ausgelegte Exaktheitstoleranz wie zum Beispiel in der Geometrie, beim Zeichnen oder aber auch beim Schriftbild
- Klassenarbeiten und umfangreiche Tests tippt Justus auf dem Alphasmart (Tastatur mit Display) oder diktiert seine Ergebnisse, um den Lehrern die Lesbarkeit zu ermöglichen
- Anpassung der Aufgabenstellung, wenn optische Reize auf dem Arbeitsblatt wie zu kleine Schrift oder unerwartete Anordnung die Blickführung irritieren oder Doppeldeutigkeiten die Aufmerksamkeit ablenken
- Arbeitsblätter mit Lückentexten ersparen das mühselige Abschreiben
- Eine farbliche Gestaltung erleichtert das Erkennen von wichtigen Informationen
- Justus hat die Erlaubnis der Schulleitung, morgens auf dem Lehrerparkplatz vor dem Tor auszusteigen
- Umkleiden für Sport in einem Extraraum

Es gibt Lehrer!? Sind die gefühllos oder ohne Strategie?

Heute war eindeutig der Höhepunkt in Justus' schulbegleiterloser Zeit. Ich habe ihn vor der Schule abgesetzt und ihn quasi in die Schule gequasselt, also versucht, ihn zu motivieren. Und dann bin ich mit leicht schlechtem Gewissen nach Hause, ob ich ihn nicht doch wieder hätte mitnehmen sollen. Kaum zur Tür rein, klingelt mein Notfall-Mobiltelefon. Justus erzählt weinend, der Chemielehrer hätte ihn aus dem Unterricht geworfen. Er wisse nicht, was er tun soll. Ich wieder ins Auto, noch einmal zur Schule, Justus ins Auto verfrachtet, im Sekretariat um Beurlaubung gebeten und dann wieder nach Hause.

So nach und nach hat mir dieses völlig verheulte, unglückliche Kind erzählt, was genau passiert ist: Justus hat als Nachteilsausgleich die Erlaubnis, in allen Räumen immer den gleichen Platz zu bekommen. Nun kam Justus heute wenige Minuten zu spät (wegen meiner Überrederei) und im neuen Chemieraum saß schon ein Kind auf seinem Platz. Justus wollte, dass das Kind sich woanders hinsetzt. Dieses machte sich einen Spaß, Justus zu ärgern. Es wusste ja von Justus' Platz. Hin und her und dann griff der Chemielehrer ein und befahl Justus, sich entweder auf einen freien Platz zu setzen oder aber rauszugehen. Justus wollte einen freien Platz (er liebt Chemie), doch eben den, der ihm „gehört". Da hat ihn der Lehrer weggezerrt, Justus ist gestürzt, der Lehrer mit Druck auf seinen Körper: „Gehst Du jetzt raus?" Justus: „Nein", da er ja Chemie machen möchte. Also schubst ihn der Chemielehrer zur Tür, schiebt ihn raus und knallt die Tür zu. Und Justus wusste sich nicht zu helfen, hat mich angerufen.

Das war eine Situation, die hätte niemals vorkommen dürfen. Ein Beispiel für die anderen Kinder: Warum darf der Lehrer Justus schubsen, aber ihnen ist das verboten? Denn eigentlich kriegen die Kinder Ärger, wenn sie Justus bedrängen. Eigentlich ... Dabei war die Lösung so leicht: Klassenkamerad wegsetzen, Justus hat seinen Platz, Punkt. Es gibt extra eine einzelne Seite für die Lehrer, wo draufsteht, welche Dinge Justus gewährt werden müssen. Ach, es ist zum Schreien! Irgendwie kapiert so mancher der Pädagogen nicht, dass, wenn man Justus die beruhigenden Strukturen wegnimmt, er völlig hilflos ist. Als ob man einem gehbehinderten Menschen die Krücken (okay, ich weiß, es heißt „Unterarmgehhilfe" – sonst kriege ich Schimpfe von meiner Ma) wegnimmt. Ich werde auch jetzt nicht anfangen, ganz pauschal zu sagen, die Lehrer, denn ich mag Lehrer – doch in Justus' Fall reichen schon ein, zwei „gefühllose" aus, um das früher mal Erreichte wieder zu zerstören.

Doch es gibt Hoffnung: Morgen kommt ein möglicher neuer Schulbegleiter in die Schule, um Justus kennenzulernen. Ob die beiden sich mögen werden? Die Hoffnung bleibt.

Mir ist zum Heulen – Justus ganz allein

Irgendwie nimmt mich Justus' ganze Leidensgeschichte jetzt doch richtig mit. Auch mir laufen die Tränen jetzt runter. Ich habe gerade mit der Klassensprecherin aus Justus' Klasse gesprochen. Erst jetzt habe ich so manche Dinge erfahren, die in der letzten Zeit vorgefallen sind: Justus' Streitereien mit Klassenkameraden, die Unruhe in der Klasse und dergleichen mehr. Einige Kinder (oder Eltern) fragen sich mittlerweile, wieso Justus nicht auf eine Schule für behinderte Kinder geht. Es haben sich wohl auch schon Eltern beschwert und morgen soll es ein Gespräch beim Schulleiter geben: mit den „betroffenen" Kindern und der Klassensprecherin. Wieso weiß ich solche Dinge nicht? Ich hätte doch schon viel eher erkennen können, wie tief Justus' Verzweiflung ist – und das sie auch greifbare Ursachen hat. Ich hätte eingreifen können.

Ach, es ist zum Heulen. Erklärt mal 13-Jährigen, warum ein Autist auf dem Gymnasium ist. Die Jahre vorher hat es doch auch geklappt. Oder gab es da auch schon Beschwerden, von denen ich nichts weiß? Langsam glaube ich das – vielleicht war das der Grund, warum die Schule mit einem Mal nicht mehr so viel preisgegeben, Informationen nicht weitergeleitet hat.

Zum Glück nur Rippenprellung

Justus' neuer Schulbegleiter wirkt auf den ersten Blick nett und engagiert. Fragt von sich aus nach, klärt gleich Ungereimtheiten. Gleich nach der Besichtigung der Schule und dem Kennenlernen von Justus ist er sogar mit in die Pause und in die restlichen Unterrichtsstunden gegangen (auf Anfrage der KL) und hat Justus schon begleitet. Ich bin richtig gerührt – und erleichtert.

Die andere Sache wegen des Chemielehrers: Wir waren heute im Krankenhaus und haben den Brustkorb durchchecken lassen. Es sind zum Glück nur Rippenprellungen. Justus soll gegen die Schmerzen Medikamente nehmen. Wird er natürlich nicht, weil er Tablettenschlucken hasst. Daraufhin der Arzt spaßig: „Dann musst Du aber ordentlich durchatmen, auch wenn es wehtut". Doch Spaß beiseite. Der Chemielehrer hat heute auch versucht, bei mir anzurufen, nachdem ich ihn noch nicht erreichen konte. So wie er auf der Sprachbox klang, weiß er, dass er Mist gebaut hat. Und wenn dem so ist, dann kann ich auch verzeihen. Mein Problem ist jetzt: Was schreibe ich auf den Unfallbericht wegen der Rippenprellung? Morgen ruft mich die Schulleitung an, um das mit mir zu besprechen. Ich musste Justus' Brustkorb untersuchen lassen und somit musste ich im Krankenhaus auch angeben, wie es dazu kam.

Jetzt freue ich mich erst einmal auf ruhigere Schultage und dass Justus und sein I-Helfer eine Basis für eine gemeinsame Zukunft an der Schule finden. Was für eine Erleichterung.

Telefonat mit Chemielehrer

Habe gerade mit dem Chemielehrer telefoniert. Na ja, besonders reuevoll klang er nicht. Für die Zukunft hat er gleich auf den neuen Schulbegleiter verwiesen, dass es dann wohl besser würde. Ich habe ihm aber auch in den Mund gelegt, dass ich ihn nicht als so einen Lehrer einschätze, der öfter auf diese Weise ausrastet. Trotzdem: Vielleicht entschuldigt er sich bei Justus noch, ich habe ihn darum gebeten. Auf jeden Fall habe ich nicht mehr ganz so ein unangenehmes Gefühl, wenn ich die Unfallkasse der Schule über den Vorfall informieren muss. Auf Justus' Rippenprellung ist der Lehrer gar nicht eingegangen. Ob ihm gar nicht klar war, dass er sie verursacht hat? Blicken wir nach vorn und hoffen, dass es niemals wieder zu so einem Ausraster kommt. Egal, was vorfällt – so eine rabiate Behandlung von hilflosen – und auch allen anderen Schülern – ist nicht akzeptabel.

Justus' Rippenprellung

Es war wirklich erst letzten Dienstag – und was ist seitdem viel passiert. Also: Justus hat immer noch Schmerzen wegen der Rippenprellung. Er meint sogar, sie wären noch stärker geworden. Ist das überhaupt möglich?

Der Chemielehrer verweigert wohl die Entschuldigung. Ja nun, sehr schade. Ich sitze jetzt jedenfalls hier und frage mich, ob es korrekt ist, den Unfallbericht so zu schreiben, wie der Direktor vorgeschlagen hat: Justus ist gestolpert, der Lehrer fiel auf ihn. Justus meint, das wäre lügen, das dürfe man nicht. Hat er ja recht.

Heute ist mal wieder ein langer Schultag mit 9 Schulstunden. Zum Glück mit dem neuen Schulbegleiter. Morgens und beim Abholen läuft zwar alles noch ein wenig holprig, die beiden haben noch keinen eigenen Ablauf gefunden. Doch ansonsten hat dieser I-Helfer ein Händchen für Justus. Obwohl er keinerlei Vorbildung in Bezug auf ASS hat, hat er anscheinend ein naturgegebenes Gespür für die Bedürfnisse besonderer Kinder oder besser für die Bedürfnisse von Justus. Da haben sich zwei gefunden, die sich mögen. Die Grundvoraussetzung für gutes Gelingen ist damit erfüllt. Alles andere kann man lernen.

März

Chemielehrer – maue Entschuldigung

Gestern, endlich, nach 5 Wochen und einem erneuten Gespräch mit der Schulleitung, hat sich Justus' Chemielehrer endlich dazu herabgelassen, sich vor der Klasse und Justus zu entschuldigen. Mit so Sprüchen wie: „Es tut mir leid, dass es seit einiger Zeit soviel Unruhe gibt, ... Gewalt erzeugt Gegengewalt, ... zukünftig wollen wir auf friedlichem Weg miteinander umgehen."

Na ja. Justus meint, er fände es etwas wenig, es würde ihm aber reichen. Jetzt freut er sich wieder auf Chemie, den Unterricht, dem er sich 5 Wochen verweigert hat. „Warum soll ich *dem* Lehrer zeigen, was ich kann? Was soll das bringen?"

Und nun ist Justus wegen einer Erkältung zu Hause – die unendliche Geschichte der Erschöpfung.

Mai

Schulbegleiter – Erzieher oder Freund?

Ich habe mal wieder ein Problem. Bei Justus und seinem Schulbegleiter beginnt nun, nach drei Monaten, eine neue Phase. Nach der Eingewöhnungszeit kommen nun die ersten Krisen, die überstanden werden wollen. Die Wunden des letzten Schulbegleiters sind jedoch noch nicht geheilt, ganz im Gegenteil. Der Neue hat einen schweren Stand – gerade als Begleiter ohne Hintergrundwissen über Autismus. Justus mag seinen Schulbegleiter und der anscheinend auch Justus, doch mit dem Verständnis zwischen den beiden hapert es mittlerweile häufiger. Gerade jetzt, wo es um alles geht und Justus seine ganze Kraft für die Versetzung und die Überwindung dieses unfähigen Typen vom Ende letzten Jahres braucht.

Die erste Schulbegleitung, Ende 20, war ja eine Fachfrau, hat Pädagogik mit Schwerpunkt Autismus studiert, hat Praktika gemacht und war immerhin 2,5 Jahre Justus' Begleitung – also ab Beginn der Gymnasialzeit, der 5. Klasse. Sie sah Justus immer wie einen Freund, wie jemanden, dem man etwas beibringt, von dem man aber auch etwas lernen kann. Die beiden haben von ihrer wechselseitigen Sicht auf die Dinge viel profitiert. Justus hat jetzt noch ein tolles Verhältnis zu ihr und die beiden treffen sich auch alle paar Monate mal, zum Eisessen oder zum Reden. Justus hat sie immer als Autorität akzeptiert und ihr auch gehorcht, wenn sie ihm Anweisungen gegeben hat. Alles im Rahmen, denn auch das Widersetzen gehört ja zur gesunden Entwicklung eines Kindes dazu. Über den zweiten Schulbegleiter verliere ich besser kein Wort – es macht mich zu wütend.

Und nun der Dritte. Auch er beginnt mittlerweile mit diesem Autoritätsdurcheinander. Justus müsse ihm gehorchen, ihm folgen ... Dabei gilt für Justus allein das, was der Lehrer sagt. Der Lehrer ist der Erzieher, gibt Anweisungen, ist die Autoritätsperson. Wenn der Lehrer etwas sagt, muss man ihm gehorchen. Justus hört auch auf eine natürliche Autorität, wenn er denn einen Sinn in der Aufforderung sieht. Das ist bei der Schulbegleitung nur manchmal nicht der Fall. Warum soll man etwas machen, das vorher anders geregelt war? Warum soll man Dinge lassen, von denen einem nicht bewusst ist, dass sich die anderen Schüler gestört fühlen? Wenn die nichts sagen, sondern nur der Schulbegleiter?

Anlass für meine mittlere Verzweiflung ist ein Vorfall von gestern im Sportunterricht. Die Kinder haben seit gestern wieder Badminton. Justus berührt (haut?) mit dem Schläger spielerisch den Kopf seines Schulbegleiters – wie die anderen Kinder das auch untereinander machen. Der Schulbegleiter reagiert völlig entsetzt. So was geht nicht, man darf niemals, egal womit, auf den Kopf eines anderen „hauen". Er spricht lange mit Justus, doch dieser schaltet schnell ab, da ihn das lange Gerede stört. Tja, und nach der Stunde ist Justus so verzweifelt, dass er sich wieder in der letzten Ecke des Schulgeländes verkriecht – was er laut Schulbegleiter auch nicht machen soll, weil es zu gefährlich sei – und mich wieder voller Verzweiflung anruft (bei uns ist übrigens auch Handyverbot an der Schule. Justus' Mobiltelefon ist auch eigentlich nur für Notfälle, wenn er mal nicht weiterweiß). Ich quatsche ihn in den nächsten Unterricht, damit er nicht zu spät kommt, doch der Tag ist mal wieder gelaufen. Die beiden reden miteinander und wieder fällt eine Schulstunde aus. Das ist zum Haareraufen!

Liege ich denn so falsch mit meiner Ansicht, dass sich ein Schulbegleiter nicht hauptsächlich als Erzieher, sondern als Freund, als Vertrauensperson sehen soll? Als jemand, der vermittelt, der versteht, der ausgleicht und der versucht, den Schulalltag so ruhig wie möglich zu gestalten, damit sein Schützling den schulischen Anforderungen folgen kann? Und einer, der auch mal locker über etwas hinwegsehen kann?

Ich muss gestehen, ich fand den Vorfall mit dem Schläger nicht so schlimm. Ohne einen großen Aufstand deswegen hätte Justus schnell kapiert, okay, nicht in Ordnung, sein lassen. Doch dieses Thematisieren macht alles nur noch schlimmer. Im Prinzip hat Justus nichts anderes gemacht, als das, was seine Klassenkameraden auch machen. Nur da springt keiner dazwischen.

Und nun habe ich eine A5-Seite vom Schulbegleiter dicht beschrieben im Mitteilungsheft, dass ich Justus unbedingt darauf hinweisen müsse, dass sein Verhalten nicht in Ordnung ist. Und dass Justus ihn auch nicht „untersuchen" dürfe, also Adern bewundern oder so etwas. O Mann, noch vor ein paar Wochen haben die beiden ausgemacht, wo die jeweilige persönliche Zone ist. Das war ja auch das Problem mit Begleiter Nummer 2. Jetzt fängt das wieder an.

Wenn ich nicht wüsste, dass es 2,5 Jahre auch anders und entspannter ging, wäre ich beunruhigter über Justus' Verhalten (weil ich selbst keine Geschwister und auch keinen Vergleich über Entwicklung bei Kindern habe). Doch diese Situation sehe ich eher von der heiteren Seite. Habe Justus nur erklärt, es wäre seinem Begleiter auch unangenehm, weil er auf dem Kopf keine Haare hätte und dies dann eher wehtut.

Jetzt geht es wirklich rund

Ich hatte den Schulbegleiter ja nicht davon überzeugen können, Justus seinen Schlüsselbund zu zeigen. Leider. Nun ruft mich Justus gerade mit den letzten Kröten auf dem Mobiltelefon an und sagt, er sei weggelaufen. Es hätte wieder Streit und Übergriffe gegeben – wegen des Schlüssels – und er hielte das nicht mehr aus. Dabei wolle er den Schlüsselbund nur mal sehen, da er Rückschlüsse vom Schlüsselbund zum Charakter seines Schulbegleiters ziehen wolle.

Dummerweise war dann das Geld zu Ende und ich schaffte es nicht, Justus anzurufen, weil er vermutlich wieder vergessen hat „aufzulegen". Vorher konnte ich ihm noch sagen, er möge zur Schule zurückgehen und Herrn B bitten, mich anzurufen. Dann war das Gespräch zu Ende. Bisher ist nichts passiert und ich habe den Chef des Schulbegleiters informiert, er möge in der Schule anrufen und den Schulbegleiter bitten, den Schlüsselbund doch einfach zu zeigen. Sei es drum. Wird schon nichts passieren, mit dem Schlüssel. Tja, nun sitze ich hier und warte.

Hilfe – Situation eskaliert

Puh, mir scheint, es konnte noch Schlimmeres abgewendet werden. Der Chef hat Herrn B davon überzeugt, Justus den Schlüssel zu zeigen. Justus durfte ihn sehen. Punkt.

So einfach – hätte schon vor einer Woche geklärt werden können, doch der Schulbegleiter hatte Sorge, Justus würde mit dem Schlüssel weglaufen. Und es ist doch der Schulschlüssel dran. Das ginge doch nicht. Ach, was? Zum Glück weiß ich, es geht auch anders. Mal die Pubertät beiseitegelassen. Doch die wirkt sich eher körperlich und durch Irritationen aus.

Jetzt warte ich mal den Elternsprechtag ab und muss eine Sache klären, von der ich gehört habe. Sollte sie sich bewahrheiten, ist mein Vertrauen gegenüber dem Schulbegleiter hinüber. Es scheint, als habe er einen Lehrer angesprochen, um Tipps zu bekommen, wie man es hinbekommt, dass Justus gehorcht und dass ich auf Justus einwirke, von manchen Dingen, die Justus zu unterlassen habe. Hey, das heißt doch integrieren, nicht intrigieren! Kleiner Scherz am Rande.

Versetzung auf Probe

Ich habe mir nun genug den Kopf zerbrochen, der dröhnt schon, darum kopier ich hier mal eine eMail hinein, um zu berichten, was gestern beim Elternsprechtag so alles herausgekommen ist und welche Konsequenzen mein Mann und ich gezogen haben:

„(...) Ich wollte Dir nur mitteilen, nachdem ich letztens eher Unruhe verbreitet habe, dass die Stimmung in der Schule gestern beim Elternsprechtag zwar nicht voller Hoffnung, jedoch von einem „Loswerden" nichts zu spüren war.

Darum nun mal eine gute Nachricht: Sollte Justus es nicht schaffen, versetzt zu werden, beantrage ich mit allen Mitteln, die mir zur Verfügung stehen, die Versetzung auf Probe. Ich werde auch nicht zögern, das Schulministerium einzuschalten, wenn ich anders nicht vorwärtskomme. Aber eigentlich denke ich, dass die Schule guten Argumenten gegenüber offen ist. Diese ganze negative Stimmung der letzten Wochen scheint keine Grundlage zu haben. Allein die Kabbeleien und die Eskalation im Verhältnis zwischen Justus und seinem Schulbegleiter scheinen der Auslöser gewesen zu sein. Bei meinen Recherchen hat sich gezeigt, dass noch Vertrauen in Justus da ist, dass auch die Klassenkameraden wesentlich positiver ihm gegenüber eingestellt sind als von Herrn B skizziert.

(...) Nach drei Wochen mit vielen Tränen, Bauchschmerzen, unzähligen verpassten Schulstunden, genervten Klassenkameraden und wütenden

Lehrern. Drei Wochen, in denen Justus' Ansehen extrem gelitten hat. Das Kind, das nicht gehorcht.

Herr B hat sich Hilfe beim Biologie- und Sportlehrer (statt beim Chef oder dem Therapeuten) geholt, was Justus zufällig mitgehört hat. Zum Glück. Er wollte Tipps, wie man Justus dazu bringen kann, endlich zu gehorchen und – wie man mich zur Kooperation bewegen kann. Ich würde gegen Herrn B arbeiten. Ich würde Justus nicht dazu anhalten, Aufforderungen einzuhalten. Diesen Eindruck von mir, von Herrn B verbreitet, hat der Biolehrer bestätigt. Zum Glück konnte ich dieses Missverständnis erklären und – habe aufgrund dieses schlimmen Vertrauensbruches, denn als das sehe ich dieses Schulbegleiter-Lehrergespräch an – den Chef gebeten, fürs neue Schuljahr einen anderen Begleiter zu suchen.

Die eMail ist schon beim Chef, Herrn B werde ich selbst nicht informieren. Es sind ja noch 7 harte Wochen bis Schuljahresende.

Und allein schafft Justus das nicht. Wie sagte er gestern früh ganz verzweifelt: „Ich bin so motiviert, zur Schule zu gehen und zu lernen, doch das Feuer ist erloschen und ich kann einfach nicht mehr. Ich weiß nicht, warum." Mein kleiner Philosoph kann trotz aller Missstimmung wunderbar über seine Situation reflektieren. Justus denkt seit einiger Zeit intensiv darüber nach, warum man lernen sollte, warum zur Schule gehen. Bisher hatte keiner eine für ihn zufriedenstellende Antwort und Justus' Eifer ließ immer weiter nach – keine Chance ein bisschen Feuer zu machen. Auf meine Frage gestern an seinen Lieblings-Mathelehrer, hatte dieser die genialste Antwort: „weil es Spaß macht." So einfach ist das, man muss nur drauf kommen.

(...) Und jetzt heißt es: Blick nach vorn – Auf ein neues, glückliches Schuljahr! Ich danke allen für die Kraft und die Entscheidungshilfen, die mir mitgegeben wurden. Nur so konnte ich vernünftige Argumente gelassen vorbringen. Ich denke, wir hatten Erfolg."

Schulbegleiterdebakel: Finale

Mein liebes Tagebuch erlebt mich heute mehr oder weniger sprachlos. Justus' Schulbegleiter, Herr B, hat sich vorhin beim Abholen von Justus von der Schule bei mir vielmals für die Fehler entschuldigt, die ihm in letzter Zeit unterlaufen seien. Er hätte manches falsch angepackt und im Eifer auch gegenüber den Lehrern oft etwas gesagt, was so nicht richtig gewesen wäre. Es täte ihm sehr leid. Man sehe ja auch, dass die von mir vor Kurzem wieder eingeführten Routinen Wirkung zeigen würden. Dass Justus mich seit ein paar Tagen auch nicht mehr anrufen würde und die Sache sich entspannt.

Nun, die Nachfrage bei Justus war eindeutig – er will seinen Schulbegleiter behalten. Die letzten Wochen wären ein „Eineichen" gewesen. Er hätte sich auf Herrn B einstellen müssen und wäre darum mit der Schule überfordert gewesen. Trotz all der körperlichen Übergriffe, der Flunkereien, des Misstrauens, des Miesmachens, des Unverständnisses, der extremen Empfindlichkeiten! Das wäre gestern gewesen, somit vorbei. Er hätte Herrn B getestet und will ihn unbedingt behalten. Nachtragend ist Justus wirklich nicht (im Gegensatz zu mir).

Er muss mit den Konsequenzen dann auch klarkommen und mögliche Streitigkeiten mit Herrn B ohne meine Einmischung austragen. Bevor ich jedoch beim Chef wieder zurückrudere und der Arbeitsvertrag bestehen bleibt, werde ich mir das noch ein paar Tage angucken. Es hat mir auf jeden Fall imponiert, dass und wie Herr B sich entschuldigt hat. Bin trotzdem leicht irritiert, was ich davon halten soll.

Juni

Da läuft was im Hintergrund

Ich rede täglich mit dem Schulbegleiter. Heute war ich ziemlich unwirsch, weil der Tag mal wieder zum Knicken war. Justus möchte wohl immer noch unbedingt an den Schlüssel des Schulbegleiters kommen, dieser ist darüber extrem ungehalten und es geht raus aus dem Unterricht. Täglich dieser Schlüsselquatsch, täglich Justus' Anrufe – ich halte das nicht mehr aus. Das Übergabegespräch war heute wieder sehr lang. Ich habe Justus' Therapeuten dazu etwas geschrieben. Noch einmal packe ich das nicht, darum hier der Originaltext (Schulbegleiter Herr B, Klassenleh-rerin Frau KL):

Sehr geehrter Herr Therapeut,

ich habe heute – eigentlich per Zufall, da Herr B ja nichts sagen darf und ich von Frau KL auch nichts gehört habe – mitbekommen, dass die Stimmung in der Schule bei einigen Lehrern wohl so sein soll, dass sie Justus nicht mehr an der Schule haben wollen. Auch bei den Klassenka-meraden scheint es so zu sein, dass man Justus nicht mehr in der Klasse haben möchte.

Da frage ich mich: Warum sagt die Schule mal wieder nichts? Warum lassen sie alles immer weiter eskalieren? Schon gestern hatte ich das Ge-fühl, das etwas nicht stimmt. Justus bekam von Frau KL die Anweisung, aus dem Unterricht zu gehen, wenn er etwas mit Herrn B bereden müsse. Der Aufforderung ist er nachgekommen. Den Hinweis, nun auch wieder reinzukommen, folgte er jedoch nicht, da er auf das Warum keine Antwort bekam. Nun sagte Frau KL wohl, wenn er nicht in den Unterricht kommt, bräuchte er auch nicht mehr in die Schule zu kommen. Justus erzählte mir dies und sagte dazu, die Stimme von Frau KL hätte geklungen, als wäre ein „Schuss" Wut in ihr. Diesen Ärger hat mir Herr B bestätigen können.

Mich lässt das alles verzweifeln und ich bin sehr unglücklich über die Situation. Hat sich die Schule bei Ihnen mal gemeldet, um Hilfe zu bitten oder einfach nachzufragen? Oder ist noch immer die Einstellung, keine Zeit für so was? Gibt es noch „Runde Tische"? Vermutlich nicht, da Sie mir das gesagt hätten. Ich verstehe die Schule einfach nicht. Sie wehren sich gegen alle Hilfen, reden nicht mit uns, antworten nicht, halten sich nicht an die Anweisungen des Schulministeriums, die ja ganz klar gesagt haben, was die Schule leisten muss.

Justus verpasst täglich Unterricht, das darf einfach nicht sein. Das ver-selbstständigt sich doch – und nach den Gründen fragt später keiner mehr. Justus' Schuld – na klar, das wird dann wieder gesagt. Dass Justus und Herr B derzeit nicht zusammenkommen, macht es erst richtig schlimm. Justus gehorcht nicht – klar, dass manch ein Lehrer dann den Grund allein beim Kind sucht, nicht auch die Situation berücksichtigt.

Was hat das Ganze bloß noch für einen Sinn? Ich weiß nicht mehr weiter. Was soll es bringen, Justus' Versetzung durchzusetzen, falls sie wirklich noch gefährdet ist? Rechtlich wäre das kein Problem. Doch ohne Rückhalt in der Schule beginnt wieder ein neuer Kampf. Das macht Justus irgendwann vollends kaputt. Sieht das keiner?

Schon wieder schütte ich Sie mit meinem Frust zu, doch für Justus' Einzeltherapie morgen müssen Sie ja wissen, was derzeit so passiert. ...

Soviel dazu. Und ich dachte immer irgendwie, das läuft schon. Manche Lehrer sind ja auch sehr kooperativ. Doch wenn zwei wichtige rebellieren, hat Justus keine Chance. In der Versetzungskonferenz werden sie die anderen mitziehen.

Und weg ist er

Und Justus ist damit einverstanden, ihn loszuwerden? O ja, spätestens seit heute! Justus hat heute die letzte Klassenarbeit geschrieben (Inhaltsbeschreibung und Eindrücke zu einer Passage aus einem Jugendbuch zum Thema „Verliebtsein".

Leider musste sich Herr B in der Stunde davor wieder mit Justus streiten, hat wieder seine „Geh-ein-paar-Meter-weg, damit-ich-aufschließen-kann-Show" abgezogen und Justus weiter genervt. Dann wurde es Justus zu viel: Er hat ihn rausgeschmissen und wollte die Arbeit alleine schreiben. Es hat wohl einige Diskussionen gegeben, doch der Typ ist dann endlich gegangen. Justus hat mich wieder mal verzweifelt angerufen und gemeint, es reiche jetzt. Er hätte ihm so viel Chancen gegeben, er wolle jetzt einen neuen Schulbegleiter. Es wird gemacht, was der Lehrer sagt. Dagegen wütet auch unser I-Helfer, da er meint, er müsse Justus zusätzlich Anweisungen im Unterricht geben – auch anstatt des Lehrers.

Also werde ich Herrn B heute schon verabschieden. Immerhin ist er ja eh nie dabei, wenn es darauf ankommt. Justus gelang es später nicht mehr, in den Unterricht zu kommen, weil das immer wieder von Herrn B vereitelt wurde. Schon gestern gab es einige Eklats. Unter anderem hat Justus seinen Latein-Klassenarbeitszettel zerrissen, weil Herr B da Dinge darauf geschrieben hatte, die Justus so nicht gesagt hat und außerdem hatte er vergessen, Justus die Konjugations- und Deklinationstabellen zu geben, die er in den Arbeiten nutzen darf. Klassenarbeit Note mangelhaft.

Jetzt steht noch ein Anruf beim Träger an, um dort mitzuteilen, dass wir ab sofort auf Begleitung verzichten – bis jemand Neues gefunden wird. Tja – ab kommender Woche spiele ich also Begleiter. Jedenfalls an den Tagen, an denen Chaos in der Schule herrscht: Sportfest, Projekttage, Schulgottesdienst. Alles andere sollte Justus auch alleine packen. ... ich bin ja im Unterricht nicht dabei, das wäre Justus unangenehm – verständlicherweise. Doch beim Sportfest ist das okay und beim Schulgottesdienst auch, denke ich. Hat er eben mal nicht alle Hausaufgaben, Pech. Ende Juni sind Zeugniskonferenzen, am 1.7. Zeugnisse. Das kriegen wir irgendwie rum. Besser als tägliche Verzweiflungsanrufe von Justus bei mir.

Jedenfalls habe ich das schon vor ein paar Wochen so mit Justus besprochen – gesetzt den Fall, Herr B kriegt den Dreh nicht. Also: mal wieder ein Schrecken mit Ende. Wie heißt es so schön: Aller guten Dinge sind drei (männliche Schulbegleiter).

Antrag auf Versetzung

Es tut mir leid, dass ich lange nicht aktiv mein Tagebuch geführt habe. So schulbegleiterlos bleibt noch mehr Arbeit an mir hängen. Und das sind wir eben: schulbegleiterlos. Und dazu noch die Aufgabe, Justus' Lehrer davon zu überzeugen, Justus' Wissensstand doch einfach nachzuprüfen, bevor sie ihn zu einer schlechten Note verdonnern.

Derzeit bin ich zutiefst enttäuscht oder unglücklich – ich weiß es selbst nicht mehr. All mein Reden der letzten Wochen und Monate hat nichts genützt – fast alle Lehrer haben Justus' häufigeres Fehlen im Unterricht mit einer schlechten Note geahndet. War er, als die Top-Schulbegleitung ging, noch auf einem Schnitt von 2,5, wird es jetzt wohl 4 Komma irgendwas werden. Und das meinem kleinen „Alleswisser". Auch er ist sehr verletzt deswegen.

Gestern meinte sein Biologielehrer zu ihm, nachdem er drei Wackelkandidaten mündlich befragt hatte, (statt des eigentlich angekündigten Tests): „Mal schauen, ob bei dir wenigstens was hängen geblieben ist."

Das hat Justus wirklich getroffen. Denselben Lehrer hat er in Sport – eigentlich sein 1er- oder 2er-Fach. Zu mir meinte der Lehrer, als ich ihn nach der Überprüfung in Bio ansprach: „Wenn er doch so selten da war." und „Da muss er eben nachfragen, wenn er was nicht verstanden hat, dann hätte er auch eine bessere Benotung in Badminton bekommen." Ach! Nun bekommt Justus eine 4 in Biologie, eine 3 in Sport – alles Fächer, bei denen es Justus leicht hätte – gerade bei den Themen dieses Halbjahres –, den Zeugnisschnitt anzuheben. Und auch andere Lehrer haben ihr Versprechen, Justus zusätzlich mündlich abzufragen und somit ein besseres Bild von seinen Kenntnissen zu bekommen, nicht in die Tat umgesetzt.

Ich muss natürlich anmerken, dass, während der Schulbegleiter noch da war, ein vernünftiges Abfragen gar nicht möglich gewesen wäre. Erst seit ein paar Tagen geht Justus ja wieder entspannter in den Unterricht und beteiligt sich auch fleißig. Hoffentlich fällt das noch auf. Im Prinzip war sowieso alles schon gelaufen, denn die Noten mussten gestern eingetragen werden. Da bin ich mal gespannt, wie es insgesamt so wird, denn ich habe meine Informationen von den schlechten Noten nur vom Hörensagen mancher Lehrer.

Nun habe ich gestern in Absprache mit der Klassenlehrerin den Antrag auf Versetzung formuliert, denn die Deutsch-Klassenarbeit zum Thema „Unerfüllte Liebe" ist wie erwartet völlig danebengegangen und somit gab es keinen Ausgleich für die eine 5 in Latein. Ich bin so sauer auf den Schulbegleiter, der das ganze Chaos dermaßen mit seiner Streiterei mitverschuldet hat.

Heute früh habe ich den Antrag in der Schule abgegeben, da die Versetzungskonferenzen aber erst am Montagvormittag sind, kann ich noch etwas nachreichen, wenn wesentliche Argumente fehlen. Ob ich mit meinem verärgertem Scheuklappenblick wesentliche Dinge vergessen habe zu erwähnen? Nun, hier ist er:

Sehr geehrte Frau KL,

besondere Gründe hinderten Justus im Laufe des Schuljahres 2008/2009 daran, sein Potenzial voll auszuschöpfen und die Leistung zu erbringen, die seinen Fähigkeiten entspricht.

Es war zeitlich nicht mehr möglich, den Leistungsstand laut Schulgesetz zu prüfen, somit beantragen wir im Namen unseres Sohnes die Versetzung gemäß § 21 Satz 3 APO-SI in die 8. Klasse, damit er dort sein Können unter Beweis stellen und wieder erfolgreich mitarbeiten kann. Im kommenden Schuljahr 2009/2010 soll ein neues Konzept Justus unterstützen und die durch die Behinderung bedingte Überforderung abwenden. Mit Hilfe eines neuen, fachlich versierten Integrationshelfers, Unterstützung durch das Therapiezentrum, differenzierterer und umfassenderer Anwendung von Nachteilsausgleichen sowie einzelner Unterrichtsstunden zur Festigung des Lehrstoffes in Latein wird sich am Endes des 8. Schuljahres zeigen, ob die Maßnahmen die gewünschte Wirkung erzielen.

Wir sind uns sicher, dass Justus die in ihn gesetzten Erwartungen wegen seiner Leistungsbereitschaft und seiner Begeisterung fürs Lernen erfüllen kann. Immerhin haben die letzten, entspannteren Tage schon wieder etwas von dem „alten" Justus aufblitzen lassen.

Vielen Dank für Ihre Unterstützung.

„Sieg", sagt die Klassenlehrerin – „Versetzt!"

Heute Nachmittag war Versetzungskonferenz für die Klasse 7. Die KL hatte von mir den Antrag und die Auflistung – siehe unten – bekommen. Die Lehrer haben wohl recht lange diskutiert und es hat viel Überzeugungsarbeit gebraucht – die Klassen- und die Schulleitung haben sich für Justus eingesetzt, doch im Endeffekt kam eines heraus: einstimmige Abstimmung für Justus' Versetzung in die 8. Was für eine Erleichterung!

PS: Die Konferenz hat auch angeregt, dass zu Beginn des neuen Schuljahres eine Informationsveranstaltung für die Lehrer stattfinden wird – diese Aussage hat mich ehrlich gesagt noch mehr gefreut.

Was sprach auch für eine Versetzung?

Liebe Frau KL,

ich weiß nicht, ob bei der Versetzungskonferenz die Zeit reicht, um Argumente für Justus' Versetzung in die 8 vorzutragen bzw. um die Kollegen von Justus' Fähigkeiten zu überzeugen. Für den Antrag fand ich solche Zusatzinfos unpassend, doch ich habe hier noch ein paar Punkte zusammengestellt, die laut Justus' Therapeuten bzw. der Autismusfachleute für eine Versetzung sprechen:

- Justus ist mittlerweile gut in die Klasse integriert
- ein gewohntes Lernumfeld mit bekannten Mitschülern und Lehrern verstärkt die bisher erreichten Erfolge
- es gibt für hochbegabte Autisten keine eigene Schulform
- Justus ist ehrlich und hilfsbereit und wissbegierig
- seine hohe Begabung erlaubt ihm, innerhalb kurzer Zeit Neues zu lernen
- Justus verhält sich so, wie es auch im Lehrerbrief beschrieben wurde
- er lernt und bekommt vieles mit, auch wenn er einmal abwesend erscheint
- Justus verweigert niemals absichtlich den Unterricht oder die Mitarbeit – wenn er etwas verweigert, dann aufgrund von Reizüberflutung
- viele seiner scheinbar unpassenden Reaktionen haben ihre Ursache im Unverständnis von sozialen Kontexten und dem Wunsch, das Gegenüber schmunzeln zu sehen
- vom Unterrichtsstoff der 7 hat Justus trotz aller Widrigkeiten das Wesentliche verstanden – allein die Kontrolle seines Wissens war aufgrund der Situation nicht mehr adäquat möglich
- die letzten Wochen und Monate waren für Justus extrem belastend. Es ist allein der kräftezehrenden Schulbegleitersituation anzulasten, dass Justus dem Unterricht nicht wie gewohnt folgen konnte und er viele Auszeiten brauchte
- die Tage, die Justus allein zur Schule gegangen ist, haben gezeigt, dass er da weniger belastet war und dafür pünktlich in den Unterricht gegangen ist und sich auch vermehrt beteiligt hat – der Schulalltag ist jedoch nicht immer gleich und oftmals unstrukturiert, sodass das für die nahe Zukunft keine Lösung ist
- Vertrauen in Justus' Können und Verständnis für seine schwerwiegende Behinderung erleichtern das Lehren und Lernen

- eine fachlich versierte Schulbegleitung kann einer erneuten Überforderung entgegenwirken
- die Dinge, die Justus selbst noch nicht möglich sind, z. B. Nachfragen bei Missverständnissen oder Erklärung von ungewöhnlichem Verhalten, kann ein einfühlsamer Schulbegleiter ausgleichen
- die autismustypische fehlende Selbstorganisation kann therapeutisch begleitet langsam automatisiert werden
- mit dem erneuten Bewusstsein für Justus' autistische Problematik, einem ausgefeilten Förderplan mit den entsprechenden Nachteilsausgleichen, den außerschulischen Hilfsmaßnahmen und einem Schuss Humor ist es ohne Zweifel möglich, Justus auch in der 8 erfolgreich integrativ zu beschulen.

Zu guter Letzt muss ich für mich sagen, dass ich einen Heidenrespekt vor den Anstrengungen habe, die mein Sohn täglich auf sich nimmt, um im Schulalltag trotz aller Einschränkungen, der Lautstärke, dem Gewusel, dem ganzen sensorischen Durcheinander irgendwie zurechtzukommen, zu funktionieren und sich in die Klassen- und Schulgemeinschaft einzufügen. Und ich möchte auch nicht vergessen zu betonen, dass all die o.g. manchmal negativ klingenden Aspekte von Justus' Behinderung aufgewogen werden durch einen fröhlichen, höflichen Charakter mit vielerlei Begabungen und Fähigkeiten, die es sich wieder zu entdecken lohnt.

Juli

Wieder viel Neues

Irgendwie habe ich das Gefühl, die Ferien rasen, ich komme kaum mit allem hinterher – immerhin müssen Justus und ich noch 21 Lektionen in Latein nachholen (Auflage der Schule für die Versetzung). Derzeit muss ich ganz locker bleiben. Eigentlich sollte am Donnerstag – nach 5 Wochen wieder ein HPG stattfinden, doch der Schulbegleiterdienst hat noch immer keinen neuen I-Helfer für Justus gefunden. Entweder waren die Interessenten ungeeignet oder die arbeitslosen Pädagogen wollten lieber nicht auf das minimal höhere Arbeitslosengeld verzichten. Na ja, muss ja jeder selbst wissen, ob er Berufserfahrung braucht oder nicht.

Ärgerlicherweise verlangt das JA nach den zwei Schulbegleiter-Desastern, dass erst, wenn ein Schulbegleiter gefunden ist, das erneute HPG stattfinden soll und erst danach darf der I-Helfer Justus kennenlernen. Na klasse – und dabei sind nur noch knapp 2,5 Wochen Ferien, und es sieht so aus, als ob Justus die ersten Schulwochen mal wieder allein zur Schule gehen muss. Wenn mir doch bloß einfallen würde – ein Gesetz oder so – ob das JA das einfach so aufs Spiel setzen darf und dass die erneute Integration im neuen Schuljahr scheitern könnte? Na ja, wer weiß, vielleicht klappt es ja ohne Schulbegleiter auch erst mal – Justus ist sowieso total genervt von dem Thema – verständlicherweise. Sehe ich es also locker und harre der Dinge, die da kommen.

Nächste Woche geht es für 6 Tage nach Kühlungsborn – nach Jahren endlich mal ausspannen. Alles andere schiebe ich auf die letzte Ferienwoche danach.

Obwohl: Sauer bin ich auf das JA schon – diese Art der Einmischung finde ich unmöglich. Immerhin kann man auch ohne einen festen Schulbegleiter schon besprechen, wie so eine erneute Zusammenarbeit mit Therapie, Schule, Schulbegleitung besser funktioniert. Strategien sind doch nicht von einer Person abhängig. Doch im Bescheid des letzten HPGs steht: Eine Kontaktaufnahme von I-Helfer und Justus vor einem erneuten HPG ist untersagt. Letzte Woche waren wir zur Verlaufskontrolle bei der Autismusambulanz – das war richtig klasse. Wir wurden in allem bestätigt, was wir in den letzten Wochen schulisch und wegen eines Kinder- und Jugendpsychiaters unternommen – bzw. nicht unternommen – haben. Wie gut, dass ich auf mein Gefühl gehört habe. Die Ambulanz unterstützt uns ganz wunderbar. Wie immer haben sich Justus, mein Mann und ich dort sehr gut aufgehoben gefühlt.

So, das war es fürs Erste: muss meine beiden seit Wochen schlafenden Finger erst mal wieder kneten, damit sie wacher werden und ich auch die Tasten drücken kann.

Oktober

Ein neuer Schulbegleiter

Ich schwanke seit Langem so hin und her, weil mich Justus' Schullaufbahn so sehr belastet. Vermutlich belastet es ihn noch mehr, denn es sind viele schlimme, ausgrenzende und auch wenig motivierende Dinge in der Zeit seit Schuljahresbeginn Mitte August geschehen. Zum Glück sind jetzt Ferien.

Und das uns, wo Justus vor einem Jahr der begeistertste Schüler war, der Ferien, Wochenende, schulfreie Zeit am liebsten verboten hätte. Doch zu diesen Vorkommnissen der letzten Wochen demnächst mehr.

Hier erst einmal eine wunderbare, entlastende, erfreuliche Nachricht: meine Lobeshymne an den Arbeitgeber von Justus' neuer Schulbegleitung.

„Es wird endlich mal Zeit, dass ich Ihnen meinen Eindruck von Justus' neuer Schulbegleitung schildere. Mal davon abgesehen, dass ich auch bei den letzten beiden Schulbegleitern – besser gesagt nur bei dem Letzten – zuerst einen positiven Eindruck hatte (obwohl da immer noch der Bonus des Dazulernens des I-Helfers bestand), so muss ich mir solche Sorgen bei Frau X nicht machen.

Nun sind schon vier Schulwochen mit ihr vergangen und mein Fazit nach dieser Zeit heißt aus vollem Herzen: Frau X ist einfach perfekt für diese Aufgabe. Sie bringt das richtige Einfühlungsvermögen und genug Verständnis und insbesondere Erfahrung für einen autistischen Schüler mit. Dabei hat sie es wirklich nicht leicht. Sie muss mit Justus die schrecklichen Erlebnisse des vergangenen Jahres aufarbeiten und gleichzeitig das Murren von Justus' Lehrern ertragen, die mittlerweile doch sehr ungeduldig sind, weil Justus nicht wie gewohnt ‚funktioniert'.

Sie glauben gar nicht, wie ich mich freue, dass es demnächst die Lehrerfortbildung gibt. Hoffentlich wird es dann einige Eindrücke für die Lehrer geben, die sie daran denken lassen, dass sie mit Justus keinen rein oppositionellen, sondern einen schwerbehinderten Schüler vor sich haben. Er muss ein Vielfaches von den Anstrengungen aufbringen, die die Klassenkameraden leisten müssen. Mir scheint, dies ist manchem Fachlehrer so nicht bewusst (oder einfach zu viel Arbeit). Trotz all meiner Lehrerbriefe, „Handlungsanweisungen", Lehrergespräche – also trotz aller Aufklärungsarbeit.

Frau X bewegt sich toll zwischen all diesen Stühlen. Was ich ihr hoch anrechne, ist auf jeden Fall, dass sie bei allem Unmut, der derzeit bei Lehrern, Mitschülern und Eltern zu spüren ist, immer zu Justus hält und seine psychische Gesundheit im Blick behält. Sie begegnet ihm mit Vertrauen und bedrängt ihn nicht, sie fordert ihn mit klaren Anweisungen, doch quält ihn nicht. Sie nimmt ihn einfach an. Bewundernswert."

Justus verabschiedet sich jeden Tag bei der I-Hilfe mit „Einen schönen Tag, Ersatz-Engel". Die tolle Schulbegleitung von damals, die ihn über zwei Jahre betreut hat, hat Justus zum Abschied einen Schutzengel geschenkt, der auf ihn aufpassen soll. Nun hat diese Aufgabe die neue Schulbegleitung übernommen. Nur schade, dass es ein Jahr gedauert hat, bis Justus wieder so ernst genommen und liebevoll begleitet wurde.

Es ist eine Wohltat, wieder einen Mitstreiter an der Seite zu wissen, der Justus durch die Wirren des Schulalltages führt – und ihn auch mal rausnimmt, wenn es einfach zu chaotisch wird. Alles Dinge, die ich ein Jahr lang vermisst habe.

Nun genieße ich ebensolche Sonnenstrahlen, wie sie Justus' neue Schulbegleitung aussendet.

November

Justus' Schulalltag – der Grund für seine schlechten Noten

Da ich es ein, zwei Seiten vorher schon angekündigt habe, möchte ich nun von Justus' Schulalltag erzählen. Es ist eine Aufzählung von Dingen bzw. Situationen, die in den letzten Wochen geschehen sind und die ich als Auslöser sehe, dass Justus derzeit so massive Probleme in der Schule hat.

Ich bin sehr glücklich über Justus' Schulbegleitung. Sie hat auch heute Justus sozusagen außerhalb des Unterrichts begleitet, denn Justus war nach der heutigen ersten Stunde so von der Rolle, dass es ihm nicht mehr möglich war, am Unterricht teilzunehmen. Leider haben einige seiner Lehrer nicht mehr soviel Geduld und wirken mehr als genervt. Wie wunderbar, dass in ein paar Wochen endlich die Lehrerfortbildung ist. Nach dreieinhalb Jahren wird es auch Zeit.

Hier Justus' Schulalltag aus einem Bericht an seinen Therapeuten:

- „Justus grüßt morgens zwei Klassenkameraden mit einem fröhlichen „Guten Morgen" und erhält von ihnen täglich über mehrere Wochen ein „Fick dich" zur Antwort.
- Er tippt auf dem lauten Klassenflur einem Klassenkameraden auf die Schulter, um ihn etwas zu fragen. Der dreht sich um, rammt ihm die Faust in die Brust und meint: „Tschuldigung, war ein Reflex!"
- Im Sportunterricht bekommt Justus einen Basketball direkt ins Gesicht geworfen, ohne Chance, den Ball abzuwehren. Keine Reaktion, keine Entschuldigung des Werfers.
- Justus sitzt während des Sportunterrichts mit einem Teamkollegen auf der Bank, greift hinter ihm her zum gemeinsamen Ball. Mit dem Ellenbogen bekommt er so kräftig einen auf die Nase, dass es stark blutet und Justus nicht mehr am Sport teilnehmen kann. Kein Wort der Entschuldigung.
- Nach dem Schulunterricht stolpert Justus über einen Vorsprung auf dem Pausenhof, der schwere Tornister reißt ihn so unglücklich runter, dass er mit einem Verdacht auf Schulterbruch ins Krankenhaus muss. Herumstehende Schüler lachen, keiner hilft ihm auf, keiner holt Hilfe.
- Es ist sehr laut in der Klasse, Justus wirkt unruhig. Ein Klassenkamerad macht sich den Spaß, Justus ganz laut ins Ohr zu schreien. Justus kompensiert den Rest des Tages, indem er in seinem „Schmierblock" malt, um sich zu beruhigen. Manchem Lehrer passt das gar nicht und sie weisen ihn zurecht.
- An einem anderen Tag will Justus sich aufgrund der Enge im Klassenzimmer zu seinem Platz zwischen anderen Tischen hindurchquetschen. Ein Fuß stellt sich ihm in den Weg. Keine Entschuldigung, doch lautes Gelächter.

- Justus soll mit einem Klassenkameraden einen Versuch aufbauen, doch der wendet sich von ihm ab und verweigert die Mitarbeit, sodass es Justus dann nicht schafft, den Versuch zeitlich noch zu Ende zu bringen und die Ergebnisse zu dokumentieren
- Justus hat sich mit seinen Hausaufgaben für eine Gruppenarbeit viel Mühe gegeben, doch Klassenkameraden malen ihm seine Fotos an. Zu guter Letzt wird auf die Präsentation der Ergebnisse verzichtet.
- In der Schule gibt es für eine ruhige Pause seit Kurzem einen „Schweigegarten". Wollte Justus ihn bisher aufsuchen, hörte er nur ein harsches „Hau ab" anderer Schüler und trollte sich. Somit war sein Rückzugspunkt wieder der „Rote Platz" am unteren Sportplatz (ein Ort, zu dem er früher oft mit Frau W gegangen war, wenn es allzu unruhig wurde).
- Die Lautstärke in der Klasse ist so immens, dass Justus oft schon nach der 4. Stunde völlig erschöpft ist, Kopfschmerzen hat und seine Zeit nur noch absitzen kann. Für Fächer, die nur später unterrichtet werden, verheerend.
- Häufiger Platzwechsel der Klassenkameraden bringt Justus' System häufiger durcheinander; besonders wenn wieder einer der Schüler, die Justus auf dem Kieker haben, in seine Nähe rückt und er mit Abwehren abgelenkt ist.
- Eltern von Klassenkameraden bezeichneten Justus vor ein paar Wochen als aggressiv. Er hätte andere Kinder angegriffen, mit Stühlen geworfen, sei für Leistungseinbrüche ihrer Kinder verantwortlich. Bisher hat sich nichts davon als wahr erwiesen, die Gerüchteküche brodelt jedoch unvermindert weiter. Unermüdliche Aufklärung der Eltern und Bitten um Verständnis und Rücksicht seit Beginn der 5. Klasse und Wiederholung Anfang der 7. Klasse (neue Zusammensetzung der Schüler) hat die Wut mancher Eltern nicht beschwichtigen können.
- In der letzten Zeit wird vermehrt der Vorwurf – auch von Vertretungslehrern – laut, Justus verhalte sich gegenüber Frau X respektlos und folge ihren Anweisungen nicht. Dass die Beurteilung, inwieweit Justus wirklich respektlos und unfolgsam

ist, allein Frau X zusteht, steht erstaunlicherweise nicht zur Debatte. Dass es viele Vorkommnisse gibt, die Justus' mühsam aufgebaute Routine völlig außer Kontrolle bringen und ihm die Konzentration auf den Unterricht erschweren oder auch ganz zunichtemachen ist manchem Lehrer nicht bewusst. Denn einige drängen mit „Ausschimpfen", „Drohen" und „Rauswurf aus dem Unterricht" Justus noch mehr in eine Panik und machen es durch ihr rigides Verhalten eher schlimmer als besser. Als Folge verweigert Justus erst recht die Mitarbeit – aufgrund von Erschöpfung, weniger wegen Disziplin- und Respektlosigkeit.

Hier einige der Vorfälle, die Justus regelrecht aus der Fassung gebracht haben:

- Eine Klassenarbeit ist angesetzt, die wegen der bis zu 50-prozentigen Zeitverlängerung über die große Pause gehen müsste. Danach soll ein wissenschaftlicher Ausflug mit dem Umweltkurs anschließen. Justus bittet um eine Verschiebung der Pause auf später, damit er eine Pause hat und trotzdem länger schreiben kann. Der Ausflug ist ihm wichtig. Zur Antwort bekommt er recht unwirsch, entweder er könne länger schreiben und müsse auf die Pause eben verzichten oder aber er müsse auf den Nachteilsausgleich verzichten. Entweder – oder, beides ginge nicht. Justus hat das so aus dem Konzept gebracht, dass es ihm erst nach langwierigem Zureden möglich war, die Arbeit zu beginnen. Er hatte dann nur noch 25 Minuten und natürlich nur einen Teil geschafft. Eine Woche später durfte er in einer Physikstunde weitere 20 Minuten lang einige Aufgaben mündlich beantworten.
- Justus war krank, als ein Test geschrieben wurde. Er und ein anderer Klassenkamerad sollten ihn nach den Herbstferien nachschreiben. Nun nimmt ihn am Tag vor den Herbstferien die Lehrerin zur Seite und will ihn mündlich prüfen. Justus verweist darauf, dass alle Schüler in der ersten Stunde für 10 Minuten für ein Projekt Zeitung lesen müssen. Die Lehrerin verweigert ihm dies und prüft ihn im Klassenraum, während

die anderen lesen. Zeitungen sind für Justus keine übrig. Es sind noch ein Physiktest in der 5. und ein Englischtest in der 6. Stunde angesetzt. Justus schafft die volle Stundenzahl (7) nicht und geht auch wegen des unerträglichen Lärms an diesem Tag während der 6. Stunde nach Hause. Der Englischtest wird kurzfristig verschoben.

- Ein Thema in einer Arbeit ist es, eine ausgedachte Geschichte mit einem Helden im All zu schreiben. Voller Eifer schreibt Justus, und schreibt und schreibt. Dreimal so lang wie vorgegeben, doch für Zeit und Menge hat er kein Gespür – ihn fasziniert seine Weltraumgeschichte. Alle anderen, wichtigeren Aufgaben kann er nur noch kurz beantworten. Die Lehrerin lässt ihn diese nachschreiben. Durch diverse Missverständnisse und Fehler in der Ausführung bekommt Justus so viele Punkte abgezogen (für einen zu langen Text, für vergessene Unterstreichungen und dergleichen), dass die Arbeit mit 5- bewertet wird.

- Nach den Herbstferien erwartet Justus den gleichen Tagesablauf, wie er sich über zwei Monate bewährt hat. Doch ohne Vorankündigung soll er den Unterricht in der Klasse und nicht in der Mediothek verfolgen. Justus ist so erbost und verwirrt, dass er in den folgenden Stunden Probleme hat, dem Unterricht zu folgen.

- Justus hat Bauchweh und Bauchgrummeln und sagt es den Lehrern und auch Frau X nicht. Er getraut sich nicht, sich viel zu bewegen – aus Sorge, es gäbe laute Geräusche. Somit fotografiert er die Tafel nicht ab und übergibt Frau X auch nicht die Kamera, um sie zu bitten. In der folgenden Sportstunde zieht sich Justus nicht um. Als der Lehrer mit ihm laut schimpft und ihn fragt, ob er denn überhaupt noch an Sport teilnehmen will, sagt er ehrlicherweise „Nein", denn Sportunterricht ist für Justus eine Qual. Sämtliche guten Leistungen der letzten Wochen sind vergessen, der Lehrer geht davon aus, dass Justus sich weiterhin „grundlos" verweigern will.

- Für Justus ist in der ersten Stunde ein Test angesetzt, doch seinem Wunsch, den Test sofort zu schreiben (wie das bei Klassenarbeiten und Tests in der ersten Stunde gehandhabt wird) und das Zeitunglesen auf die Zeit danach zu verschieben, wird nicht entsprochen. Der Test wird zu einem Problem, der Tag ist nicht mehr zu retten. Am Nachmittag ist Justus so erschöpft, dass er ihn verschläft.

- Durch viele schlechte Noten und kaum Erfolgserlebnisse geht die Leistungsspirale und die mündliche Mitarbeit immer weiter nach unten und die schon erreichten Erfolge geraten in den Hintergrund. Justus empfindet das so, dass seit Frau X ihn so erfolgreich begleitet, die Lehrer in ihrem Bestreben, ihn zu unterstützen und zu fordern nachgelassen haben. Die ihnen obliegenden Aufgaben delegieren sie an die Schulbegleitung.

- Häufig bekommt Justus handschriftliche Notizen auf Arbeitsblättern oder zu Klassenarbeiten. Doch er kann sie nicht entziffern. Zettel mit zu kleiner Schrift, einer großen Menge Aufgaben oder einem Durcheinander von Bildern verhindern, dass er Aufgaben ordentlich bearbeitet. Auf Nachfrage des Lehrers, ob er alles verstanden habe, antwortet er meist mit Ja. Leider arbeitet er die Aufgaben nicht so präzise ab, wie sie vorgegeben werden, er vergisst die klein geschriebenen Anweisungen zu lesen und übersieht so oft wesentliche Vorgaben für die Lösung. Ergebnis: eine 5 nach der anderen bei Dingen, die er eigentlich können müsste.

Kein Wunder, dass Justus an manchen Tagen die Kraft fehlt, dem Unterricht so zu folgen, wie er gerne möchte und wie es ihm auch wichtig wäre, nicht wahr? Kein Wunder, dass er manchmal regelrecht körperlich erschöpft ist.

Alles konnte ich nicht beschreiben, es ist nämlich noch viel mehr passiert. Es ist ein Glück, dass durch Frau Xs Gegenwart, Justus psychisch stabil ist und er trotzdem viel lachen kann – nach der Schule und zu Hause. Ihn selbst macht einfach seine physische Erschöpfung und manch ein Lehrer, der darauf schimpfend, weil ohne Verständnis, reagiert, sehr traurig. Ohne Justus' sonniges Gemüt und eine fröhliche und stabilisierende I-Hilfe an seiner Seite müssten wir uns alle sicher mehr Sorgen machen. Gottseidank hat das Schulbegleiterdebakel ein Ende.

Jetzt braucht es nur noch einen positiven Anstoß für das Verhältnis von Justus zu den Lehrern, die ihn zu der entspannten Zeit von Frau W noch nicht ausreichend kennengelernt haben. Das Verhältnis von Justus zu den Lehrern und natürlich auch umgekehrt, das ist meines Erachtens die Lösung aller Widrigkeiten, die momentan Justus' Lerneifer im Wege stehen. Ihm fehlt die Anerkennung seiner Leistung. Dann kann er auch die Ablehnung von Schulkameraden und Eltern leichter ignorieren und sich wieder auf den Spaß am Lernen konzentrieren."

Sicher können viele Asperger-Eltern – und auch andere – nachvollziehen, wieso ich derzeit etwas nah am Wasser gebaut habe. Ich bin zutiefst enttäuscht, dass meine ganze „Aufklärungsarbeit" auf Lehrer- und Elternseite durch das letzte harte Schulbegleiter-Debakel-Jahr und das Vertrauen der Lehrer in Justus zerstört wurde. Genau genommen denke ich: „Mein armes Kind." Doch vielleicht bin ich zu voreingenommen? Ich weiß es nicht.

Elternsprechtag und Gespräch mit der Schulleitung

Letzten Freitag war Elternsprechtag. Ich habe mir nur die „lieben" Lehrer rausgesucht, auf Konfrontation hatte ich keine Lust. Leider hatte der Schulleiter zum Schluss dann doch keine Zeit für meinen Mann und mich und den Termin habe ich heute allein nachgeholt. Ich habe ordentlich gebibbert.

Nach dem Elternsprechtag hatte ich wirklich Hoffnung, dass wir noch einiges hingedreht bekommen und auf mehr Verständnis für Justus' Anderssein hoffen können. Und auch, dass die Zusammenarbeit zwischen den Lehrern und der Schulbegleitung endlich klappt und nicht durch dummes Gerede verseucht wird.

Es hatte sich nämlich herausgestellt, dass manche Lehrer unseren Lehrerbrief und die Infoseiten gar nicht bekommen hatten. Warum auch immer. Einer hatte noch nicht einmal Ahnung davon, dass Justus LRS hat, geschweige denn davon, dass im Lehrerzimmer ein Autismusordner steht.

Erstaunlich nur, dass es gerade tolle Lehrer waren. Sie haben sofort ihre Notengebung unter den neuen Gesichtspunkten überdacht.

Ich kopiere die Informationen an den Therapeuten zum Gespräch mit dem Direktor hier in mein Tagebuch. Er hat viele Vorschläge gemacht, manche müssen wir noch in der Familie diskutieren – z. B. Latein. Eigentlich möchte ich die ganze Zeit seufzen, doch ich sollte lieber die Fortbildung abwarten und hoffen – und auf Justus' Einsatz und Können vertrauen.

Hier nun:

„Ich war von 9:45 bis 11:00 Uhr beim Direktor, hatte selbst um den Termin gebeten. Eigentlich war es mein Ziel, ihm von den Vorkommnissen mit den Klassenkameraden und zum Teil fehlenden Verständnis mancher Lehrer zu berichten, um gemeinsam eine Strategie zu entwickeln, was man tun kann, damit Justus' Wunsch, an der Schule zu bleiben, leichter zu erreichen ist. Und dass er nicht so leicht Repressalien ausgesetzt ist. Zudem erhoffte ich Hilfe beim Ziel, wie Justus langfristig selbstständig den Schulalltag bestehen kann. Dafür müssen alle an einem Strang ziehen und das funktioniere aus vielerlei Gründen noch nicht.

Erstaunlicherweise hatte der Direktor eine riesige Liste vor sich, die er mit mir besprechen wollte. Meine Beispiele und mein Werben um Verständnis für Justus konnte ich nur zum Teil einbringen. Im Prinzip kein Problem, denn auf die Kernpunkte sind wir auch so gekommen – wenn auch aus einem anderen Blickwinkel.

Mein Thema „Reaktion von Schülern und Lehrern auf Justus" war schnell abgehakt. Es wurde mit dem Hinweis auf die kommende Lehrerfortbildung erst mal beiseitegelassen.

Die weiteren Themen:

- Funktion und Aufgaben der Schulbegleitung
- Justus' Noten und sein Verbleib auf dem Gymnasium
- Wille zur Leistung
- Alternative: Förderschule
- Klasse wiederholen, Rückstufung

- Antrag auf Aussetzung der Sportnoten bei Mannschaftssportarten
- Verzicht auf Latein (dadurch möglicherweise Verzicht aufs Abitur)
- zeitweilige Befreiung vom Unterricht

Dann ging es um die Schulbegleitung: Hier ging es Herrn Schulleiter darum, dass es wichtig sei, dass die Aufgabe von Frau X „Justus das Lernen lehren" sei. Fachliche Dinge seien allein Sache der Lehrer. Auf meine Nachfrage, was er damit meine, sagte er: „Frau X dürfe Justus zum Beispiel nicht 3+4=7 vorsagen". Eigentlich eine reine Selbstverständlichkeit. Als wenn sie vorsagen würde.

Der Direktor wies zudem darauf hin, es sei ihm zugetragen worden, Justus sei respektlos gegenüber Frau X und würde ihren Anweisungen nicht Folge leisten. Er müsse lernen, dass Lehrer und Frau X ihm gegenüber weisungsbefugt seien.

Dieser Hinweis hat jedoch keine Grundlage. Ich erwähnte gegenüber dem Schulleiter, dass ein Lehrer, der meine, so ein Verhalten beobachtet zu haben, Frau X. darauf ansprechen müsse. Ein ungeübter Beobachter könne vielleicht solche Schlüsse wie Verweigerung oder Respektlosigkeit ziehen. Solche Situationen hätten aber einen Hintergrund, vor dem Frau X so reagiert hat, wie es ihr fachlich richtig erschien.

Zusammengefasst meinte der Direktor, Frau X bekäme die Anweisungen für ihre Arbeit von der Schule und von ihrem Arbeitgeber. Ob er damit meinte, sie bekäme sie nicht von mir? Er sagte zwar etwas Ähnliches, das fällt mir aber erst jetzt nachträglich auf.

Das nächste Thema war Justus' Verbleib an der Schule. Wenn Justus, so wie es sein Wunsch sei, bleiben wolle, dann müsse er auch die geforderte Leistung erbringen und den Sinn des Ganzen auch einsehen – im Rahmen und mit Unterstützung der eingeleiteten Maßnahmen. Ich hatte ihn darum gebeten, Justus bis zum Ende des Schuljahres Zeit zu lassen, sein früheres Niveau wieder zu erreichen. Er hat ein Jahr lang Schlimmes erlebt und fasse erst langsam wieder Vertrauen. Meiner Ansicht nach ein Erfolg für Frau X und ihre Fähigkeit, Justus Stabilität und Vertrauen zu bieten. Zudem wäre Justus' „Selbsterkenntnis" und Eigenwahrnehmung auch in der Therapie ein Thema und es würde daran gearbeitet.

Der Direktor hatte mit einer Dezernentin der Bezirksregierung gesprochen. Dort gab es die Information, für Justus käme, sollte er es nicht schaffen, nur die Förderschule infrage. Generell sei man jedoch der Meinung, Justus sei auf dem Gymnasium richtig. Es wäre jedoch eine Möglichkeit, das Verfahren zum sonderpädagogischen Förderbedarf einzuleiten, so die Bezirksregierung. Ich habe dem Direktor von dem früheren, jedoch am Gymnasium aufgehobenen Förderbedarf noch einmal berichtet. Genauso wie über die bestehende Hochbegabung. Diese Dinge waren ihm nicht mehr präsent. Er wie auch ich sahen keinen Sinn in dem sonderpädagogischen Verfahren. Die zwei Stunden Förderung pro Woche würden Justus Zeit für die Schulfächer rauben und der Schule keinen direkten Nutzen bringen. Die Therapie brächte mehr.

Das Gespräch des Schulleiters mit dem Bezirks-Autismuskoordinator habe gezeigt, dass der Vorschlag, Justus eine Klasse zurückstufen zu lassen, ebenfalls nicht sinnvoll sei, da zu viele Wiederholungen, Justus vermutlich verweigern lassen würden. Er hätte gehört, Justus hätte einen Arbeitszettel zerrissen, nachdem er gesehen hatte, dass er ihn schon kennt und ihn nicht noch einmal bearbeiten wollte. Wegen der Problematik mit dem zu wiederholenden Lehrstoff konnte ich dem Direktor zustimmen. Das wäre auch für uns ein Grund, darauf zu verzichten.

Mein Antrag vom Montag, bei Justus auf die Benotung der Mannschaftssportarten zu verzichten, wurde vom Schulleiter angenommen. Die Problematik mit dem Sportlehrer, also der Auslöser für meinen Antrag, habe ich ihm ohne die Nennung von Namen berichtet, doch auch das sei ein Thema, das sich nach der Fortbildung bessern müsste, so der Schulleiter.

Er machte zwei Vorschläge, um Justus den Verbleib auf der Schule zu erleichtern. Zum einen ging es darum, ihm ab sofort den Lateinunterricht zu erlassen. Er würde dann auf Realschulniveau benotet und hätte nach der 9. einen Realschulabschluss. Jedoch könne er nur mit einem Qualifikationsvermerk in die Oberstufe übergehen. Da sah der Direktor Schwierigkeiten. Mit seinen jetzigen Noten sei das nicht vorstellbar. Justus jedoch findet diesen Vorschlag toll. Er bringt sich ja Latein derzeit selbst bei. Wie sich heute leider zeigte, hat das noch nicht den gewünschten Erfolg, trotz allen Lernens. Vor diesem Hintergrund kann ich dem zustimmen, dass Justus auf Latein verzichtet. Ich hatte ja noch die Hoffnung, dass er eine 4 hinbekommt und die gefährdete Versetzung dann kein Thema mehr ist. Bisher war der Verzicht auf Latein kein Thema in der Schule – erstaunlich, dass es jetzt vorgeschlagen wurde. Vielleicht weil sich kein geeigneter Lehrer gefunden hat, der Justus unterstützen wollte. Allein, ohne entsprechende Übungsaufgaben, ist das Selbstlernen ein Problem.

Justus freut sich jedenfalls darauf, wenn er in der Oberstufe noch einmal Latein von Anfang an lernen darf. Das ist ja schon seit einem Jahr sein Wunsch. Er will alles dafür tun, den Qualifikationsvermerk zu bekommen.

Der zweite Vorschlag des Direktors bezog sich auf Justus' Erschöpfung, wenn es im Unterricht hoch hergeht oder ihn etwas aus dem Konzept gebracht hat. Er bot an, Justus nur einen Teil der Stunden im Unterricht mitmachen zu lassen. Wenn sich eine Erschöpfung zeigen würde, könne man ihn aus dem Unterricht nehmen, etwas spazieren gehen und sich entspannen. Nach Hause gehen wäre jedoch nicht mit in der Überlegung. In der „Freistunde" solle Justus sich schon um seine Hausaufgaben kümmern oder andere Aufgaben erledigen und vieles selbst schreiben. Es ginge nicht darum, jeden Tag erste bis vierte Stunde Unterricht und dann „Freiarbeit", sondern je nachdem, wie erschöpft Justus sei. Ich wies ihn darauf hin, dass Justus, wenn er erschöpft sei, keine Kraft mehr für Aufgabenerledigung habe. Sobald er wieder Kraft habe, würde er sicher lieber im Unterricht mitmachen. Der Vorschlag blieb jedoch unverändert bestehen. Die Schule möchte Krankmeldungen vermeiden.

Voraussetzung für die „Freistunden" sei jedoch, dass Justus den Unterrichtsstoff nacharbeite, sodass es nicht so wäre, dass er bei einer Klassenarbeit Lücken habe und dann auf die fehlenden Stunden verweisen würde. Na ja, Versäumtes nachgeholt hat Justus bisher ja auch immer. Für mich kein Thema. Bleibt nur die Frage, wie Justus an die Inhalte möglicher versäumter Stunden kommt. Bisher ist oft vergessen worden, Justus über wichtige Dinge nachträglich zu informieren. Ob Tests oder Ausflüge –

ohne Kenntnis davon kann ich Justus auch nicht darauf vorbereiten und Irritationen sind vorprogrammiert."

Und nun frage ich mich, ob es sinnvoll ist, Justus von Latein befreien zu lassen? Auf die Gefahr hin, dass er entweder die Qualifikation nicht schafft oder in der Oberstufe Probleme mit dem Lateinnachholen bekommt?

Auch das mit den „Freistunden" finde ich schwierig. Erschöpft ist erschöpft. Wie soll Justus da noch Hausaufgaben in der Schule erledigen? Dann kann er auch in den Unterricht gehen.

Heute Vormittag war ich noch recht zuversichtlich, doch so im Nachhinein – da ich erfahren habe, dass es mit der Lateinarbeit nicht geklappt hat -, bricht mein Gedankenmodell etwas auseinander.

Einzige Lösung ist, wie gesagt, Vertrauen in Justus. Dann löst sich alles von allein. Vertrauen von uns Eltern, von den Lehrern, von der Schulbegleitung, von den Therapeuten. Das motiviert Justus. Lässt mich hoffen, dass die Lehrer wieder Vertrauen bekommen. Die anderen haben es ja schon.

Justus bleibt zu Hause

Also – auch wenn es die Schulleitung ärgert – ab heute hat Justus bis Samstag ein Attest vom Arzt und ist vom Unterricht befreit. Der Arzt war sehr verständnisvoll, wir haben ihm aber auch nichts vorgelogen, sondern erzählt, was die letzten Wochen, Monate ... passiert ist und Justus sozusagen auf den Magen geschlagen ist.

Kurze Ruhepause – dann wieder auf in den Kampf. Zum Glück ist am 3.12. die Lehrerfortbildung – unter Beteiligung des Autismuskoordinators unserer Bezirksregierung. Prima.

Auch der Schulrat des Kreises will mit unserem Schulleiter sprechen. Für Justus sprechen wohlbemerkt. Leider hat der Direktor seinen Bonus bei Justus verspielt, indem er Justus anscheinend fehlenden Leistungswillen unterstellt – und absichtliches Krankmelden, ohne krank zu sein.

Hoffentlich wird alles wieder gut – dieses Szenario bei uns scheint es bei vielen Autisten an Gymnasien zu geben. Alle 7. oder 8. Klasse, überall Unverständnis der Lehrer (einiger weniger, doch die reichen) gegenüber dem Schüler.

Für Justus ist das mittlerweile so schlimm, dass er mit dem Kopf vor eine Wand haut und um einen Rollstuhl bittet, nur, damit man ihm die Behinderung ansieht und ihm auch mal hilft, nicht nur schimpft. Das macht mich doch sehr traurig.

Ich setze alles auf die Fortbildung, denn danach ist die Schule in der Pflicht, eine klare Aussage zu machen: ja oder nein. Eine akzeptable Lernatmosphäre schaffen oder aufgeben.

Dezember

Wie geht es mit Justus weiter? Zur Schule zitiert

Gestern Nachmittag war die Lehrerfortbildung. Ich habe absolut keine Ahnung, was genau dort besprochen und im Endeffekt ausgehandelt wurde. Es sollte jedenfalls mal von den Therapeuten aus ganz plakativ dargestellt werden, wo Justus unbedingt Hilfe und Unterstützung braucht und was die Schule mindestens leisten muss und ob sie das auch will. Das war das Thema.

Nun hat heute Morgen (besser heute früh um 7:30 Uhr) mehrfach die Schule bei mir angerufen (sogar auf dem Notfall-Mobiltelfon), damit ich einen Termin heute um 12:45 Uhr beim Direktor wahrnehme. Es wäre sehr dringend, nur der Termin wäre möglich. Na, zum Glück passte es so mehr oder weniger mit Justus' Stundenplan, sodass ich nicht noch ein drittes Mal zur Schule gurken muss.

Wie das nun so ist, ist keiner zu sprechen, der gestern die Fortbildung mit geleitet hat. Der eine ist zum Beispiel heute krank. Ist das ein schlechtes Zeichen?

Ich wurde ja schon mal nach so einem Runden Tisch zur Schulleitung gebeten, doch da war ich nicht allein und wusste auch in etwa, was vorher besprochen wurde. Damals hat der Direktor ja ganz was anderes vorge-schlagen als von mir erwartet. Und heute? Hilfe, was kommt heute auf mich zu? Ich möchte nicht vor Entscheidungen gestellt werden, deren Tragweite ich erst zu Hause in Ruhe besprechen und abschätzen muss. Doch vielleicht gibt es ja ein paar tolle Ideen, die Justus – und der Schule – weiterhelfen.

Hoffentlich wird alles gut, denn ich denke an Justus, der sich gerade mit einem Zeitungsbericht in einer Deutscharbeit quält und am liebsten nicht zur Schule gehen würde, weil er sich so unverstanden und mittler-weile vom Direktor verraten fühlt.

Das Gespräch

Das Gespräch ist nun vorbei, dauerte nur knapp 20 Minuten, da einen Direktoren ja auch gerne mal warten lassen, während man abgehetzt im Vorzimmer sitzt.

Was ich von dem Entgegenkommen der Schule halten soll, weiß ich so gar nicht. Das muss ich erst mal lang und breit mit meinem Mann und Justus besprechen und ein paarmal darüber schlafen. Bis kommenden Freitag soll ich unsere Entscheidung mitteilen.

Es ist vorgesehen, dass Justus ab sofort auf Latein verzichtet, was je-doch heißt, dass er an dieser Schule nur noch 1,5 Jahre beschult wird (falls ich nicht noch irgendwo ein Schlupfloch finde. Er muss also nach der 9. Klasse gehen. Bis zum Ende dieses Halbjahres (bis Ende Januar) soll er nur noch seine Lieblingsfächer machen, die Noten des Halbjahreszeugnis-ses werden ausgesetzt.

Er wird also nur noch in Chemie, Physik, Mathematik und Umwelt-Differenzierung beschult, also 12 Stunden, plus 3 Englischstunden, wo er sich mit Arbeitsblättern der Englischlehrerin den Unterrichtsstoff selbst beibringen soll. Verzichten wird er vorerst auf Deutsch, Latein, Religion, Sport, Musik und Politik – also 16 Stunden. Mindestens vier Stunden davon (die Sportstunden u.a.) muss er mit Bewegung an der frischen Luft verbringen. In Politik ist ihm freigestellt, ein Referat bzw. eine Projekt-arbeit zu gestalten.

Das bedeutet, dass er an manchen Tagen erst zur 2. oder zur 3. Stunde zur Schule geht und an anderen Tagen nach der 2. Stunde keinen Unterricht mehr hat (ziemlich durcheinander dann unser Tagesablauf, finde ich. Unsere morgendlichen Rituale sind dann völlig außer Kontrolle). Sein Tagesablauf besteht bis Ende Januar dann aus Unmengen von Freistunden, weil die erste und die letzte Stunde nur zu den unterrichteten Fächern gehören.

Ziel des Entgegenkommens sei es, Justus zu entlasten (erstaunlicherweise bei all den Fachlehrern, die bisher am meisten mit Justus zu kämpfen und zu schimpfen hatten – auch bei der KL). Auf meine Bitte hin würde Justus auch für die bisher erbrachte Leistung ein Zeugnis bekommen, damit er wenigstens in den Fächern, die er weiter belegt, eine Bestätigung bekommt und nicht die ganze Lernerei der letzten Monate für die Katz war. Ein Zeugnis in Schriftform habe ich abgelehnt.

Sein Lieblingslehrer soll ihn in der nächsten Zeit noch einmal ansprechen und ihm alles erklären, auch das, was er zu leisten hat, um das Entgegenkommen zu rechtfertigen und bei ihm die Freude an der Schule bzw. dem Lernen wieder zu entfachen.

Zusammengefasst: Ein Abitur an der jetzigen Schule kann Justus abhaken – das wird ihn sehr enttäuschen. Nach der 9. ist wie gesagt Schluss.

Tja, mal wieder eine schwere Entscheidung.

Medikamente für Justus

Ich denke derzeit über etwas nach. Als wir im Sommer in der Autismusambulanz zur Verlaufskontrolle waren und von Justus' Krise während der letzten beiden Schulbegleitungen berichteten (zum Glück war Justus zu dem Zeitpunkt wieder recht fröhlich und viel am Lachen), da hat Frau Dr. Hoffmann gesagt, sollte Justus wieder in so eine Krise rutschen und auch Suizidgedanken äußern, sollen wir wieder an sie herantreten und wir könnten es mit einer medikamentösen Lösung versuchen.

Justus selbst sagt derzeit von sich, er würde ja gerne lernen, aber er könne einfach nicht mehr. Er fühle sich so wirr im Kopf, es sei alles furchtbar anstrengend. Nun hat Justus ja kein AD(H)S, solch eine Medikation wie Ritalin käme da sicher nicht infrage.

Eine Mutter hat von ihrem HFA-Sohn berichtet, dass er seit Kurzem Medikamente nimmt und es ihm anscheinend hilft. Auch andere haben berichtet, dass ihre Kinder davon profitiert hätten. Ob so eine mit der Autismusambulanz abgestimmte Medikation auch für die Schule helfen kann?

Nachdem Frau Dr. Hoffmann vor Jahren sagte, eine Medikation käme nur bei zusätzlichem AD(H)S oder bei einer Krise infrage, hatte ich das ganze Thema immer weit von mir gewiesen. Doch mittlerweile sehe ich den Druck, unter dem Justus steht. Ich sehe, dass er so gern will, aber es nicht schafft. Das fehlende Vertrauen einiger weniger Lehrer kommt da noch dazu.

Doch ewige Verweigerung bringt Justus ja auch nicht weiter, so gut ich seine Gründe nachvollziehen kann. Ob ihm eine Medikation aus dieser Verweigerungshaltung heraushelfen kann? Schwierige Frage.

Gedanken zum Schulgespräch

Es kam bei mir die Frage auf, wer diese Entscheidung in der Schule getroffen hat. Also: Genau genommen steht ja noch ein Gespräch mit uns und den beteiligten Fachleuten aus.

Bei der Fortbildung beraten haben neben den Lehrern und der Schulleitung Justus' Therapeut aus dem Förderinstitut, seine Kollegin – die zuständige Psychologin –, Justus' Schulbegleitung, ihr Chef und natürlich – weil mir das sehr wichtig war: der oberste Autismuskoordinator hier von unserem Regierungsbezirk. Der hatte mich die ganzen Jahre seit Justus' Übergang zum Gymnasium mit meinen Sorgen immer angehört und mir tolle Tipps gegeben.

Wichtig ist natürlich auch noch die Sichtweise dieser Fachleute. Wer hatte die Vorschläge, was gibt es für Alternativen. Habe ich den Direktor auch richtig verstanden? Alles noch Fragen, die zu klären sind. Zum Beispiel auch die, warum Justus nicht bis zur 10. bleiben darf? Nur wegen G8? Die Realschüler machen die 10 doch auch doppelt.

Die ganzen Freistunden sind ein Problem. Justus würde die meiste Zeit in der Mediothek vorm Computer verbringen. Er würde sich nicht so ordentlich wie manch anderer Schüler ein Buch oder ein Rätsel mitnehmen. Und das über vier Stunden.

Mich stört schon, dass Justus bis Ende Januar kein Deutsch mehr hat und dass er Englisch mit Arbeitsblättern machen muss. Das bleibt dann wieder an mir hängen. In Latein lernt er ja auch schon seit 4 Monaten allein und versucht es sich beizubringen. Und wer scannt die Lektionen, damit er sich besser zurechtfindet und leichter decodieren kann? Ich. Wer arbeitet letztendlich eine fremde Sprache mit ihm durch? Ich. Wer kriegt das Geld für diese Lehrtätigkeit? Ich nicht.

Vielleicht sollte ich erst mal abwarten, wie die Sicht der Fachleute ist. Momentan bin ich einfach viel zu durcheinander.

Für das 2. Halbjahr hieß ja die Devise, dass Justus da langsam wieder in den Unterricht integriert werden soll. Also nicht gleich die volle Stundenzahl. Ich finde das alles sehr verwirrend. Vom Bauchgefühl her sind mein Mann und ich jedenfalls derzeit beide noch gegen das Angebot der Schule.

Weiter am Nachdenken

Das muss ich doch unbedingt noch aufschreiben. Justus' Lieblingslehrer hat uns heute geantwortet und erklärt, warum die Lehrer sich für die beschriebene Vorgehensweise der Stundenkürzung ausgesprochen haben. Auch wenn manches den Aussagen des Schulleiters widerspricht (Übertritt in die Oberstufe), so wäre das Schreiben dieses Lehrers für mich ein Grund, der ganzen Sache zuzustimmen. Wunderschön beschrieben.

„Hallo Justus,

dass das Gymnasium für Dich, Justus, die richtige Schulform ist, glauben wir weiterhin. Einmal, weil Du in Deinen Lieblingsfächern zeigst, dass Du nicht nur viel weißt, sondern auch gute Fragen stellst. Und zum anderen meinen wir, dass, bei allen Problemen im Einzelfall, die Mitschüler auf einem Gymnasium auch besser zu Dir passen als auf einer anderen Schule.

Du hast in den letzten Wochen viel einstecken müssen und die Schule hat Dir kaum noch Spaß gemacht. Das kann ich verstehen. Wenn man immer wieder negative Rückmeldungen bekommt, muss einem ja die Lust auf Schule vergehen. Sogar in Mathe war die Arbeit eine 5. Andererseits hast du Dich verbessert, obwohl Du mehr als eine Woche gefehlt hast!

In einigen Fächern bist Du schon lange nicht mehr zum Unterricht gegangen, weil Du dich ständig schlecht gefühlt hast. Wir möchten, dass Du diese Fächer, die Dir im Moment gar keinen Spaß machen oder Dir noch nie gefallen haben, für ein paar Wochen ausfallen lässt. So hast Du eine Weile nur Deine Lieblingsfächer und musst Dich nicht mit ungeliebten Themen oder Lehrern rumärgern. In der letzten Zeit warst Du ja nach vier Stunden Unterricht oft schon so gestresst, dass Du allenfalls noch Physik oder Chemie ertragen konntest. Wir hoffen, dass Du mit weniger Stunden am Tag besser klarkommst.

Dein Tagesablauf ändert sich dadurch natürlich. Wir haben uns den Stundenplan der 8. Klasse angesehen und festgestellt, dass Du so manchmal erst später zur Schule musst und an manchen Tagen etwas früher gehen kannst. Das ist zwar dann kein ganz so geregelter Tagesablauf, aber es soll Dich erst mal entlasten. Außerdem gibt es einige Springstunden, aber das sind keine Freistunden. Da Dir Sport im Klassenverband selten gefällt, sollst Du Dich selbst bewegen, zum Beispiel auf der Laufbahn (wenn das Wetter es zulässt). Und Du könntest an einem Projekt arbeiten, zum Beispiel über Raumfahrt. Ich habe ganz brauchbare Schülermaterialien dazu. Wenn Du magst, kannst Du das in den Springstunden durcharbeiten und eine Präsentation erstellen. Oder Du hast vielleicht selber eine Idee, was Du für die Schule machen könntest. Nur übermäßige Benutzung der Computer in der Mediothek halte ich für nicht sinnvoll, damit Du nicht einer Reizüberflutung ausgesetzt bist.

Natürlich kann das nicht jahrelang so gehen. Wenn Du wieder mehr Schwung hast, solltest Du auch die meisten Deiner Fächer wieder besuchen. Für Latein sehen wir allerdings ziemlich schwarz. Herr L meinte, dass das selbstständige Lernen nicht richtig funktioniert und Du Dir das besser nicht antun solltest. Das glaube ich auch.

Weil diese Regelung recht ungewöhnlich ist, können manche Lehrer Dich in diesem Halbjahr nicht beurteilen. Darum bekommst Du kein normales Zeugnis. Aber eine (auch schriftliche) Beurteilung kann man in anderen Fächern trotzdem erstellen. In Physik ist das zum Beispiel gar kein Problem und auch in Mathe kann ich Dich beurteilen, auch wenn es schwer ist, das in einer einzigen Note zusammenzufassen.

Für Dich sieht das wahrscheinlich alles ziemlich komisch aus (für uns auch). Wenn Dein Traum das Abitur ist, dann hast Du jetzt bestimmt Angst, dass es damit nichts wird. Dazu muss ich Dir zwei Dinge sagen:

Erstens ist es leider manchmal so, dass Träume nicht wahr werden. Das ist traurig, aber mit der Zeit gewöhnt man sich ein bisschen daran. Ich wollte früher immer Zugführer werden, und heute stört es mich gar nicht mehr, dass das nicht geklappt hat. Ich kenne einen sehr netten ehemaligen Schüler unserer Schule, der nach Klasse 10 abgegangen ist, weil er Vokabeln, Lyrik und sogar mathematische Formeln nicht mehr ertragen konnte. Er hat dann eine Ausbildung zum Mechatroniker gemacht, entwickelt jetzt Maschinen, die so groß sind wie unsere alte Turnhalle, und leitet für seine Firma die Generalvertretung in Russland. Russisch hat er sich in 6 Monaten selbst beigebracht, obwohl er in der Schule in Fremdsprachen meistens 4 oder 5 stand. Man kann auch ohne Abitur glücklich werden!

Zweitens ist es ja noch nicht ausgemacht, dass das mit dem Abitur nicht klappt. Wenn Du bis zum Ende der Klasse 9 wieder die Leistungen zeigst, mit denen Du uns in Klasse 5 und 6 überrascht hast, dann ist ein Wechsel in die Oberstufe auch ohne Latein möglich. Das wird nicht leicht, aber die Hoffnung besteht. Und es hängt nur von Dir ab!

Ich glaube wirklich, dass Du zunächst aus dem Stress, in den Du geraten bist, rausmusst. Und das geht nur mit Spaß, also deinen Lieblingsfächern. Das ist wie mit dem Essen. Wenn jemand den Appetit völlig verloren hat und immer dünner und kränker wird, dann hilft ihm kein gesundes Essen, sondern leckeres Essen. Er muss dauernd Pommes (Mathe) und Eis (Physik) und Schokolade (Chemie) essen, auch wenn es ungesund ist. Erst wenn der Appetit wieder da ist, kriegt er auch ein paar Vitamine (Sport) und Grünzeug (Vokabeln) und Ballaststoffe (Gedichte).

Ich hoffe, dass Dich das überzeugt oder zumindest weniger skeptisch macht.

Hoffentlich sehen wir uns bald im Unterricht."

Der MDK kommt

Nachdem wir die PS I für Justus Ende 2007 über ein Gerichtsverfahren erhalten haben, ist nun die Wiederholungsbegutachtung dran.

Morgen früh, hoffentlich pünktlich um 8:00 Uhr – sonst gibt es noch mehr Stress in der Schule – kommt der MDK. Diesmal eine Krankenpflegerin und keine Ärztin mit Dominagebaren, wie die erste und die Widerspruchsgutachterin.

Hoffentlich läuft es auch so angenehm wie mit dem Gerichtsgutachter, einem Kinderkrankenpfleger. Der war klasse und hat alles genau hinterfragt. Kam übrigens den weiten Weg aus Hessen zu uns rüber.

Mal schauen, was (oder wer?) kommt, und bis dahin schreibe ich noch das Pflegetagebuch zu Ende. Puh. Ich hoffe zum einen, dass ich nicht wieder zu viel Unsinn quatsche und zum anderen, dass ich an alles denke.

Es wird mir alles zu viel

Heute war ja MDK-Termin. War sehr nett, ich sehe es ganz locker, was draus wird.

Dann wurde es heftiger: Ich wollte Hilfe vom Dezernenten für Gymnasien bei der Entscheidung, wie Justus entlastet werden kann und was das alles für Konsequenzen für später hat. Den tollen Brief des Lehrers und die andere Variante des Schulleiters habe ich ja hier verewigt.

Gut – ich habe eines beim Telefonat erreicht: Der Schuldezernent hat die Schulleitung angerufen und einen Aufschub für unsere Entscheidung erreicht. Es soll jetzt doch noch einmal ein Gespräch stattfinden, in dem uns alle Alternativen und Qualifikationsmöglichkeiten erklärt werden.

Doch ansonsten war ich während des ganzen Gespräches in der Defensive, hatte kaum Möglichkeit, mein Anliegen vorzubringen, weil es gleich darum ging, ich solle doch nicht der Schule mangelnde Kooperation vorwerfen. Ich würde nur die Schuld bei der Schule sehen, nicht bei meinem Sohn. Es sei doch klar, dass er Latein gar nicht schaffen kann (es ging erstaunlicherweise nur um Latein, dabei wollte ich ganz allgemein Sachfragen zu Abschlüssen stellen). Justus' Lateinlehrer hatte mir eine 4 in Aussicht gestellt, wenn Justus wenigstens in einer Arbeit eine 4 schreibt.

Ob es wohl ein Problem damit gibt, dass Justus sich Latein allein beibringen sollte, weil kein Lehrer für den Einzelunterricht gefunden wurde? Eigentlich ist das nämlich nicht erlaubt – weiß ich auch erst seit gestern.

Ich wurde jedenfalls als Mutter hingestellt, die einfach nicht wahrhaben will, dass ihr Kind es nicht packt. Meine Hinweise, dass seine Leistungen noch gar nicht richtig überprüft wurden, galten wieder als Affront gegen die Schule. Es ist zum Aufseufzen. Dabei wollte ich nur Beratung und Unterstützung und nicht den gesammelten Schmus hören, der seit einigen Wochen über unsere Familie verbreitet wird – von wem auch immer.

Doch das ließe sich ja irgendwie verkraften – vielleicht. Auch, dass auf dem Heimweg von der Schule das Auto den Geist aufgegeben hat und der ADAC nach 2 Stunden Wartezeit (lange Mutter-Kind-Gespräche und viel Frieren im Auto) und einer Stunde Reparaturversuch, dann doch den Abschleppdienst rufen musste. Zu guter Letzt ist auch noch die Autowerkstatt morgen geschlossen. Ich kann Justus also morgen nicht von der Schule abholen, weil ich dann kein Auto habe. Und ich seufze weiter vor mich hin.

Und dann der fast endgültige Schlag: Wir waren gerade zu Hause, da ruft der Chef unserer Schulbegleitung an und teilt uns mit, dass sie (wer kann es ihr verübeln, so wie ihr an der Schule mitgespielt wird) Ende Januar zurück nach Neuseeland zu ihrem Freund geht.

Also keine Schulbegleitung, keine Stabilität für einen möglichen Schulwechsel, keine Ahnung welche Schule, den kalten Gegenwind von der Bezirksregierung (obwohl das Schulministerium uns immer bestärkt), kein Auto – und mittendrin ein verzweifeltes Kind, das brav versucht zu funktionieren, dem es aber nicht immer gelingt. Kein Wunder, wenn man bedenkt, dass das Erlernte aus der Fortbildung überhaupt nicht von den Lehrern angewendet wird.

Und wenn ich dann noch schreibe, dass meine Schwiegermutter mich vorhin angerufen hat, um zu sagen, dass mein Schwager (Rainers Bruder) auf die Intensivstation verlegt wurde – dann weiß ich gar nichts mehr, dann überstrahlt das alles andere.

Ehrlich? Ich mag nicht mehr. Will keine Entscheidungen treffen und in der Weltgeschichte rumtelefonieren und doch nur auf taube Ohren treffen. Ich will mich nur noch einigeln und einfach gemeinsam mit meiner Familie meine Ruhe. Ich will einen ruhigen Advent – wenigstens dieses Jahr, wo es letztes Jahr doch schon wegen der Übergriffe des Schulbegleiters so schrecklich war.

Es tut mir schon leid, dass ich die Eltern der Selbsthilfe seit einiger Zeit so oft mit diesem ganzen Zeug zuquatsche. Doch das ist der einzige Ort, wo mir jemand zuhört und mich versteht und mich nicht abstempelt - als hysterische, rechthaberische Mutter oder so. Das alles macht mich traurig, doch ich weiß, dass irgendwann wieder Licht am Ende des Tunnels ist – auch wenn das Ganze jetzt schon über ein Jahr dauert.

Weihnachten steht vor der Tür

Da freue ich mich richtig darauf, dass ich Justus erlaubt habe, die ganzen Ferien hausaufgabenfrei zu gestalten. Er hätte es zwar dringend nötig, denn die letzten drei Wochen war er kaum im Unterricht, doch er wird – man glaubt es kaum – ab Januar endlich die Entlastungsstunden bekommen. Soll er ruhig in den Springstunden üben. Dafür sind sie ja auch gedacht.

Wir haben es durchsetzen können, dass Justus auf Latein verzichtet (es war ja mittlerweile zu viel schiefgegangen und er möchte lieber Latein noch einmal neu beginnen, als sich weiter allein ohne Lehrer durchzuquälen) und trotzdem die Chance auf eine Qualifikation nach der 9. Klasse nicht verspielt. Er darf nach der 9. die Prüfung für Realschüler machen und dann entscheidet sich, wie es weitergeht. Das ist doch mal ein Ziel. Und wenn es nicht klappt mit der Qualifikation, dann eben nicht – aber er durfte es versuchen.

Ich habe mir vorgenommen, Weihnachten zu genießen – obwohl ich ehrlich gesagt stinksauer bin. Am letzten Schultag habe ich den Sportlehrer darauf angesprochen, dass Justus nun nicht mehr in seinen Unterricht geht. Ich habe gefragt, warum er ihn denn immer noch piesackt und zum Beispiel Schläge androht, um ihn in den Sportunterricht zu zwingen. Er meinte, jedes Kind, das sich bewegen könne, hätte gefälligst am Sportunterricht teilzunehmen. Über Autismus hätte er nun schon genug gelesen, er hätte aus Prinzip nicht an der Fortbildung teilgenommen, da er es unmöglich fände, dass ein Kind wie Justus auf eine Regelschule geht. Er hätte da nichts zu suchen. Dass er selbst an der derzeitigen psychischen Verfassung von Justus mitschuldig ist, hat er nicht begriffen. Erst zum Ende des Gesprächs hat er für einige seiner Ruppigkeiten gemeint, es täte ihm leid. Darauf habe ich nur erwidert, dass für das Verständnis ja die Fortbildung war: warum Justus sich ihm verweigert und sein Geschrei nicht mehr aushält.

Wir haben uns regelrecht auf dem Parkplatz gestritten. Ich war total sauer wegen seiner Sprüche. Doch immerhin war er ehrlich und hat das ausgesprochen, was sicher einige wenige andere Lehrer auch denken – aus Unverständnis oder Missverständnissen heraus.

Wenn man das so runterschreibt, klingt es irgendwie gar nicht so dramatisch. Doch die Ablehnung tut doch sehr weh. Und das Getuschel und diese ganzen Hörensagengeschichten über unsere Familie auch. Egal – morgen ist Heiligabend und ich lasse mir die Freude an den Festtagen nicht verderben.

2010

„Ich befinde mich auf einem sinkenden Schiff und Sie waren mein letztes Rettungsboot. Nun habe ich Sie auch noch verloren. Die letzten zwei hatten ein Leck, mit denen bin ich untergegangen. Was soll ich ohne Rettungsboot machen und wo kriege ich jetzt so schnell ein neues her?"

Justus zu Frau X, Januar 2010

Justus völlig blockiert

M ir scheint, in letzter Zeit schreibe ich nur noch von unseren Sorgen. Ich hoffe sehr, dass das bald ein Ende hat und wieder Ruhe einkehrt und wieder schöne Dinge berichtenswert sind. Ob wohl auch bei anderen Kindern Justus' Verhalten schon aufgetreten ist und wie haben andere Eltern das gelöst?

Justus hat seit heute wieder Schule und die „Entlastungszeit" hat begonnen (sieht der Direktor zwar anders, doch das ist ein anderes trauriges Thema, das uns momentan sehr belastet).

Jedenfalls ist die Situation so, dass Justus nur noch 12 Stunden im Klassenverband verbringen soll, ansonsten einige Springstunden hat und entweder erst zur 3. Stunde kommt oder nur 4 Stunden bleibt oder wie auch immer – ziemlich chaotisch, finde ich. Nun hat sich ja in den Tagen vor den Ferien schon abgezeichnet, dass er Schwierigkeiten hat, auch an seinen Lieblingsfächern teilzunehmen. Die Stimmung an der Schule ihm und der Schulbegleitung gegenüber ist sehr kühl und er spürt das natürlich und es hemmt ihn noch mehr.

Justus ist es heute nicht gelungen, in den Unterricht zu gehen – trotz zwei Stunden Physik und einer Stunde Mathe (beides bei seinem Lieblingslehrer). Er beschreibt das so, dass er so gern will, doch es gelingt ihm nicht, in den Klassenraum zu gehen. Er hat Angst, ist total blockiert, als wäre da eine Wand, durch die er nicht gehen kann. Ist natürlich keine Hilfe, wenn der Direktor dann meint, Justus würde wieder verweigern und müsse sofort nach Hause gehen. Denn: Verweigerung ist das nicht, sondern regelrechte Angst. Verschlimmert hatte das Ganze dieses Jahr mit den beiden unfähigen Schulbegleitern. Je länger diese Ängste anhalten und Justus sich nicht überwinden kann, umso schwerer wird es.

Leider ist unser Termin beim Kinder- und Jugendpsychiater erst Ende Januar und es sieht nicht danach aus, dass wir schon eher dazwischenrutschen können. Justus sieht seine Hoffnung, das Durcheinander und diese Zwiespälte in seinem Kopf (er hat sich für sein Problem den Begriff

„temporäre Schizophrenie" überlegt) zu überwinden, in einer Medikation. Lange Zeit hat er das – für mich verständlich – abgelehnt. Doch auch eine Änderung der Stimmung in der Schule würde ihn derzeit nicht aus seinem Loch herausholen können – dafür ist die Situation einfach zu verfahren. Justus geht nicht in den Unterricht – Lehrer schimpft. Justus traut sich erst recht nicht mehr. Viele Lehrer schimpfen.

Sicherlich wurde diese Krise schon vor Längerem ausgelöst – die Pubertät bringt einfach viele körperliche Änderungen und verwirrende Gedanken mit sich, die erst einmal verarbeitet werden müssen. Und wenn dann Schulbegleiter noch so unsensibel reagieren und nicht „berechenbar" sind, beginnt irgendwann eine Spirale nach unten. Die Reaktion der Schule in den letzten Monaten trägt auch nicht zur Besserung bei – da kann sich die jetzige tolle Schulbegleitung anstrengen, wie sie will, sie wird auch nicht ernst genommen, sondern ausgeschlossen. Das bekommt Justus natürlich mit – und ist noch mehr blockiert.

War das bei Kindern aus der Elterngruppe auch mal so, dass sie so eine Blockade hatten? In ein Klassenzimmer gehen wollten, es aber nicht über die Schwelle geschafft haben? Anscheinend ja.

Sollte man es immer wieder versuchen, dass er sich traut, oder machen wir dadurch alles nur schlimmer? Ohne die Gründe zu kennen und die Probleme gelöst zu haben, wird alles immer schlimmer, wenn man immer wieder drängt.

Eine Zeit lang nicht zur Schule gehen verstärkt die Ängste zwar auch. Sich dann überwinden zu können fällt ja noch schwerer – falls das noch geht. Doch erst muss der Auslöser gefunden werden. Und den gibt es bei Kindern wie unseren. Ganz sicher.

Auch die Klassenkameraden verstehen die Sonderstellung von Justus nicht und reagieren entsprechend gereizt und grenzen ihn aus. Kein Wunder, denn die Lehrer schreiben immer nur ins Klassenbuch: „nicht da" – auch wenn Justus brav Aufgaben in einem extra Raum abarbeitet oder wenn er eigentlich offiziell frei hat.

Dieses Gefühl, nicht allein in seinem Körper zu sein und gegen ein anderes Ich zu kämpfen, das einem Gedanken einflüstert, von denen man die

Sorge hat, andere könnten das hören – davon haben Asperger-Kinder auch schon mal berichtet?

Man sieht, ich weiß gar nicht, wo ich ansetzen soll. Mittlerweile müssten so viele Dinge wieder in ruhigere Bahnen gelenkt werden – doch zuallererst muss Justus sich selbst wieder finden. Nur ob das mit Medikamenten zu erreichen ist? Da bin ich mehr als unsicher. Doch Justus muss selbst entscheiden, damit er dahinterstehen kann, wenn ein Arzt ihm eine Behandlung vorschlägt.

Ein Brief von der Schule

Heute früh in der Post schon wieder eine Horrornachricht – ein Schreiben von Justus' Schule. Dort wird die Vermutung aufgestellt, Justus sei ernstlich erkrankt – er hätte sich die beiden letzten Tage erneut dem vereinbarten Entlastungsangebot bezüglich seines Unterrichtsangebotes verweigert.

Die Schule stützt sich u.a. auf eine Dokumentation dieser beiden Tage von der Schulbegleitung, zu der Frau X vom Direktor regelrecht gedrängt wurde. Sie hat wahrheitsgemäß den Verlauf beider Tage beschrieben, da sie dachte, das wäre für die Schülerakte, um zu dokumentieren, dass Justus zwar nicht teilgenommen, jedoch in der Schule war.

Ich notiere hier den Abschlusssatz mit der Frage, die ich mir dazu stelle: Darf die Schule das? Gibt es eine rechtliche Handhabe, Justus auszuschließen, bevor der Psychiater sich geäußert hat?

Hier der Schlusssatz: „Daher fordere ich Sie hiermit auf, sich unverzüglich" (unverzüglich war fett geschrieben) „mit Ihrem Sohn Justus in eine fachärztliche Behandlung zu begeben. Erst nach erfolgter Genesung sollte Justus den Schulbesuch fortsetzen. Für die Zeit seiner Erkrankung bitte ich zeitnah um die Vorlage einer ärztlichen Bescheinigung."

Rainer und ich sind zum jetzigen Zeitpunkt der Meinung, dass wir Justus am Montag zur Schule schicken. Er hatte Freitag Aufgaben auf, die er Montag vorzeigen muss und fleißig erledigt hat. Er braucht doch eine Bestätigung, ob seine Bemühungen erfolgreich sind.

Ob wir wohl der Aufforderung Folge leisten müssen?

Hilfe vom Anwalt

Ich habe am Wochenende die ganzen Informationen sacken lassen, schon einige eMails verschickt und dann heute Vormittag mit einem Rechtsanwalt für Schulrecht telefoniert. Dabei ist folgende Reaktion auf das Schreiben der Schule herausgekommen (der Rechtsanwalt war mit meinem Text zufrieden, wie schön):

Sehr geehrter Herr Schulleiter,

wir haben den Eingang Ihres Schreibens zur Kenntnis genommen, können Ihrer Bitte, ein Attest beizubringen jedoch nicht nachkommen, da eine körperliche Erkrankung derzeit nicht offensichtlich ist.

Wie wir Ihnen bei unserem Gespräch Ende Dezember mitgeteilt haben, besteht schon seit Längerem ein Termin für eine fachärztliche Abklärung, der jedoch spätestens Ende Januar stattfinden kann. Daran ändert auch die Dringlichkeit der Situation nichts.

Nach eingehender rechtlicher Beratung hat sich gezeigt, dass Ihre Forderung gemäß Schulgesetz rechtswidrig ist, da von unserem Sohn keine Gefahr für andere Schüler ausgeht, die einen Ausschluss rechtfertigen würde, und auch wir Eltern keinen Antrag auf Beurlaubung gestellt haben. Allein der Facharzt kann entscheiden, wie man Justus von der medizinischen Seite aus helfen kann.

Vonseiten der Fachleute und von uns Eltern ist ein Unterrichtsausschluss kontraproduktiv, da Justus die Chance zur Wiederaufnahme des Unterrichts, der Überwindung und zur Motivation durch Lob direkt vor Ort verwehrt wird. Er hatte erst zwei Tage die Möglichkeit, neues Verhalten zu trainieren. Darum hätten wir Justus gerne heute hingeschickt, um die Rituale und die täglichen Strukturen zu gewährleisten, doch leider hält uns der Unterrichtsausschluss davon ab.

Es wäre sinnvoll, kurzfristig in einem persönlichen Gespräch einen Konsens zu finden, mit dem Ihnen, uns und den Fachleuten – und ganz besonders Justus – geholfen ist.

Bitte teilen Sie uns mit, welche Möglichkeiten Sie in der Zwischenzeit vorschlagen, Justus weiter zu unterrichten, um sein kognitives Potenzial zu fördern, ihm den Leistungsstand seiner Jahrgangsstufe zu ermöglichen, die therapeutischen Ziele weiter zu verfolgen – und zu guter Letzt um seine Schulpflicht zu erfüllen.

Das sagt der Schulleiter

Zur Erinnerung schreibe ich mal zwischen meinen Text, was der Schulleiter mir gestern noch zugeschickt hat. Mir scheint, er will uns nicht verstehen. Nun warte ich noch auf die Antwort des Rechtsanwaltes, ob wir denn Justus morgen wieder zur Schule schicken sollten. Bisher jedoch verweigert der Integrationsdienst die Erlaubnis – und ohne Schulbegleitung? Geht ja gar nicht.

Hier die Anmerkungen des Schulleiters:

> wir haben den Eingang Ihres Schreibens zur Kenntnis genommen, können Ihrer Bitte ein Attest beizubringen jedoch nicht nachkommen, da eine körperliche Erkrankung derzeit nicht offensichtlich ist.

(...) Direktor: Genau deshalb habe ich um eine fachärztliche Untersuchung gebeten, um Justus dann gegebenenfalls umgehend die notwendige Unterstützung / Hilfe / Therapie zukommen zu lassen. Nach unserer Beobachtung ist der tägliche Versuch, dass Justus den Unterricht besucht, in seinem derzeitigen Zustand (siehe Ausführungen von Frau X) nicht sehr hilfreich ...

> Nach eingehender rechtlicher Beratung hat sich gezeigt, dass Ihre Forderung gemäß Schulgesetz rechtswidrig ist, da von unserem Sohn keine Gefahr für andere Schüler ausgeht, die einen Ausschluss rechtfertigen würde, und auch wir Eltern keinen Antrag auf Beurlaubung gestellt haben. Allein der Facharzt kann entscheiden ...

(...) Direktor: (Genau!!!! siehe oben) ...,

wie man Justus von der medizinischen Seite aus helfen kann.(...).

Zu mehr hat der Schulleiter sich nicht geäußert. Hilft mir nun gar nicht. Wenigstens Englisch- und Mathelehrer geben uns derweil Aufgaben.

Doch wer übt mit Justus? Ich! Ist ja irgendwie auch nicht Sinn der Sache. Außerdem bin ich die größte Matheniete, gerade wenn es um Gleichungen mit mehreren Unbekannten geht (wie im richtigen Leben).

Ersttermin beim lokalen Kinder- und Jugendpsychiater

Vor einer Woche war es endlich soweit – wir konnten schon vorzeitig einen Termin beim Kinder- und Jugendpsychiater wahrnehmen. Die Autismusambulanz ging ja wegen der Thematik einer möglichen Medikation nicht. Frau Dr. Hoffmann hatte uns gebeten, einen niedergelassenen Arzt hier in unserer Region zu suchen.

Das war gar nicht so leicht, da wir hier im östlichsten Zipfel des Landes keine Autismusfachleute haben. Machte aber nichts, da es uns sowieso um die Behandlung von Justus' Ängsten ging.

Also habe ich mir den Arzt ausgesucht, der die schönste Hausnummer hatte – ehrlich jetzt. Und bei dem das Vorzimmer am nettesten war. Hausnummer und Vorzimmer haben mein Gefühl bestätigt: Bei Dr. H war es prima. Justus beschrieb ihn hinterher als „warmherzig". Er hat allgemein seinen Eindruck von uns wiedergegeben und saß damit in vielen Dingen auf dem Punkt. Das Gespräch dauerte 1,5 Stunden. Letztendlich hat er zur Lösung von Justus' Ängsten noch nicht die optimale Strategie und muss darüber noch genauer nachdenken. Anfang Februar ist der nächste, jedoch kurze, Termin, bei dem er Justus dann entweder ein Medikament und/oder andere Hilfen anbieten will.

Zwischenzeitlich hat er den schulpsychologischen Dienst mit ins Boot geholt. Auch dort habe ich schon einen Notfalltermin bekommen. Statt 3 Monate zu warten, wie hier für Erstgespräche bei der Schulberatung üblich, dürfen wir schon in ein paar Tagen zu der Psychologin kommen. Wie heißt es so hübsch – bei Schulverweigerern (bei Justus ein Schulverweigerer der besonderen Art) bekommt man schneller einen Termin. Sie hat mir auch gleich berichtet, dass die Schule zu Hausunterricht verpflichtet sei. In unserem Fall wäre es doch prima, wenn die Lehrer nicht extra zu uns fahren müssten, sondern das in der Schule erledigen könnten. So viel Aufwand für die Schule – das hätte auch alles leichter sein können.

Justus' Ängste werden immer massiver. Das Gefühl der Ablehnung durch andere Schüler und auch durch Lehrer sowie die anderen Ängste verselbstständigen sich immer mehr und lassen jeden Tag schlimmer werden. Seit es Januar wieder losging, ist es ihm nicht gelungen, in den regulären Unterricht zu gehen und sich dem Durcheinander und dem Getuschel auszusetzen.

Dr. H hat unsere Strategie des täglichen erneuten Versuches am Unterricht teilzunehmen unterstützt, lehnt einen zeitweiligen Ausschluss ab, denkt über alternative Möglichkeiten der Beschulung nach. Wie gesagt, Anfang Februar wissen wir mehr.

In die Schule geht Justus nach den von der Schule erzwungenen beiden freien Tagen weiterhin – nur nicht mehr in den Unterricht –, jedoch kümmert sich keiner um ihn oder geht auf ihn zu. Die Klassenlehrerin hat schon seit Ende Dezember kein einziges Mal den Kontakt zu ihm gesucht, geschweige denn ihm Material für Deutsch gegeben. Ich habe z. B. auch nur zufällig herausgefunden, dass am Montag schulfrei ist – da ist nämlich Zeugniskonferenz und es ist ein Studientag angesetzt. Wir hatten mit der Schulbegleitung schon gegrübelt, wie wir es machen, dass sie am Montag noch zum Arzt Blutabnehmen gehen kann und wir nicht zu spät kommen. Problem gebannt. Doch erzählt hat uns von dem freien Tag niemand.

Mir ist Dienstag die super Idee gekommen, Justus zu fragen, in welchen Unterricht er sich denn überwinden könnte zu gehen. Er sagte „Informatik". Hat er natürlich erst in der 9. Klasse – also nächstes Schuljahr, doch ich habe den zuständigen Lehrer zu Hause angerufen und Justus durfte am Mittwoch den Parallelkurs seiner Stufe (eine Doppelstunde) besuchen. Mit nur einer Schülerin seiner Klasse. Er hat sich aus seinem Rückzugsraum hingetraut und es hat ihm viel Spaß gemacht. Was für eine Erleichterung! Der Lehrer hat ihn für nächste Woche wieder eingeladen. Anscheinend hat Justus schon das Wissen.

Justus hat sich sogar wieder durch die Aula in die Cafeteria getraut, um sich dort etwas zu kaufen. Auch gestern hat er es geschafft, wenigstens für fünf Minuten im Nachbarraum des Physikraumes dem Unterricht zuzuhören. Es war eines seiner Lieblingsthemen und er hat sich sehr darüber geärgert, dass es ihm nicht möglich war, reinzugehen und auch Fragen des Lehrers zu beantworten. Irgendwann waren die Anspannung und der Ärger über sein Unvermögen wohl so groß, dass er zu zittern anfing – da war es dann mit dem Aushalten der Situation vorbei. Aber immerhin.

Es gab viel Lob von der Schulbegleitung für diese Überwindung seiner Ängste. Doch leider nicht von Lehrern. Mag sein, dass ich da zu viel erwarte und die Lehrerfortbildung Mitte Dezember nicht nachhaltig genug war.

Nach zwei Wochen wieder Unterricht – ich finde, das ist ein Erfolg. Und mir zeigt es, dass die schlimmsten Ängste vermutlich eher an der Ablehnung durch seine Klassenkameraden und manche Lehrer liegen. Dieses Klassen-neu-Zusammenmischen Anfang der 7. Klasse hat doch viel durcheinandergebracht.

Nun sind die Fachleute wieder dran, Lösungen zu finden. Justus hat ihnen ja schon mal einen Weg gewiesen – er hat sich überwinden können. Nun wird es Zeit, dass sich auch die Schule bewegt und sich vielleicht auch mal ein Lehrer im Rückzugsraum blicken lässt. Justus und seine I-Helferin sind da immer völlig allein – mittlerweile auch ohne irgendwelche Aufgaben, da Justus sie schon alle abgeliefert hat: mit guten Noten. Na, hoffentlich vergessen die sein Zeugnis nicht – Justus braucht dringend den Lohn für seine Anstrengungen. Immerhin hat er trotz des Durcheinanders bewiesen, dass seine Versetzung auf Probe gerechtfertigt war und dass die letzten schlechten Noten auf dieses eine Jahr u.a. mit dem Schulbegleiterchaos zusammenhing.

Ab Februar wird Justus vermutlich keine Schulbegleitung mehr haben. Da bin ich mir gar nicht sicher, ob ich ihn überhaupt allein – im Durcheinander des neuen Halbjahres – in die Schule schicken kann, doch diese Frage werde ich am kommenden Montag auch beim Hilfeplangespräch im Jugendamt stellen. Diese ungewisse Zukunft, die macht mir am meisten zu schaffen: Was sollen Medikamente ausrichten, wenn Justus der stabile Hintergrund, ein gewohntes Umfeld fehlt? Wenn alles lieb Gewonnene zusammenbricht?

Erst einmal abwarten, was kommt, ich weiß. Trotzdem sorge ich mich ein bisschen wegen des HPGs. Da wird einiges auf den Tisch kommen, was im Zusammenspiel zwischen Schule und Integrationsdienst über Monate schiefgelaufen ist. Endlich wird das angesprochen und nicht mehr um des lieben Friedens willen unter den Tisch gekehrt. Hui, das kann ganz schön krachen. Hoffentlich werden sich alle auf ein Ziel einigen können und einen Neuanfang wagen – um Justus' willen.

So, nun wartet ein wenig Kitschfilm auf mich. Kann ich ein bisschen schmachten, bis mein herzallerliebster Angeschmachteter von der Spätschicht nach Hause kommt.

Kein Ende im Schulbegleiterchaos in Sicht

Heute war HPG – und leider gab es nicht den großen Knall, den ich mir gewünscht hätte. Friede, Freude, Eierkuchen. Nur ich habe ein bisschen Unmut verbreitet, aber nur „Das weiß ich gar nicht" und Schulterzuck-Antworten der KL bekommen.

Stimmt natürlich, dass das JA nicht für die Entscheidungen der Schule zuständig ist. Und wieder kam das Thema durch den JA-Fachleiter auf: „Gute Frau, das ist alles eine Frage der Wahrnehmung." Dass mal Tacheles geredet und die Position unserer Familie gestärkt wurde: Fehlanzeige. Und dann wieder das alte Thema mit einem erneuten sonderpädagogischen Förderbedarfsverfahren. Nein danke, damit sie Justus gleich wieder auf die Sonderschule schicken. Bloß nicht noch einmal. Wer weiß, was die Klassenlehrerin in ihrem langen Gespräch nach dem HPG noch so mit dem Jugendamt ausgekungelt hat. Erstaunlicherweise hatte sie sogar behauptet, wir hätten doch sowieso nur gewollt, dass Justus nur die Orientierungsstufe (5. und 6. Klasse) besucht. Wie kommt die bloß auf so einen Gedanken? Da war wohl der Wunsch der Vater des Gedankens.

Na, immerhin wird die Therapie weiter finanziert. Eine neue Schulbegleitung ist noch nicht in Sicht. Eine neue Form der Beschulung auch nicht. Die KL weist die Verantwortung von sich: Ohne Schulbegleitung keine Möglichkeit, Justus zu beschulen. Ab kommendem Montag, dem Beginn des neuen Halbjahres, sind sämtliche „Vergünstigungen" für Justus gestrichen. Er soll auch kein Unterrichtsmaterial mehr bekommen (als ob außer in zwei Fächern ihm irgendjemand Unterrichtsmaterial gegeben hätte). Er muss am normalen Unterricht teilnehmen. Toll. Wie die Schule sich das vorstellt, das weiß sie leider selbst nicht. Er könne mit Schulbegleitung wiederkommen bzw. wenn er wieder gesund ist. Da kann ich doch nur mit dem Kopf schütteln.

So sitz ich hier und weiß – wie so oft in letzter Zeit – einfach nicht mehr weiter. Und habe die Sorge, dass einige Leute versuchen werden, Justus in die Psychiatrie abzuschieben. Das macht mir wirklich Angst, denn es hat sich doch gezeigt, dass Justus in einer fremden Klasse, mit einem neuen Lehrer, nicht solche Ängste zeigt wie in seiner jetzigen Klasse und der ungeliebten Klassenlehrerin.

Pflegestufe 1 ist durch – doch das Gutachten?

Letzte Woche habe ich erfreut hier eingetragen, dass wir bei der Wiederholungsbegutachtung erneut PS1 bekommen haben. Diesmal war kein Gutachten dabei und ich habe es eigentlich nur für die Ablage nachgefordert. Es ist erstaunlich, was mir entgangen wäre, hätte ich nicht nachgeprüft. Es sind so viele Sachfehler vorhanden, die spätestens bei einem Antrag auf Hilfen wegen der eingeschränkten Alltagskompetenz Auswirkungen gehabt hätten.

Hat die Gutachterin Justus doch die eingeschränkte Alltagskompetenz aberkannt, sogar die bisher laufende hatte sie vergessen zu erwähnen. Falsch angekreuzt? Dann falsche Zeiten, falsche Angaben zu Krankheiten, fehlende Merkzeichen beim SBA, Übernahme falscher Angaben aus einem Vorgutachten.

Es ist doch immer wieder erstaunlich, was einem so alles entgehen kann, wenn man sich voller Vertrauen auf Gutachterkompetenzen verlässt. So muss ich nun doch einen Widerspruch tippen.

Februar

Justus reflektiert seine Situation mit und ohne Schulbegleitung

Seit Montag darf Justus ohne irgendeine Begleitung nicht zur Schule gehen, denn das ist rechtlich so geregelt. Allein das JA ist in der Pflicht.

Justus' mittlerweile Ex-Schulbegleitung hat mir noch einen Spruch geschickt, den sie für bemerkenswert hielt. Vor ein paar Tagen hat Justus ihn zu ihr gesagt – sozusagen zum Abschied:

„Ich befinde mich auf einem sinkenden Schiff und Sie waren mein letztes Rettungsboot. Nun habe ich Sie auch noch verloren. Die letzten zwei hatten ein Leck, mit denen bin ich untergegangen. Was soll ich ohne Rettungsboot machen und wo kriege ich jetzt so schnell ein neues her?"

Für mich zeigt sich in diesen Sätzen, wie tief verzweifelt Justus ist. Er fängt sogar wieder das Kuscheln an und weint, weil ihn dieses ganze Durcheinander unglücklich macht. Er weiß selbst nicht mehr, was er will. Ein Teil von ihm möchte zur Schule gehen, der andere mag überhaupt nicht mehr. Das ist so verständlich!

Jetzt kommt noch dazu, dass heute die Entscheidung vom Jugendamt kam, dass sie sich weigern für den Übergang einen Zivi zu bezahlen. Erst einmal sollen die Ursachen gefunden und die Rahmenbedingungen angepasst werden. So sagte die Sachbearbeiterin, „Es hätte keinen Sinn etwas zu stützen, was bisher nicht genützt hat." Sie hat schon recht, doch das Signal an Justus, derzeit wäre so etwas Ähnliches wie Ferien, da ja kein Schulbesuch ansteht – dieses Signal finde ich gefährlich. Er sehnt sich ja danach, dass seine Lehrer ihn annehmen und ihm auch zeigen, dass sie ihn dabeihaben wollen. Er fragt immer nach, ob denn der oder der Lehrer auch gesagt hätte, dass er sich auf sein Zurückkommen freue.

Doch ein Lichtblick am Horizont hat sich auch aufgetan: Die Schulaufsicht hatte mich um Rückruf gebeten. Mir war schon ganz schlecht, weil ich ja schon einmal mit dem Schuldezernenten aneinandergeraten war. Doch diesmal war er total nett und hilfsbereit und hat so einiges ins rechte Licht gerückt, von dem ich schon gar nicht mehr geglaubt hatte, dass uns da irgendjemand versteht und dass wir auch nicht zu viel verlangen. Zum Beispiel fand er es nicht in Ordnung, dass bei der Fortbildung Lehrer gefehlt hätten. Das ginge nicht.

Nun findet also in den nächsten Tagen ein Gespräch statt. Mit Schulaufsicht, Schulleitung, Schulrätin und uns Eltern. Es hat sich nämlich gezeigt, dass die Vorgehensweise der Schule rechtlich noch gar nicht abgesichert war, also eine Zusage zu dem Vorgehen (zentrale Prüfung in der

9. Klasse, dafür Verzicht auf Latein) überhaupt nicht bestand. Wie gut, dass ich auf einer Verschriftlichung der Absprachen bestanden hatte. Da hatte sich ja gezeigt, dass es gewaltige Unterschiede zwischen den Aussagen des Schulleiters und seinen späteren Anmerkungen gab.

Auch beim Schulleiter habe ich heute angerufen, um ihn zu bitten, doch irgendwelches Unterrichtsmaterial für Justus bereitzustellen. Hätte das nicht geklappt, wäre die Schulaufsicht wieder in Aktion getreten und hätte die Schule angewiesen, zu kooperieren. Auch der Schulleiter war total nett und im Verlauf des Gesprächs ließ er sich auch davon überzeugen, sich darum zu kümmern, wie Justus an das Unterrichtsmaterial kommt.

Also heißt es abwarten – und durch die Gegend gurken: morgen zur Schulpsychologin, Donnerstag zum Psychiater, übernächsten Freitag zur Schulaufsicht. Möge dieser Rumfahrmarathon wegen Gesprächsbedarf etwas bringen und die verkrustete Situation aufbrechen!

Justus noch immer zu Hause

In unsere unendliche Schulchaos-Geschichte scheint so langsam etwas Bewegung zu kommen. Vorhin bekam ich einen Anruf, dass sich eine passende Schulbegleiterin beim Integrationsdienst vorgestellt hat. Hoffnung kommt auf.

Nun ist schon die vierte Woche ohne Schule für Justus angebrochen und ich bin mir sicher, dass es für Justus von Tag zu Tag schwerer sein wird, wieder in den alten Schultrott zurückzufinden. Darum hoffe ich inständig, dass das JA einem schnellen Kennenlerntermin zwischen Justus und der „Neuen" zustimmt – und ganz besonders hoffe ich, dass die Chemie auch stimmt.

Auch ansonsten hat sich in den letzten 10 Tagen viel getan: Nachdem ich Ende 2009 dem Schulministerium unser Leid geklagt habe und von dort aus auch gleich die Schulaufsicht informiert und einbezogen wurde, läuft es plötzlich wie geschmiert mit den Hilfen für Justus. Es werden nun Gelder und Leute bewilligt, die Justus' schulische Entwicklung begleiten sollen. Da muss so einiges im Hintergrund abgelaufen sein, dass Justus nun die Hilfen bekommt, um die wir bei der Schule schon seit fast 2 Jahren betteln. Tja, nun wird es teuer, hätten die alle auch leichter haben können – doch wer weiß, wofür es gut ist? Mal abgesehen von Justus' Leiden die letzten 14 Monate.

Bei dem Gespräch bei der Bezirksregierung Mitte Februar hat sich herausgestellt, dass die Schule noch überhaupt keinen Antrag wegen des Verzichts auf Latein gestellt hatte. Das war nicht abgesprochen, hatte nun also keine Gültigkeit mehr. Nun hat Justus aber schon 3 Monate Latein verpasst. Das ist nur schwer aufzuholen. Auch die ganzen verpassten Mathe- und Naturwissenschaftsstunden in dieser schulbegleiterlosen, von der Schule ausgeschlossenen Zeit: Wer soll das Ganze mit Justus nachholen? Ich schaffe das nicht.

Auch der Runde Tisch konnte da nicht helfen. Letztendlich wurde entschieden, dass Justus eine Klasse zurückgestuft wird. Er kommt dann in die Klasse seines Lieblingslehrers. Die Lehrer, die Klasse, die Eltern: Alle sollen vorab durch die Fachleute informiert und in die Integration eingebunden werden. Es passiert also das, was wir schon damals gefordert haben, als die Klassen neu zusammengesetzt wurden.

Die Rückstufung hat schon den Vorteil, dass wir so einige Nervlehrer los sind und es auch eine Art Beratungslehrer als Vermittler geben wird (auch der neue KL). Außerdem ist es für Justus sicher besser – sollte er es dann noch wollen – erst mit 16 das Bildungszentrum für informationsverarbeitende Berufe (b.i.b.) zu besuchen. Im Sommer 2011 mit gerade mal 15 Jahren hätte ich das noch etwas früh gefunden. Und dann diese ganze Lernerei des verpassten Stoffes – all das fällt weg.

Der Einzige, der mit der Rückstufung so seine Probleme hat, ist Justus selbst. Ich vermute mal, ihm ist es nicht geheuer, wieder in eine neue Klasse zu müssen, das Vertraute aufzugeben, wieder viele neue Lehrer, neue Räume, alles fremd. Und dann werden die auch noch über ihn informiert – ihm graut es davor, schon von vorneherein wieder einen Stempel zu bekommen. Doch da sein Sonderstatus sich nicht vermeiden lässt, habe ich auch genug Argumente, um ihn zu überzeugen. Er hat ja auch fast 12 Monate lang so einiges an Lernstoff verpasst. Immerhin: wer weiß, vielleicht wird jetzt alles richtig toll. Nach so langem Chaos ist das Justus mehr als zu wünschen.

Was gibt es sonst noch zu erzählen? Ach ja! Ab März bekommt Justus so etwas Ähnliches wie Hausunterricht – nur in der Schule. 3 Tage à 2 Schulstunden Unterricht, damit er wieder ins Lernen findet. Mal schauen, welche Lehrer das übernehmen und wie Justus das so aufnimmt. Er beharrt ja auf einer Schulbegleitung, möchte aber am liebsten – ganz unauffällig – allein in die Schule gehen. Das kann er an den drei Tagen dann ja mal austesten.

Seit dem 4. Februar nimmt Justus Risperidon, mittlerweile abends 0,5 mg und morgens 0,5 mg. Der Doc meint, er wirke schon etwas weniger zwanghaft, die Reize würden anscheinend schon besser gefiltert. Na ja, kann ich nicht beurteilen. Mir ist aufgefallen, dass Justus weniger an den Fingerknöcheln oder der Nagelhaut kaut. Das hat er nämlich angefangen, als es in der Schule vor ein paar Monaten so richtig schlimm für ihn wurde und alles eskaliert ist.

Und sonst noch:

Tief in mir ist noch immer ein Grummeln. Ich habe bei dem Runden Tisch endlich kapiert, von wem dieser ganze Mist, mindestens die letzten 14 Monate, unterstützt bzw. nicht eingedämmt wurde: Der Direktor hat vor all den Leuten (drei Schulaufsicht, dann Therapie, I-Dienst, Schulpsychologin und uns Eltern) eiskalt gelogen. Und das mehrfach. Er hat doch ernsthaft behauptet, er hätte von dem Übergriff des Lehrers vor einem Jahr erst viele Wochen später erfahren. So eine Unverschämtheit! Dabei hat er mich noch beraten, was ich auf die Unfallmeldung schreiben könnte, außerdem stand er daneben, als ich Justus an dem Tag abholen musste und im Sekretariat Bescheid gesagt habe. Und dann hat er auch noch behauptet, wie oft die Lehrer täglich versucht hätten, Justus in den Unterricht zu bekommen. Bla, bla. Während 8 Wochen war die Klassenlehrerin kein einziges Mal in Justus' Rückzugsraum. Geschweige denn, dass sie mal gegrüßt hätte. Und dann die Behauptung, die Schule hätte sich wunderbar mir der letzten I-Helferin verstanden. Mag ja sein, halte ich jedoch für ein Gerücht. Nur mit ihr zusammengearbeitet haben sie nicht und sie immer links liegen lassen und ihre Fachkompetenz angezweifelt bzw. sie auch nie um Rat gefragt. Lieber Justus noch einmal aus dem Unterricht geschmissen. Er hatte da ja Aufsicht.

Na ja, ich bin ziemlich nachtragend, doch ich weiß auch, dass ich einen Schnitt machen muss, damit es in Zukunft besser läuft. Jedenfalls haben wir dann im Hintergrund eine Menge Leute, die drauf gucken, was so abläuft und ob alle Hilfen ineinandergreifen. Da kann keiner mehr plötzlich behaupten, er hätte nichts gewusst oder wüsste nicht, wie er Justus einschätzen muss. Dann kann man ja mal fragen – und weiß auch wen.

Es wird auch von Zeit zu Zeit Runde Tische geben. Es gibt also ab sofort all das, worum ich, wie gesagt, auf Anraten des Schulministerium schon vor langer Zeit gebeten habe – möge es diesmal Wirkung zeigen! Immerhin ein Vorteil der Übergangszeit zu Hause, bei dem Wetter nicht jeden Tag die „Berge" hoch zur Schule rutschen und wieder runter zu müssen.

April

Aprilscherz

Ich bin gerade extrem am Grübeln: Justus' zeitweiliges Verhalten – speziell, wenn er beim Arzt oder in fremder Umgebung ist, hat den Psychiater veranlasst, bei Justus über Hebephrenie nachzudenken. Das ist wohl eine schwere psychische Erkrankung, die in der Pubertät beginnt, sozusagen eine Schizophrenie des Jugendalters.

Als Mutter, nachdem ich mir einiges zu dem Thema durchgelesen habe, kann ich mir das so gar nicht vorstellen, schiebe Justus' Verhalten auf die autistische Problematik und die schwierige – weil kognitive – Auseinandersetzung mit den Veränderungen der Pubertät.

Dass der Arzt das Thema angesprochen hat, finde ich okay. Da er jedoch nicht so autismuserfahren ist, werde ich ihn bitten – bzw. habe ich schon – sich mit der Autismusambulanz kurzzuschließen. Vielleicht sind die von ihm beobachteten Symptome und Reaktionen ja doch ein Folge von ASS.

Dem Arzt fielen insbesondere Justus' Schwierigkeiten mit seinem Zeit- und Raumgefühl auf: immerhin bei vielen Autisten ein Problem. Na ja, bevor ich mich weiter verrückt mache: Der beste Weg, so einen Verdacht auszuschließen, ist es, Erfolge auf Gebieten vorzuzeigen, die mit der Diagnose unmöglich wäre: zum Beispiel die erfolgreiche Re-Integration in die Schule nach der langen Auszeit ohne Schulbegleitung.

Trotz allem bin ich irritiert, denn ich möchte Justus nicht überfordern und ihm etwas zumuten, was er nicht mehr leisten kann. Etwas konfus, meine Gedanken. Auf jeden Fall wäre es interessant zu wissen, ob so ein Verdacht schon einmal bei anderen Asperger-Kindern ausgesprochen und wie er widerlegt wurde.

Risperidon und Fluoxetin

Justus hat in letzter Zeit wieder häufiger – gerade am späten Abend – davon gesprochen, dass es ihm schlecht geht, dass er nicht schlafen kann, die Gedanken ihn stören. Es wäre ihm alles zu viel und er würde sich am liebsten etwas antun.

Nun habe ich gestern für heute einen Notfalltermin beim Psychiater bekommen und ihn um eine Medikation mit einem SSRI (Antidepressivum) gebeten, da das Risperidon, das Justus seit Februar nimmt, meines Erachtens keine Hilfe bei dem Durcheinander in seinem Kopf und bei seinen Ängsten und störenden Gedanken ist.

Ansonsten ist Justus zumeist fröhlich wie immer. Wir lachen viel, machen Scherze und bereiten uns so langsam auf den Wiedereintritt in die Schule vor. Eine Schulbegleiterin wurde gefunden, vielleicht klappt es Anfang Mai mit der Integration in die neue Klasse.

Ob Justus wohl nachts so unruhig ist, weil er vor diesem Neuen Angst hat? Weil nachts keine Ablenkungen, wie PC oder TV zur Verfügung stehen? Oder – wie auch schon von Lehrern vermutet wurde (zieh mir den Schuh aber nicht an) –, dass ich ihn zu sehr überfrachte, also ihn nicht allein seinen Weg gehen lasse und ihm nicht genug zutraue?

Jedenfalls hat sich der Psychiater darauf eingelassen, in der Medikation etwas zu ändern, besser gesagt, zusätzlich zu den zweimal 1 mg Risperidon am Abend noch 10 mg Fluoxetin zu geben.

Ach ja, bei Justus sind die Nebenwirkungen des Risperidon auch eine extreme Gewichtszunahme. Er futtert und hat einen Riesenappetit, kenne ich gar nicht bei ihm. Bei 1,73 wiegt er nun schon 65 kg, vorher waren es 59 kg. Das ist zum Glück nicht so schlimm, da es alles noch im Normalbereich liegt – nur höher darf es nicht werden.

Ich denke mal, der Psychiater möchte die Risperidongabe beibehalten, weil er findet, dass Justus sich darunter bewusster ist, besser Situationen einschätzen kann. Er redet mehr über seine Befindlichkeiten. Dem kann ich zustimmen. Genauso wie bei dem nachlassenden Kauen an Fingerknöcheln oder -nägeln oder dieses nervös anmutende Zerren an Kleidungsstücken. Nur halt die Probleme, weshalb wir uns Hilfe geholt haben – diese störenden Gedanken – dabei hat es nicht geholfen.

Mai

Schulrückkehr und Konfirmation

Mein Bericht an Justus' betreuende Schulpsychologin zum ersten Tag wieder in der Schule und: zu seiner heutigen Konfirmation!

„Liebe Frau S.,

ich möchte Sie kurz über Justus' Wiedereingliederung am vergangenen Freitag informieren. Justus begann mit der vierten Stunde (Mathematik), hatte dann Geschichte und zuletzt Biologie.

Das Übergaberitual war ähnlich wie gewohnt, halt nur ein paar Stunden später als üblich und mit einer Schulbegleitung, die leider nicht die Erlaubnis hatte, auf dem Lehrerparkplatz zu parken, wie das bisher immer gehandhabt wurde. Doch da habe ich schon den Klassenlehrer angesprochen, ob er mit dem Schulleiter reden könne.

Langer Rede kurzer Sinn: Es war ein wunderbarer Beginn. Justus hat, laut Frau Y, der neuen Schulbegleiterin, prima mitgearbeitet, verfolgte den Unterricht interessiert, hatte keine Probleme oder das Bedürfnis sich zurückzuziehen. Die Klasse war ungemein hilfsbereit und – laut KL – zu seiner positiven Überraschung angenehm ruhig. Justus konnte sogar in einem Fachunterricht im Biologieraum auf einem Platz sitzen, an dem schon ein anderes Kind gesessen hatte, doch das war alles kein Problem – alles hat geklappt. Ein Beweis für eine gelungene Vorbereitung von Mitschülern und Lehrern.

Vor der Cafeteria gibt es mittlerweile einen Kaffee- und Suppenautomaten – eine tolle Gelegenheit für Justus, diesen Automaten zu erkunden und mit Frau Y einen Kaffee zu trinken. So haben die beiden gleich eine Gemeinsamkeit, die sie für Abschlussgespräche nach dem Unterricht nutzen können. Sie haben sich gleich für weitere Kaffeetrinkzeiten verabredet.

Als ich von diesem wunderbaren ersten Tag gehört habe, war ich doch sehr gerührt und ich bin mir sicher, dass auch Sie sich freuen werden, davon zu hören.

Heute – am Sonntag – hatte Justus' Konfirmation. Wieder ein Thema, was er entspannt abhaken kann, um sich nun weiterhin der Schule, dem Lernen und den neuen Klassenkameraden zu widmen. Soll ich ehrlich sein? Ich könnte heulen vor Erleichterung und Glück! Was für ein Einstieg und ein angenehmer Neubeginn. Und ein entgegengeschleuderter Buhruf von mir an die, die Justus weiterhin als Unterrichtsverweigerer zurückgezogen im Sprachlabor (dem kleinen Unterrichts- und Rückzugsraum im Keller der Schule) gesehen haben.

Das Vertrauen in Justus hat ihm sicher viel Auftrieb gegeben. Ich drücke die Daumen, dass es viele weitere schöne Tage dieser Art geben wird."

Soviel zum Freuen für die Zukunft. Jetzt muss ich erst mal verschnaufen – der heutige Konfirmationstag war doch besonders. Es war so schön, sein Kind so erwachsen im Anzug und so voller Inbrunst in der Kirche zu erleben. Ein Glücksgefühl, das sich letzten Sonntag bei der überaus gelungenen Vorstellung im Gottesdienst der Konfirmanden zeigte, sich während der Woche, als es in der Schule so angenehm klappte, verstärkte und heute kaum noch für mich fassbar ist.

Ich bin so froh über die, die uns in den vergangenen Wochen und Monaten so viel Hilfe und Mitgefühl entgegengebracht haben. Ich will mich zwar nicht zu früh freuen, doch die letzten Tage waren es wert, wieder voller Optimismus in die Zukunft zu schauen. Danke!

Juli

Die Weisheiten des jungen Herrn Justus

Bald haben wir ein kleines Buch voll mit Justus' Weisheiten. Heute mal seine Innen-„Ansicht":

„Autismus ist Schwarz-Weiß-Fernsehen – man sieht nicht alle Farben des Lebens!" Dafür sieht er manches schärfer und klarer, finde ich.

Ich habe ihn letztens unten im Wohnzimmer erwischt – mitten in der Nacht beim Fernsehgucken. Auf meine Frage, was er denn da unten mache, kam die lapidare Antwort: „Was ich hier unten mache? Vor mich hin existieren!" Stimmt ja auch.

Oh, ich liebe Justus! Er ist ein immer sprudelnder Quell ungewöhnlicher Sichten auf das Leben. Für mich als Schreiberlehrling einfach wundervoll.

Zeugnisbemerkungen

Justus konnte nur die letzten 10 Wochen am Unterricht seiner neuen Klasse teilnehmen (nachdem die Schule ihn trotz Schulfähigkeit ohne Schulbegleitung nicht beschulen wollte), und durfte dies auch nur eingeschränkt und nicht den vollen Stundenumfang. Deutsch, Englisch und Mathe hatte er schon wieder sehr erfolgreich seit März im Einzelunterricht (D und E jedoch bei anderen Lehrern als jetzt).

Nun gab es gestern Zeugnisse und manche Lehrer sahen sich nicht in der Lage, Justus zu benoten. Justus hat sich so angestrengt und so finde ich das ziemlich unfair. Die Geschichtslehrerin hat ihn trotzdem benotet und ihm eine 5 reingewürgt – weil er nur so selten da gewesen wäre. Das ist nicht auszuhalten, so eine Diffamierung.

179

Ich notiere mir hier zur Erinnerung den Text, der unter Bemerkungen steht (versetzt wurde Justus aufgrund eines Paragraphen in der Prüfungsordnung, nachdem bei einer Rückstufung eine erneute Versetzung nicht sein muss):

„Justus hat im zweiten Halbjahr nach längerer Krankheit und freiwilligem Rücktritt in die Klasse 7 zunächst ab dem 4. März 2010 Einzelunterricht in Deutsch, Englisch, Mathematik im Umfang von zusammen 6 Wochenstunden erhalten. Seit Ende April besuchte er mit reduziertem Stundenumfang den regulären Unterricht seiner neuen Klasse. Wegen dieser Besonderheiten ist er in den Fächern Kunst, Religion, Biologie, Erdkunde, Deutsch und Englisch noch nicht beurteilbar."

Im Zeugnis selbst hat Justus eine 5 in Latein, eine 5 in Geschichte und jeweils Dreien in Sport, Chemie und Mathe – und in den Fächern war er auch nicht immer da.

Ich war gestern echt sauer, gerade weil manche der Lehrer vorher ganz anders getönt hatten, und hatte den Klassenlehrer vorgewarnt, dass wir offiziell Einspruch gegen das Zeugnis einlegen wollen. Seine Antwort war eher verwundert. Er hielt alles für sachlich richtig. Dies habe ich ihm zurückgeschrieben:

„Hallo Herr M,

leider ist die Bemerkung sachlich nicht korrekt. Justus war nicht krank und die ganze Zeit über schulfähig, die Schule wollte ihn nur ohne Schulbegleitung nicht beschulen. Auch der Rücktritt war nicht freiwillig – er war jedoch der einzige von der Kommission angebotene Ausweg, um Justus einen Neustart zu ermöglichen und neues Vertrauen in das System Schule bei ihm aufzubauen. Und wegen all der wunderbaren Maßnahmen hat der Neueinstieg auch super geklappt. Justus hat von Anfang an gut mitgearbeitet. Da gilt der Dank auch Ihnen und der engagierten Arbeit von Frau Y, der Schulbegleitung.

Eine erneute Versetzung war laut Prüfungsordnung nicht nötig, stimmt, doch die Nichtbenotung all der von Justus geleisteten Aufgaben tragen nicht gerade zu seiner Motivierung bei. Justus hat sich trotz der Umstände engagiert, um eine ordentliche Versetzung zu erreichen. Dass nun doch nicht die avisierte 4 in Latein vergeben wurde, dass das ganze

Lob in Erdkunde und Biologie keine Benotung fand, dass Deutsch und Englisch (obwohl ebenfalls über bald 5 Monate unterrichtet) keine Erwähnung fanden – Justus konnte mir nicht von einer einzigen mündlichen Leistungsfeststellung in den reduzierten Fächern gemäß des Nachteilsausgleichs zum Ende des Schuljahres berichten. Für die Beschränkung des Stundenumfangs konnte Justus nichts.

Da das Zeugnis ein Dokument ist, wäre es fatal, würde die Bemerkung in der jetzigen Form Bestand haben. Ich hoffe, Sie haben für unseren Einspruch Verständnis."

Manchmal denke ich, ich reagiere über – doch die Erwähnung von Krankheit im Sinne von „Schulunfähigkeit" – gerade, wenn das so nicht stimmt, auch wenn Justus wegen der ganzen Umstände und der Ablehnung einiger Lehrer psychisch sehr angeschlagen war – das mag ich in einer Zeugnisbemerkung nicht akzeptieren.

Oktober

Verhalten der Schulbegleitung verändert sich

Hier mal wieder ein Schreiben an die Schulpsychologin als Update. Da steht eigentlich alles drin, was in den ersten 6 Schulwochen vor den Herbstferien so alles passiert ist. Eine Beschreibung der vielen kleinen und großen Nervenzusammenbrüche – zum Glück nicht bei mir – habe ich mal weggelassen. Ach, und bevor ich vergesse, es aufzuschreiben: Das Zeugnis hat die Schule zurückgenommen und den Text bei den Bemerkungen verändert. Nun steht drin, was drin stehen muss. Nämlich der Grund für Justus' lange Fehlzeit. Und die Schulpsychologin weiß jetzt auch wieder mehr. Zum Glück mag sie die schriftliche Kontaktaufnahme, um auf dem Laufenden gehalten zu werden.

„Liebe Frau S,

hier wieder ein erneutes Protokoll für Sie zur Information über den Stand der vergangenen Wochen.

Eine erneute Lehrerinformation mit dem zuständigen Autismuskoordinator zu Beginn des neuen Schuljahres hat es nicht gegeben. Frau Y. bzw. die anderen Schulbegleiter haben diese Aufgabe so gut wie möglich übernommen.

Von uns Eltern aus klappt die Zusammenarbeit mit der Schule bzw. mit dem KL, Herrn M. hervorragend. Es gibt außer mit einer Lehrerin keine Probleme, die Justus in irgendeiner Weise beeinträchtigen. Niemand kann verlangen, dass alle Lehrer mit Justus' Andersartigkeit klarkommen. Da halte ich mich auch an die Aussage von Justus' Arzt, dass Autismus bei Nichtbetroffenen auch Angst vor dem Unbekannten hervorrufen kann. Und das ist auch sehr verständlich. Vielleicht wird sich dieser Knoten auch bei der Deutschlehrerin irgendwann lösen und sie etwas entspannter mit Justus umgehen können.

Uns machen derzeit ganz andere Dinge Sorgen. Die Schulbegleitung hat dem KL und uns ein dickes Päckchen zu tragen gegeben, nachdem sie uns als Erklärung für einige Weinanfälle in Justus' Beisein eine jahrelange schwerwiegende Krankheit offenbart hat, die sie aber ihrem Arbeitgeber zu dem Zeitpunkt noch nicht berichtet hatte. Kurz danach schwenkte sie jedoch um und gab andere Gründe für ihr Zusammenbrechen an, und dann auch noch weitere. Wir haben diese Erkenntnisse hingenommen, sie belasten aber doch sehr – insbesondere das Verhältnis der Schulbegleitung zu Justus, der sie seit einigen Wochen nicht mehr wiedererkennt und ihre Begleitung mit einem völlig veränderten Verhalten ihm gegenüber ablehnt.

Mittlerweile hat sie auf unser Bitten hin ihren Arbeitgeber informiert, betont jedoch ausdrücklich, dass ihre Krankheit absolut keinen Einfluss auf ihre Arbeit hätte. Herr M und wir sind jedoch irritiert, warum sie uns dann davon berichtet hat.

Hier eine Zusammenfassung, bei der wir überlegen, ob wir nicht das Jugendamt über die derzeitigen Veränderungen informieren müssen – nicht dass man es uns dort anlastet, sollte nach einer neuen Schulbegleitung gesucht werden müssen. Hierzu erbitten wir Ihre Beratung.

„Nach mehreren Krankheitstagen im alten Schuljahr, an denen Justus nicht am Unterricht teilnehmen konnte, erkrankte Frau Y in der zweiten

Schulwoche und war erst für zwei und dann kurzfristig für weitere 10 Arbeitstage krankgeschrieben. Von dieser Zeit konnten wir mit viel Glück 8 Tage auf eigene Kosten überbrücken. Die anderen Tage blieb Justus zu Hause – mit Ausnahme von zwei Stunden Differenzierungsunterricht, an dem er allein teilnehmen durfte.

Nach ihrer Rückkehr Mitte September konnte Frau Y nicht mehr an ihr vorher hervorragendes Verhältnis zu Justus anknüpfen. Sie wollte aus persönlichen Gründen die frühere Beziehung nicht wiederbeleben, schaffte es aber nicht, Justus' Vertrauen auf einer anderen Basis wiederzuerlangen. Justus wirkt verunsichert und ängstlich und hat sichtlich Schwierigkeiten, sich wieder in ihre Obhut zu begeben.

In Gesprächen mit dem KL und auch mit dem Vorgesetzten des Integrationsdienstes sowie Frau Y und Justus selbst bemühen wir uns seitdem um eine Entspannung der Situation. Mitte Oktober fand hierzu in der Schule zwischen KL, Integrationsdienst und Frau Y ein Gespräch statt. Weitere sollen folgen.

Ihr seit August 2010 mit uns bestehendes Arbeitsverhältnis im Rahmen von zusätzlichen Betreuungsleistungen wurde von Frau Y Anfang Oktober trotz des am gleichen Tag von ihr geäußerten Wunsches nach Ausweitung ihrer Aufgaben mit dem späteren Hinweis auf eine fehlende Haftpflichtversicherung telefonisch fristlos gekündigt."

Wie Sie aus diesen Zeilen entnehmen können, hat Justus in den letzten Wochen viel Unterricht verpasst, er ist zunehmend im Unterricht blockiert, es ist ihm in den letzten drei Wochen vor den Ferien immer schwerer geworden, mit Frau Y mitzugehen. Die Erfahrungen der letzten Jahre veranlassen ihn dazu, zu sagen, dass er sich weigert, nach den Ferien weiterhin von Frau Y. begleitet zu werden.

Wir hätten Ihnen gerne heute ein anderes Verlaufsprotokoll geschickt, es sah ja in der ersten Schulwoche und auch während der sechs Tage Vertretung ganz prima aus – doch mit diesem Verlauf haben wir nicht gerechnet. Und im Vertrauen gesagt empfinden wir das Verhalten von Frau Y nach ihrem Krankenstand als unzuverlässig und für Justus nicht förderlich. Es passieren immer mehr Dinge, die uns in unserem Gefühl bestätigen.

Ein Lichtblick ist jedoch Justus' Begeisterung für seine jetzigen Unterrichtsfächer und sein wiederentdeckter Spaß am schulischen Lernen im Allgemeinen.

Wir sind gespannt auf Ihren Rat.

Never ending story

In unserer ellenlangen Schulbegleiter-Story hat sich mal wieder etwas Entscheidendes ergeben:

Wie ich schon vor ein paar Tagen aufgeschrieben habe, hatten sich in der ersten Ferienwoche die Schulbegleitung, ihr Chef und der Klassenlehrer getroffen und über Möglichkeiten unterhalten, wie man es für die Schulbegleitung erleichtern könnte, welche Maßnahmen ihr helfen. Sie hat sich sehr kooperativ gezeigt, sich noch für ein Musik-AG-Projekt engagiert, das sie leiten wolle und ganz allgemein verkündet, dass sie Justus die nächsten 1,5 Jahre bis zum Schulwechsel (zum b.i.b.) weiter betreuen wolle.

Jau, soviel dazu. Heute, eine Woche später, hat sie dann am späten Nachmittag ihren Chef angerufen und ihm mitgeteilt, sie hätte eine neue Stelle, wie lange denn ihre Kündigungsfrist sei. Sie wolle dann noch diese Zeit (zwei Wochen) Justus weiter begleiten. Es ist zum Aus-der-Haut-Fahren, dieses ewige Durcheinander. Hin und her, her und hin. Armer Justus!

Soviel dazu, dass sie am Anfang gesagt hat, sie wolle für Justus ein Fels in der Brandung sein, bei ihm nach dem, was er die letzten beiden Jahre ausgehalten hat, wieder Vertrauen wecken.

Dass sie mehrmals weinend vor Justus zusammengeklappt ist – dafür konnte ich zu Beginn noch Verständnis zeigen – es gab ja immer einen Grund. Nur wurden es ja immer mehr Gründe und immer seltsamere. Doch Justus auf diese Weise im Stich zu lassen, wo sie ganz genau weiß, dass es viele Wochen dauert, bis jemand Neues gefunden wird?!

Nun haben wir wieder die alte Situation: Wer begleitet Justus? Manche Tage kann ich überbrücken, doch so viele Wochen? Er kann doch nicht schon wieder mehrere Wochen zu Hause bleiben?

Dezember

Ich gehe wieder zur Schule – als Begleitung

Ich bin heute Abend, nachdem ich unsere Post bekommen habe, total verwirrt.

Seit einigen Wochen begleite ich ja Justus als Schulbegleitung. Er macht tolle Fortschritte und der Klassenlehrer ist begeistert von seinen Leistungen und netterweise auch von meiner Arbeit.

Doch vor Kurzem wollte ich dem Jugendamt nicht noch länger die Gelegenheit geben, sich aus der Affäre zu ziehen und die Finanzierung der Schulbegleitung weiter zu verzögern. Sie weigern sich ja, den von uns bevorzugten Dienst weiter zu nehmen. Die Begründung sind weniger die Leistungen bei Justus, sondern eher Kommunikationsprobleme zwischen dem Dienst und dem JA. Justus ist also zu Hause geblieben. Mir waren die 33 Zeitstunden einfach zu viel – so für lau und so ohne Perspektive, dass endlich jemand als Ersatz gefunden wird.

Obwohl auch wir mit vielen Dingen bei dem Dienst nicht einverstanden sind, fanden wir jedoch – auch Justus -, dass wir weiter den vertrauten Dienst möchten und dies auch zur Not per Anwalt durch das Wunsch- und Wahlrecht erzwingen würden. Wir wollten uns nicht vertrauensvoll in die Arme des Jugendamtes werfen, da wir dem eben nicht vertrauen und uns nicht vorstellen können, dass wir dann noch eine faire Mitsprache haben, wenn uns vom Amt jemand aufgezwungen wird.

Nun ja: So war also der Stand heute Nachmittag, dass wir einen erneuten Antrag beim JA stellen und die Kostenübernahme verlangen.

Jetzt kommt das große Aber: Die Post kam und es kam endlich das Schreiben eben des Dienstes, den wir eigentlich bevorzugen, für den wir uns seit Wochen einsetzen und uns mit dem JA anlegen.

Dieses Schreiben beinhaltete den Bericht des Dienstes zu den Vorkommnissen, die zur Kündigung der letzten Schulbegleitung geführt haben soll. Ich hatte das Schreiben beim Chef des Dienstes angefordert, weil das JA so seltsame Dinge erzählt hat, so von wegen, unsere Darstellung widerspreche dem Bericht des Dienstes.

Und jetzt weiß ich, warum – ich bin total enttäuscht. Die haben doch wirklich totalen Blödsinn dem JA geschrieben. Dinge, die so gar nicht passiert sind. Alles schön auf uns abgeschoben. So formuliert, als hätten wir etwas mit der Kündigung zu tun.

Da frage ich mich: Können wir so einem Dienst noch vertrauen? Einem, der uns so hintergeht? Dinge erzählt, die so gar nicht stimmen? Unterschrieben von dem Chef, der noch nicht mal bei uns nachgefragt hat? Unsere Berichte klangen nämlich immer ganz anders.

Wenn ich nicht immer mit dem Klassenlehrer im Gespräch gewesen wäre, ich könnte schon selbst dran glauben, was die da so erzählen. Doch es stimmt nicht und beim JA sind wir durch diesen Bericht total unten durch. Oder war das wohl der Grund, warum die uns drängen wollten, den Dienst zu wechseln?

Ich bin so enttäuscht. Gerade auch, weil ich erst vor Kurzem mit dem Dienst klären wollte, warum die mich intern vor Fremden als schwierig oder sogar penetrant bezeichnet haben. Das haben mir Mitarbeiter erzählt, die mich zu dem Zeitpunkt noch gar nicht kannten. Ich wollte das klären, wenigstens ansprechen – und es dann nicht mehr so ernst nehmen. Denn: Geklatscht wird immer und Eltern wie wir haben eben leicht einen schlechten Ruf weg. Wenn mir das bei so einem Dienst auch nicht gepasst hat, so wollte ich doch drüber hinwegsehen.

Doch über so eine Unverfrorenheit, uns die Verantwortung für Vorkommnisse zuzuschieben, mit denen wir gar nichts zu tun hatten – das ist nicht fair.

Bleibt nur noch Justus und mein schlechtes Gefühl mit dem JA-Fachbereichsleiter. Wir beide empfinden ihn als nicht vertrauenswürdig und haben beide ein Unbehagen in seiner Nähe. Justus nennt das ganz putzig: negative Schmetterlinge im Bauch. Justus musste heute nämlich zu einem Gespräch beim Amt – die wollten ihn unbedingt kennenlernen.

Haben eine Frageliste zu seiner Situation in der Schule (Lieblingsfächer, kennst du den Klassenraum, weißt du, wann Pausen sind, findest du Fachräume ...) gestellt, die Justus fast alle mit „Ja" oder „eigentlich schon" beantwortet hat. Einwände von mir, dass ein Nachfragen sinnvoll wäre, waren unerwünscht und wurden mit der Bitte, still zu sein, abgeblockt. Lasse mich halt nicht gern zurechtweisen, wenn ich in einer gleichrangigen Gesprächssituation bin. Wir selbst sehen uns vorm Amt halt nicht als Bittsteller, sondern als Hilfesuchende.

Der Witz war noch, dass das Amt zum Schluss noch Justus fragte, ob sie ihn denn demnächst auch zu Hause besuchen könnten. Was hat das denn mit Hilfe zu einer angemessenen Schulbidung zu tun? Doch es ist zum Lachen. Anscheinend dürften die das sogar. Machen wir nicht mit, könnten wir wegen fehlender Kooperation Schwierigkeiten kriegen. Ich empfinde das als unverschämt. Habe auch gesagt, wir hätten ja keine Erziehungshilfe beantragt. Und Justus wollte auch keinen Besuch zu Hause.

Justus schenkt mir was zu Weihnachten: und noch ein Gedicht

Weihnachten, das Fest der Liebe,
auch, wenn man mal zu Hause bliebe,
ist das Fest für groß und klein,
wo der Leute fröhlich Schein,
auftaucht aus der Dunkelheit
und die Liebe wird befreit.

Alle Leute fragen sich, denn es ist das Fest,
für Familie, Freunde und den Rest.

Weihnachten, das Fest der Liebe,
auch wenn man zu Hause bliebe.

2011

„Autismus ist Schwarz-Weiß-Fernsehen – man sieht nicht alle Farben
des Lebens!"

Januar

Der kalte Himmel

M ich hat dieser Fernsehfilm über den Diagnoseweg eines autistischen Jungen und seine Familie in den 60-er Jahren sehr bewegt und ich fühlte mich in die Zeit zurückversetzt, als Justus noch keine Diagnose hatte, als wir und Justus uns völlig unverstanden fühlten. Momentan bin ich noch zu aufgewühlt – zu viele Erinnerungen an eine Zeit voller Verzweiflung. Bis zu Justus' Diagnose vor fünf Jahren. Seitdem ist alles gut – jedenfalls unser Verständnis für unser Kind. Alles andere? Ist halt so, mal besser, mal schlechter – doch das kennt ja jeder in der Situation zur Genüge.

So, ich muss noch ein paar Tränchen verdrücken – und bin so froh, dass wir damals den Weg zur anerkannten Autismusambulanz gefunden haben. Eine Diagnose, an der man nicht rütteln kann. Da kann bei uns auch Ende des Jahres der SBA und auch die PS erneut geprüft werden. Das stehen wir auch irgendwie durch.

Wenn ich an die ganzen Berichte denke, die ich geschrieben habe: Wer will da sagen, dass es nicht schon früh Auffälligkeiten gab – es ist alles dokumentiert. Für mich bedeutet das, nach so einem Film wie vorhin, sich wieder zu erinnern und dann hier in meinem Tagebuch zu lesen, dass es nie Einbildung war, was in den letzten Jahren alles geschehen ist.

Februar

Besonderer pädagogischer Förderbedarf

Wir haben uns in den letzten Jahren (und auch Monaten) – gemeinsam mit der Schule und dem Integrationsdienst – immer erfolgreich gegen das AO-SF gewehrt, das das JA immer wieder ins Gespräch brachte. Immerhin hatte Justus das Vorgängerverfahren auch durchlaufen und durfte später nur auf dem Gymnasium bleiben, nachdem dies nach einer halbjährigen Probezeit aufgehoben worden war.

Die damals zuständige Sonderpädagogin hat aber so gar nichts gemacht. Hilfen für Justus, Sonderstunden? Nicht die Bohne! Irgendwann erschien sie unangemeldet im Unterricht, brachte Justus völlig aus dem Konzept und ansonsten sprach sie nur ein paar Worte mit der Schulleitung und hatte die unmöglichsten Vorschläge, als die Schule die ersten Überforderungsanzeichen im Umgang mit Justus bekam: Internat der Jugendhilfe. Ich war damals mehr als entsetzt, als ich das mitbekam, und hatte schnellstmöglich darauf gedrängt, diese Frau als Expertin nicht mehr in den HPGs zu sehen.

Bei uns geht es übernächste Woche um die Weiterbewilligung der Maßnahme. Ich habe ja die letzten 12 Wochen begleitet – wenn auch nicht Vollzeit, den Rest musste Justus eher nach Hause. Nun ist jemand gefunden worden, der meine Aufgabe übernimmt. Doch so wie ich die rechtlichen Tendenzen, die Vorschriften der Jugendämter, sehe, wird wohl ein kleiner Schock auf uns zukommen.

Justus und die Schule mussten Diagnosebögen ausfüllen – vielleicht mit dem Ziel, die Schulbegleitung von den Stunden her zu verringern? Wir sind übrigens nicht rechtlich über diesen Fragebogen aufgeklärt worden, hielten zuerst die ganze Sache für ein Prozedere zum Kennenlernen von Justus. Das JA wollte ihn endlich mal persönlich zu einem Gespräch sehen.

Irgendwie habe ich für die nächsten Wochen gar kein gutes Gefühl – ehrlich. Ich kenne ja unser JA, mit dem liegen wir schon lange im Clinch. Sie wollen Dinge wissen, die ich denen nicht sagen möchte, weil es sie absolut nichts angeht und außerdem einfach für die „Hilfe zu einer angemessenen Schulbildung" irrelevant sind.

Ich werde jetzt erst mal unseren neuen Schulbegleiterdienst ansprechen, ob die was von den neuen Regeln bei den Ämtern gehört haben.

Zeugnis

Auch Justus' Zeugnis könnte richtig toll aussehen, wenn man bedenkt, dass er in den letzten dreieinhalb Monaten, als ich ihn begleitet habe, nur noch 2en in Mathe und Englisch und sogar 3en statt 5en in Latein geschrieben hat. Die Tests in den anderen Fächern waren fast alle 1.

Leider haben die ersten Arbeiten bei der alten Schulbegleitung (die ja schwer krank wurde oder schon war) den Schnitt dermaßen versaut, dass nun doch keine 2,3 (was ich für Justus wahnsinnig gut finde), sondern eine 3,1 dabei herausgekommen ist. Für Justus ist das schade, so gut war er im Schriftlichen noch nie – und dabei war er nicht mal alle Stunden da, hat sich viel selbst beigebracht. Na ja, ihn stört das Ganze nicht – mich frustriert eher die Haltung der Lehrer. Bei uns geht es ja Montag direkt ins zweite Halbjahr. Jetzt dauert es noch einmal fünf Wochen, bis endlich wieder Ferien sind. Hoffentlich ändert der Schulbegleiter sich schnell und passt sich seiner Aufgabe an. Momentan – nach drei Tagen – ist schon eine heftige Krise ausgebrochen. Mal schauen, der Chef schaut sich das Dienstag an. Solange will Justus noch aushalten.

Erfolg, Erfolg

In unserem Kreisgebiet haben es junge Autisten endlich leichter, vom Versorgungsamt den ihnen zustehenden SBA zu bekommen. Das, was Bekannte für ihre Kinder bekommen haben, haben wir vor einigen Jahren erstritten und waren im Bereich des damals noch existierenden Versorgungsamtes Vorreiter für GdB 70 und Merkzeichen B, G und H. Wunderbar, das nun von anderen Eltern zu hören. Die Mühe und die jahrelangen Gerichtsverfahren haben sich gelohnt, wenn andere Eltern mit ihren autistischen Kindern davon profitieren können. Denn aufgrund der Vorlage können die Kreisämter nicht anders reagieren.

Schuldebakel

Meine Aufzeichnungen müssten dringend um unser derzeitiges Schuldebakel erweitert werden – doch irgendwie hänge ich an den schon mal erreichten schönen Zeiten. Seit dem neuen Schuljahr Anfang September war es ja erst entspannter (für eine Woche), doch dann wurde unsere Schulbegleitung krank und hat ohne Begründung gekündigt und so stand Justus bis letzte Woche wieder alleine und es drohte erneut, dass er für lange Zeit nicht zur Schule durfte – die letzten drei Monate habe ich ihn dann begleitet – mit vollem Erfolg, da seine Noten sich fast überall um zwei Noten verbesserten.

Seit Kurzem haben wir nun einen neuen Schulbegleiter. Ein Kunsttherapeut, Ende vierzig, total skurril. Die beiden verstehen sich ganz gut. Ich hoffe nur, dass er nicht sofort mit irgendwelchen „Umerziehungsmethoden" anfängt – er hat schon so Anwandlungen, nach einem Tag.

Kündigung

Und was ist am Zeugnistag passiert? Der Grund, warum der Schulbegleiter gekündigt hat: Justus weigerte sich, einen Chemiezettel mit einem Silbenrätsel zu Halogenen auszufüllen. Er hat daraus einen Papierflieger gemacht und Richtung Lehrerpult geworfen. Mir erzählte er später, er wolle solange er noch könne auch einmal Unsinn machen dürfen, so wie die anderen Schüler – und dafür auch Schimpfe vom Lehrer bekommen.

Der neue Schulbegleiter wurde richtig sauer und hat versucht Justus zu sanktionieren – hat aber nicht geklappt. Die Aufregung und das über 10 Minuten lange auf ihn Einreden im Unterricht hat Justus nicht verstanden. Und dann hat Justus ihm auch das Zeugnis nicht gezeigt, weil es ihn selbst nicht interessiert – o je! Schon wieder Ärger. Nun ja, am Montag rief er mich dann an und meinte, er würde sofort seine Aufgabe niederlegen. Ich solle Justus abholen. Dabei hat Justus nur noch einmal gefragt, was denn an der Papierfliegersache so schlimm gewesen sei. Der Schulbegleiter schrieb dazu in seinem Tagesprotokoll:

„Und abschließend möchte ich Folgendes ausdrücklich betonen: Mal ganz abgesehen davon, dass mir solche Konfliktsituationen auch keinen Spaß machen, war ich sogar in meiner Rolle als Schulbegleiter dazu gezwungen, so im Chemieunterricht zu handeln. Denn, ... hätte ich in dieser Situation nicht so reagiert, wie ich reagiert habe, dann hätte ich nicht nur bei dem Lehrer, sondern auch bei den Klassenkameraden als Respekts- und Autoritätsperson für immer verloren ... und insgeheim gewiss auch bei Justus, auch wenn ihm mein Verhalten überhaupt nicht gefallen hat."

Dummerweise hat Justus am Montag schon vorher bei mir wegen einer anderen Sache, die der Typ verbockt hat, Hilfe geholt und ich habe den Chef des Schulbegleiters informiert, der sich sofort auf den Weg gemacht hat, um zu intervenieren. Justus ging es sofort besser, als der Chef plötzlich zur Tür hereinkam. Der Schulbegleiter musste nun doch den Tag durchziehen. Ätsch, sag ich da nur. Hätte er besser gleich seinen Vorgesetzten angerufen.

Also: Der Neue hat es geschafft, schon nach drei Tagen eine richtig schlimme Krise auszulösen. Das kommt davon, wenn man nicht nach den Anweisungen seines Arbeitgebers handelt und selbstherrlich alles besser weiß. Für mich ist das blöd, muss ich doch nun wieder jeden Tag mitlatschen – und das bei einer Schule bzw. einer Schulleitung, die mir liebend gerne Knüppel zwischen die Beine wirft und mich nicht ordentlich arbeiten lässt.

Aber man sieht: Die Auslöser sind immer ähnlich. Außenstehende verstehen einfach bei unseren Kindern oft nicht die Not, die zu dem Verhalten führt, das viele als respektlos bezeichnen, aber eigentlich ein Ausdruck großer Angst ist.

Für Justus wird jetzt nach dem optimalen Begleiter gesucht. Noch mal wird dem neuen Dienst so was nicht passieren.

Schule ist immer ein großes Problem für unsere Kinder. Wenn schon die NTs so oft an ihre Grenzen stoßen – wie müssen erst Asperger-Kinder sich abrackern, um einigermaßen durch diese Jahre zu kommen? Gerade in der Zeit, wo sie noch nicht soviel Kraft haben, noch nicht alles verstehen. So hangelt man sich von Jahr zu Jahr und freut sich über die Erfolge, die es auch immer gibt – wie zum Beispiel Justus' prima Zeugnis dieses Jahr (Schnitt doch 2,8 – ich konnte letztens nicht rechnen).

Und ich freue mich auf einen neuen Schulbegleiter und auf Entlastung – dann kann ich mich voll auf unseren Hausbau, oder besser erstmal den Grundstückskauf, konzentrieren. Da hakt es nämlich auch gewaltig. Ob ich Schwierigkeiten und Durcheinander wohl anziehe?

Bei solchen Problemen in der Schule wie bei uns kann ich nur raten, eine andere Schule zu suchen. Obwohl ich gestehen muss, dass wir das damals in der gleichen Situation nicht gemacht haben – weil es einfach keine Alternative gab.

Mir hat mein Ansprechpartner beim Schulministerium geholfen, der dann die Schulaufsicht angewiesen hat, uns zu helfen. Die hatten uns vorher nämlich im Regen stehen lassen. Bei uns war der Klassenwechsel ein Segen. Andere Lehrer, andere Schüler – fast alles perfekt. Von der einen „Hexe", wie die Klasse sie nennt, mal abgesehen.

Der einzige Nachteil: Die Schulleitung hat als Verpflichtung verlangt, dass Justus nicht ohne I-Hilfe zur Schule darf, da sie die Verantwortung nicht übernehmen wolle, wenn Justus zu Auszeiten aus dem Klassenraum gehe.

Das bedeutet natürlich, dass Justus in der jetzigen Situation oft nicht im Unterricht ist, da ich das einfach nicht immer packe. Sind ja – ohne diese Chaoswoche letztens – schon über vier Monate.

März

Endlich die Richtige gefunden

Seit drei Tagen habe ich endlich frei. Juhu. Endlich durfte ich meine Schulbegleiterfunktion an eine fähige Kraft abgeben. Der Integrationsdienst hat es geschafft. Die Neue hilft, wo sie kann, kommt sofort, wenn Not am Mann ist.

Als der „Kurzbetreuer" letztens diese Krise ausgelöst hatte, danach ging für Justus gar nichts mehr. Wir beide waren zwei Wochen schlimm erkältet und konnten nicht in die Schule, die Klassenkameraden wirkten sehr abweisend und eine Lehrerin hat uns glatt mit dem Spruch vor die Tür gesetzt, sie wolle jetzt mit dem Unterricht anfangen, könne uns keine Aufgaben geben. Sie hatte für Justus keine Lektüre mitbestellt, so als gehöre er gar nicht dazu. Justus hat das den Rest gegeben. Er hat sich nicht mehr in die Klassenräume getraut, obwohl er so gern lernen wollte.

Der Integrationsdienst hat viel und lange mit Justus gesprochen (obwohl noch gar keine Finanzierung durch das JA bewilligt war) und ver-

mutlich soll Justus zusätzlich zum HFA noch DIS (Dissoziative Identitätsstörung, früher: Multiple Persönlichkeitsstörung) haben. Eine zusätzliche
Störung, die auch die Kinder, mit denen Hans Asperger gearbeitet hat,
aufwiesen.

Justus leidet ja immer noch unter seiner Zeit auf der Erziehungshilfe-
grundschule. Manchmal kommen da noch Dinge hoch, wie zum Beispiel,
dass er von Klassenkameraden verprügelt und getreten wurde. Hier sieht
der Integrationsdienst eine mögliche Ursache für Justus' zwiespältiges
Verhalten. Es ist ja schon eine recht seltsame Vorstellung, diese DIS, doch
da sie auch von führenden Autismusforschern beschrieben wird, setze ich
mich auch damit auseinander.

Trotz allem: Ich bin so erleichtert, dass Justus nun eine neue Schulbegleitung gefunden hat, mit der er sich gut versteht und die sich auch durch
die schwierige Situation nicht abschrecken lässt. Sie ist so warmherzig
und ich habe ihr gern die Verantwortung für Justus' Schülerdasein übertragen.

Alles in allem geht es uns in der jetzigen Situation wieder besser – der
regelmäßige Schulbesuch wird sich auch wieder einstellen, bestimmt. Und
wehe, der Direktor wagt, Justus wieder auszuschließen. Zuzutrauen wäre
es ihm, denn er setzt Justus täglich unter Druck, wenn er sieht, dass er
nicht im Unterricht ist. Den ganzen Unsinn hatten wir ja schon letztes Jahr
– doch diesmal haben wir einen fähigen I-Dienst, der uns unterstützt und
vermittelt.

Dissoziationen

Ich genieße die Anteilnahme in der Selbsthilfegruppe. Es wird drin-
gend Zeit, dass ich allen antworte. Doch das gekaufte Messiehaus entrüm-
peln und imaginäre Ratten verjagen, Bäume fällen, Äste schleppen und
Brennholz machen beherrscht derzeit meinen Tag – bevor endlich die
Bagger kommen und aus unserem Traumgrundstück ein ordentliches
Baugrundstück machen. Dezember im neuen Heim – das werden harte
Monate.

Zurück zu DIS:

Tja, diagnostiziert ist DIS bei Justus nicht. Es ist nur ein Verdacht des Chefs des Integrationsdienstes, der schon mit mehreren Kindern mit dieser Störung gearbeitet hat.

Ich mache mich aber jetzt nicht verrückt und warte die nächste Verlaufskontrolle ab. Im Fachbuch von Prof. Remschmidt/Dr. Kamp-Becker stand halt drin, dass DIS eine Begleiterscheinung bei ASS sein kann. Nur deshalb denke ich darüber überhaupt nach. Die Patientengruppe damals bei Hans Asperger hatte ja wohl auch zusätzlich DIS.

Das Problem bei Justus ist das, was uns ja schon vor anderthalb Jahren aufgefallen ist. Er redete oft von Stimmen. Der Psychiater hier vor Ort – und ich – kamen dann darauf, dass dies möglicherweise die negativen Gedanken seien, die jeder von uns hat und die Justus extrem unangenehm seien, da sie so gar nicht zu seinem angepassten, höflichen Selbstbild passen. Man denkt halt keine bösen Sachen und redet – wenn auch in Gedanken – schlecht über andere. Das ist in Justus tief verwurzelt.

Bei vielen Gesprächen mit Justus war dem Chef (nenne ich mal verkürzt so) aufgefallen, dass Justus oft „switched", dass er sich nicht erinnert, etwas gesagt oder getan zu haben. Justus meint, er hätte vor langer Zeit mal einen schrecklichen Gedanken gehabt, den er tief in sich verschlossen hätte. Doch manchmal komme das wieder hoch und er wolle das nicht.

Der Chef ist der Auffassung, Justus müsse diesen zweiten Justus rauslassen, ihn akzeptieren und mit ihm gemeinsam (wie das klingt – DIS ist echt seltsam!) Strategien entwickeln, um seine Angst in den Griff zu kriegen. Auch wäre es wichtig, dass Justus weiß, dass wir Eltern ihn – mit all seinen Facetten – lieb haben. Nicht nur den autistischen Teil von ihm. Der zweite Justus sei der „ganz normale" Anteil von Justus, der misstrauisch ist und vor der Schule Angst hat, während der autistische Anteil von ihm unbedingt lernen will und nicht gegen den normalen Justus ankommt.

Sollte an dieser Theorie wirklich etwas dran sein – meine Güte, mein armes Kind: kein Wunder, dass er so leidet und völlig durch den Wind ist und zudem zutiefst erschöpft. Mich beruhigt jedoch die Tatsache, dass Justus sich langsam wieder der Schule annähert. Es klappt zwar nicht den ganzen Tag, doch es wird langsam besser. Wenn nicht gerade wieder der

Direktor ihn in den Unterricht zwingen will. Dann bricht wieder das ganze Vertrauen zusammen.

Ob sich das mit dem zweiten Justus in Wohlgefallen auflöst? Momentan möchte ich Justus noch nicht einer Verhaltenstherapie aussetzen. Ich möchte lieber noch eine zweite Meinung der Autismusambulanz abwarten. Denn es ist ja erst ein Verdacht, auch wenn der Chef sehr überzeugt ist. Ich nehme diese Möglichkeit ernst, da ich mich mit DIS ja null auskenne, doch der Chef kann und will keine Diagnose stellen und verweist auf die Fachleute. Das finde ich prima, der Hinweis von ihm ist ja auch wichtig – speziell, wenn man bedenkt, dass er auf dem Gebiet viel Erfahrung hat. Oder er es jedenfalls behauptet.

Mai

Frau Funcake

Mit der Schulbegleitung läuft es bei uns wunderbar. Die Frau ist wirklich ein Engel – null Beanstandungen. Justus nennt sie liebevoll Frau Funcake (Scherzkeks), weil sie so fröhlich ist. Sie lässt sich von ihm nie provozieren und ist sehr gelassen – für mich eine wunderbare Entlastung. So eine Gewöhnungsphase gab es diesmal gar nicht. Es passte bei beiden auf den Punkt.

Durch die schlechten Erfahrungen, die eine Woche zu Beginn des zweiten Halbjahres mit diesem Stoffel von Schulbegleiter hatte Justus einige Probleme, sich wieder in der Schule zurechtzufinden und sich zu trauen. Doch mittlerweile geht er wieder täglich und möglichst alle Stunden in den Unterricht. So lange Zeit hatte er richtiggehende Ängste, doch das ist vorbei, bzw. er überspielt sie gut – wer weiß?

Wenn nur die Deutschlehrerin nicht wäre! Gestern gab es einen blauen Brief für Englisch und Deutsch. Heute gab es die Deutscharbeit zurück – eine 6. Das muss man mal bringen – in Deutsch eine 6 zu schreiben! Es handelte von einer Rollenbiographie zu Wilhelm Tell. Ein Referendar sollte für Justus schreiben, die I-Hilfe war dabei. Der Referendar war total von Justus' Sicht begeistert. Und dann eine 6? Na ja, es steht mir nicht zu, das zu bewerten.

Die dummen Sprüche der Lehrerin haben mich sehr verletzt und ich habe einen Brief an den Klassenlehrer verfasst, um mir alles von der Seele zu schreiben. Dieser Riesenstein auf meiner Brust ist jetzt minimal leichter. Hier mein Brief:

„Hallo, Herr M,

danke für Ihre Ausführungen. Mit Frau E (Englisch) werde ich mich auf jeden Fall in Verbindung setzen, sie ist sehr kooperativ und verhält sich Justus gegenüber ganz klasse und verständnisvoll. Justus' mündliche Beteiligung ist sicher noch ausbaubar, doch jetzt ist er ja wieder im Unterricht dabei. Das persönliche Gespräch mit Frau D (Deutsch) hatte ich schon öfter gesucht, doch es hat nie geklappt: weder in meiner Eigenschaft als Schulbegleitung noch außerhalb des Unterrichts als Mutter.

Justus hat heute die Klassenarbeit zurückbekommen, nachdem Frau D letzte Stunde meinte, sie hätte sie nicht dabei, sie hätte ja nicht wissen können, dass er da sei. Im Klassenarbeitsheft hat sie sämtliche Schulbegleiteranmerkungen und auch die Infos von mir nachträglich kommentiert. Dadurch habe ich festgestellt, dass da wohl ein großes Missverständnis besteht und Frau D sich in ihrer Unterrichtskompetenz angegriffen fühlt. Das ist mir ein Rätsel, denn das, was sie im Unterricht macht, geht mich doch gar nichts an. Ich kann nur auf die Möglichkeiten hinweisen, die ihr die Arbeit mit Justus erleichtern. Und es ist halt immer schade, dass Justus in Klassenarbeiten nie die Möglichkeit zum Nachfragen hat – wie es den Klassenkameraden möglich ist, weil verständlicherweise die Fachlehrerin nicht dabei ist. Frau D bezeichnet meine Erklärungen von Justus' Arbeitsstil als Unverschämtheit.

Eine weitere Notiz befasst sich mit dem Lehrerbrief. Anscheinend akzeptiert sie ihn nicht, weil er von mir ist. Dabei ist er ja in Kooperation mit Schule, Therapie, Autismuskoordination und Schulbegleitung entstanden. Als Konsequenz wurde ich gebeten, Kontakt mit Frau D nur noch über Sie aufzunehmen. Was ich hiermit – und auch in der Vergangenheit – getan habe, weil ich mit dem abweisenden Verhalten nicht klargekommen bin und mehrmals – in meiner Funktion als Schulbegleitung – gemeinsam mit Justus des Unterrichts verwiesen wurde.

Warum machen wir es uns alle nur so schwer? Ob Frau X, Frau Y, Frau Z oder ich (die Schulbegleiter seit Januar 2010): Wir wollen Frau D doch gar nicht in den Unterricht reinquatschen oder ihre Bewertung hinterfragen. Wir wollen ihr doch nur in manchen Bereichen die Arbeit erleichtern und für Justus' Besonderheiten Verständnis wecken – in unserer Funktion als Integrationshelfer.

Vielleicht reagiere ich über, aber ich halte diese ganze Situation nicht mehr lange durch, denn immerhin muss ich für Justus alles auffangen, was ihn aus der Spur bringen könnte. Am liebsten würde ich alles hinschmeißen und aufgeben. Doch wofür? Damit die wenigen, die sowieso unken, was ein Autist am Gymnasium verloren hat, gewonnen haben? Und es für all die, die sich so sehr um Justus bemühen, vergebliche Mühe ist?

Mir ist schon klar, dass Sie an der Situation auch nicht viel ändern können, dafür ist sie wahrscheinlich zu verfahren. Doch was für Möglichkeiten gibt es, damit sich nicht beide Seiten – der Lehrer und der Schüler – noch weiter aufreiben?

Wenn Sie einen Rat wissen, ich bin offen für alles, was die Situation entschärfen könnte. Und ich bin für jeden Tipp dankbar."

Juni

Alles wird besser

Es wird in der Schule täglich besser. Justus geht wieder regelmäßig in den Unterricht. Vielleicht bis auf Sport – er hat Angst, sich umzuziehen – und es gibt noch das Problem mit dem Chemieraum, in dem ihn der damalige Chemielehrer beim Rauswerfen aus dem Unterricht so schwer verletzt hat.

Erstaunlich, was sich manchmal als Hintergrund für eine Angst vor einem Unterrichtsfach herausstellt. Hat man den Grund gefunden, ist es so glasklar, warum es nicht klappt. Leider dauert es lange, bis Justus gelernt hat, damit umzugehen. Und wenn dann noch weitere Negativerlebnisse dazu kommen, wird es für ihn ja nicht leichter.

Trotzdem: Alles in allem ist es jetzt eine schöne, ruhige Zeit. Noch vier Klassenarbeiten – und bald sind Sommerferien. Ein Glück! Wenn man bedenkt, dass Justus früher Sommerferien, Ferien allgemein, nicht leiden konnte – weil sie ihn vom Lernen abhielt? Heute braucht er diese Inseln, um wieder zu Kräften zu kommen. Die Schule schlaucht ihn enorm. Nicht wegen der Unmenge zum Lernen, wenn er mal gefehlt hat – das holt er problemlos immer wieder auf, wenn es ihm einer kurz mal erklärt hat –, sondern das ganze soziale Gefüge, die Pubertät mit ihren körperlichen Veränderungen, das fehlende Vertrauen in ihn, das nimmt ihn so mit.

Doch wie schön, dass die neue Schulbegleitung viele dieser Sorgen schon im Vorfeld auffangen kann. Ich bekomme gar nicht mehr so viel mit.

August

Verlaufskontrolle

In den letzten Monaten und Jahren habe ich viel darüber geschrieben, wie es Justus in der Schule so gegangen ist. Im Verlauf der Pubertät und sicher auch wegen der manchmal unfähigen Schulbegleiter und einer ablehnenden Schulleitung und dem ewigen Neubeginn, ging es ihm psychisch immer schlechter, bauten sich Ängste auf, sogar Schulangst. Ein Unding zu Zeiten der 5. und 6. Klasse, wo alles noch sorglos war und die damalige Schulbegleitung all die bitteren Erfahrungen aus der Zeit der Erziehungshilfegrundschule mit ihm aufarbeiten konnte und ihn auf den richtigen Weg gebracht hat.

Nun ging es letzten Montag zur Autismusambulanz. Ich bin mit Justus allein gefahren, mein Mann musste nach den Betriebsferien wieder zur Arbeit, und einen anderen Termin bekamen wir nicht. Also: Auf geht es! Lieber nicht an die Epilepsie denken, passiert schon nichts. Zum Glück bin ich super eingestellt, doch vorsichtig sollte man schon sein.

Die Fahrt hat gut geklappt, war ja auch prima Wetter und Justus ein fähiger Beifahrer. Wir waren in seinem alten Auto unterwegs, das nahm mir die Angst, es könne etwas passieren, ich fahre den Wagen ja schon seit Justus' Geburt. Das Auto meines Mannes ist zwar komfortabler, doch immer ein Fremdkörper für mich. Somit war die Fahrt okay.

Doch die Ergebnisse der Kontrolle haben mich eher schockiert. All die letzten Jahre scheinen falsch gelaufen zu sein, Justus viel zu sanft behandelt, wir haben zu viel Rücksicht genommen, er ist in eine Schonhaltung gerutscht, traut sich nichts mehr zu, verweigert, will nicht – aber kann und muss eben nur. Das mag ich so nicht glauben. Mir scheint, Frau Dr. Hoffmann hat vielleicht etwas missverstanden, Berichte fehlgedeutet? Uns verwechselt? Ich weiß es nicht, mich hat das total verwirrt.

Nun soll eine Verhaltenstherapie folgen, um ihn selbstständiger zu machen. Innerhalb eines Jahres soll sich die Schulbegleitung erledigt haben. Sollte das mit Hilfe eines Token-Planes, ausgearbeitet von einem Verhaltenstherapeuten, nicht funktionieren, dann müssen wir erneut schauen.

Justus ist zu allem bereit, damit ihm geholfen wird. Doch er selbst sagt auch, es läge ja gar nicht daran, dass er nicht wolle oder zu faul sei, wenn er nicht in den Unterricht ginge. Er wolle doch, er könne nicht. Es gäbe Ängste, die er nicht beschreiben kann. Und es ist ja auch schon viel besser geworden.

Dann gab es noch so Dinge wie: „Probleme mit Lärm und der Erschöpfung dadurch, das gäbe es eher bei stärker beeinträchtigten Kindern, das träfe auf Justus nicht zu. Er dürfe auch keine Ängste vor Klassenräumen entwickeln, nur weil ihn ein Lehrer dort einmal schlimm geschlagen hat, sodass er ärztlich behandelt werden musste."

All diese Dinge bringen mich sehr durcheinander. Zuerst habe ich die Tipps gern angenommen – auch die extreme Reduzierung der Computerzeit. Macht Sinn, sehe ich auch so. Doch Justus hat es auch therapeutisch genutzt. Dadurch konnte er sich wieder fangen und ging zuletzt wieder regelmäßig in den Unterricht. Sofern nicht das totale Durcheinander herrschte – kein fester Klassenraum, mehrere Klassen gemischt in einem Raum und alles, was so passiert in den letzten beiden Wochen vor den Ferien, wenn kein geregelter Unterricht mehr stattfindet.

Ach, das ist alles so verwirrend und mir scheint, der wahre Grund für Justus' manchmal depressiv verstimmte Phasen liegt woanders und muss dringend gefunden werden, damit man ihm helfen kann. Sollen denn alle Methoden der letzten Jahre Justus nicht geholfen, sondern nur geschadet haben? Wir waren doch alle 1-2 Jahre zur Verlaufskontrolle, das wäre doch aufgefallen, wenn die Methoden falsch gewesen wären. Justus kann für den häufigen Wechsel der Schulbegleiter und die ewigen Neuanfänge ja nichts – für die Ablehnung in der Schule ebenso wenig. Es lief ja schon beim letzten Mal vor zwei Jahren etwas gewaltig schief.

Und wenn ich dann bedenke, wie schlecht es ihm ging. Immerhin so schlecht, dass ja über ein Jahr – auf Veranlassung von Fr. Dr. Hoffmann und auf Wunsch von Justus bei einem KJP hier aus der Gegend ein Versuch mit Risperidon und Fluoxetin gemacht wurde, doch außer 15 kg Gewichtszunahme (zum Glück schon wieder runter), hat es ihm nicht geholfen, ihn nur müde gemacht. Das war im Unterricht ja auch nicht förderlich.

Da finde ich das mit der Verhaltenstherapie eine prima Idee. Ein fähiger Therapeut wird – hoffentlich – erkennen, wo bei Justus das Problem liegt. Denn: ihn mit Computerzeit zu locken, wenn er zum Beispiel einen ganzen Tag in den Unterricht gegangen ist, wird nicht funktionieren, wenn die Ängste so groß sind, dass er lieber in der Ecke sitzt, als sich das anzutun. Nur bis zu einem Termin bei einem Therapeuten, der auch noch in Autismus versiert ist, da vergeht viel Zeit und die hat Justus nicht. Ab nächster Woche ist wieder Schule – und die macht ihn fertig.

Doch da ich positiv denke: Frau Hoffmann hat Justus erlaubt, sechs Wochen auf seine eigene Weise zu erreichen, den Unterricht besuchen zu können. Erst danach soll ein Training beginnen, sollte er es alleine nicht schaffen. Na ja, so schnell gibt es eh keine Therapieplätze.

Wenn die Umstände passen, schafft er es sicher. Denn da hat Frau Dr. Hoffmann recht: Man kann nicht immer auf passende Umstände warten, sondern muss handeln. Justus muss da durch, auch wenn es wehtut. Er muss aber auch psychisch belastbar sein, nur: Ist er das wirklich? Tut er nicht nur so fröhlich und zeigt sein Leid nicht, so wie er es meistens macht? Ich weiß es nicht.

Jetzt habe ich mir doch alles von der Seele geschrieben. Musste wohl sein – trotz fehlender Zeit. Ist ja auch so eine Baustelle, die bearbeitet werden muss. Und ich schiebe es nun schon eine Woche vor mir her.

Wer kennt bloß einen fähigen, autismuserfahrenen Verhaltenstherapeuten mit Kassenzulassung in unserer Region?

September

Auf dem Weg in ein neues Zuhause

Momentan schafft mich unser Neubau – der Start in ein neues Leben, der auch für Justus so manche verkrustete Verhaltensweise aufbrechen soll – und neben Erde schaufeln und Dach dämmen bin ich kaum am Tagebuchschreiben. Ab Ende des Jahres darf ich mich dann an einem DSL-1000-Anschluss erfreuen. Mal schauen, wie ich das hinbekomme nach dem Luxus von 16000 plus derzeit. Man lernt sicher Geduld.

Das Dämmen des Daches ist bald vorbei, dann ist wieder etwas mehr freie Zeit für mich.

November

Kindeswohlgefährdung

Der Chef des Integrationsdienstes vermutet, dass die Autismusambulanz ihm den Schwarzen Peter zuschieben wollte. Wenn er nämlich von einem 8a – einer Kindeswohlgefährdung – erfährt, ist er gezwungen, das JA zu informieren. Und anscheinend würde die Ambulanz das unterstützen.

Deshalb tritt er morgen die Flucht nach vorn an und möchte dem JA auch seinen Eindruck von mir, der wohl völlig gegensätzlich ist, darstellen. Hoffentlich geht das gut! Wie gesagt, der JA-Chef (begleitet unsere

Sachbearbeiterin immer – als könne sie das nicht alleine) musste schon öfter erleben, dass ich mit Anwalt Justus' Rechte durchgesetzt habe.

Und – ich muss auch ganz ehrlich sein: Die I-Hilfe geht schon sehr lang. Seit der 5. Klasse. Doch was kann Justus dafür, dass es lange Zeit ziemliche Probleme mit Lehrern und auch mit Mitschülern gab, die sich erst aufgelöst haben, als Justus zurückgestuft wurde?

Vielleicht sollte die Schule dem JA etwas zurückzahlen, weil sie tatenlos zugesehen haben, was Justus passiert ist. Mal als kleiner ironischer Schlenker gemeint.

Ich warte auf morgen und hoffe, ich kann mich zurückhalten und reagiere nicht ärgerlich, denn seit ein paar Wochen läuft es – eigentlich – richtig prima in der Schule. Ich bin sehr stolz auf Justus' Fortschritte. Doch das Jugendamt und auch der Klassenlehrer sehen nur die negativen Seiten. Vom Jugendamt wird mir anscheinend mangelnde Kooperation vorgeworfen, weil ich nicht wollte, dass über den Bericht der letzten Verlaufskontrolle gesprochen wird. Die Autismusambulanz empfiehlt ja immer, die medizinischen Berichte nicht dem Jugendamt vorzulegen.

Im Gespräch unseres Integrationsdienstes mit Frau Dr. Hoffmann ist für mich Schockierendes vorgefallen, was in meinem Beisein Frau Dr. Hoffmann nicht gesagt hat. Sie erzählte anscheinend dem Chef des I-Dienstes, es wäre dringend angeraten, dass Justus wegen dieses § 8a meiner Obhut entzogen werden muss. Das begreife ich nicht. Was läuft da im Hintergrund ab? Wieso sagt niemand deutlich, dass er der Meinung ist, ich wäre schuld an Justus' Behinderung, würde ihn kleinreden und es würde sich gar ein Münchhausen-Stellvertreter-Syndrom andeuten?

Wenn die Ambulanz sich ihren Teil denkt, es mir aber nicht sagt, wie soll ich da reagieren? Gegenüber dem I-Dienst soll Frau Dr. Hoffmann doch auch deutliche Worte gebraucht haben.

Dieser Schlag heute, der bringt mich ganz durcheinander, denn morgen ist HPG und vermutlich will das JA darauf hinaus, die Begleitung abzubrechen. Jetzt, wo es endlich viele Lichtblicke gibt.

Eigentlich wollte ich den Bericht nicht in Gänze vorlegen, doch der I-Dienst meinte, wenn ich mich nicht kooperativ zeigen würde, könnte es schon deshalb zu diesem 8a kommen, denn das JA hätte eine sehr schlechte Meinung von mir. Ich habe mich also davon überzeugen lassen, den Bericht vorzulegen und die strittigen Punkte anzusprechen, damit mal ganz ehrlich auch vom JA gesagt werden kann, welche Meinung sie haben und ich vorschlagen kann, wie man das entkräften kann. Zum Beispiel durch ein familientherapeutisches Gutachten oder so was in der Art.

Ich bin derzeit in einem Schockzustand. Dass jemand, den ich sehr bewundere – oder besser bewundert habe – wie Frau Dr. Hoffmann so etwas von mir denkt, mich so einschätzt, das macht mich traurig. Mit der Begründung, sie kenne mich ja schon seit Jahren (toll, 4 x zur Diagnose und zur Verlaufskontrolle in insgesamt 6 Jahren). Jedes Mal eine besondere und keine Alltagssituation, weil die Fahrt dahin so lang und anstrengend ist und man sowieso aufgekratzt ist.

Irgendwas ist seltsam bei Frau Dr. Hoffmann, das spüre ich schon länger. Das Thema hatte ich durch den Hausbau nur zur Seite geschoben oder besser verdrängt. Trotzdem: Wie kann jemand denken, ich als Mutter würde meinen Sohn behindert reden, ihn klein halten und ihm nicht die Möglichkeit zur Entwicklung geben, ich würde ihm die Ängste nur einreden, wir hätten ein gestörtes Mutter-Kind-Verhältnis? Er müsse schnellstens in die Psychiatrie und dürfe nicht mehr in unsere Familie zurück. Sind wir denn jetzt wieder bei den Kühlschrankmüttern angelangt, oder was?

Kindeswohlgefährdung? O mein Gott, wie schnell rutscht man in so eine Schiene, nur weil man dem JA manche persönlichen Dinge eben nicht sagen möchte, weil sie den Eindruck verfälschen könnten. Und was ist passiert? Genau das.

Hoffentlich geht das morgen nicht nach hinten los und das JA kommt erst auf die Idee, die Hilfe abzubrechen und den 8a einzuleiten. Vertrauen habe ich nämlich nicht in das JA – und so richtig Angst, dass die Strategie des I-Dienstes der völligen Ehrlichkeit und Offenlegung aller Dinge, die Frau Dr. Hoffmann wohl vermutet, sich gegen unsere Familie und damit vor allem gegen Justus wendet. Denn der ist der Leidtragende, wenn er aus einer stabilen Schulbegleitersituation nun herausgerissen werden könnte.

Ich weiß nicht, was ich denken soll, ich bin ganz leer. Das, was mir jedoch immer wieder aufstößt, ist der Zwang, dem ich vom Integrationsdienst ausgesetzt wurde. Wenn ich nicht kooperiere, ihm keine Schweigepflichtentbindung erteile, die Berichte dem JA aushändige, dann zöge er von jetzt auf gleich Frau Z ab. Hätte ich doch bloß nach der rechtlichen Grundlage gefragt, nach der er mich dazu zwingen darf, nach der er einfach die Schulbegleitung abziehen darf.

Nach dem Hilfeplangespräch

Ich atme auf – es war nicht so schlimm wie befürchtet. Der Integrationsdienst, also der Chef unserer Schulbegleitung, hat das ganz toll hinbekommen. Jedenfalls hat er klargestellt, dass er die von ihm weitergegebene Einschätzung von Frau Dr. Hoffmann, ich würde Justus' Entwicklung hemmen und er müsse sofort aus der Familie raus und dürfe auch nicht mehr zurück, absolut nicht verstehen könne. Und, dass er mich völlig anders im Umgang mit Justus erlebe.

Auch die Schulbegleitung selbst hat das bestätigt. Das JA will das intern noch einmal besprechen, die wirkten auch recht irritiert. Speziell, als der I-Dienst noch einmal auf die Vermutung hinwies, bei Justus bestünde eine Dissoziative Identitätsstörung.

Das war ja auch der Grund, warum ich zur Verlaufskontrolle gefahren bin – um dort nachzufragen, wie die das einschätzen. Doch das hat Frau Dr. Hoffmann rigoros abgelehnt, das wäre extrem selten. Justus würde uns etwas vorspielen, ihm fehlt nichts, er wolle nur nicht. Das positive Zeichen war wohl, dass die Schulbegleitung erst mal weiter genehmigt ist und dass ich nicht noch Hilfen zur Erziehung akzeptieren muss. Einmal unter dem Paragraphen und man hat seinen Stempel weg – nein danke!

Ich habe mich bereit erklärt, dass wir uns helfen lassen, sollte sich herausstellen, dass wir etwas falsch machen. Da bin ich kooperativ. Das JA will auch selbst mit Frau Dr. Hoffmann sprechen. Ich habe das akzeptiert. Schlimmeres kann sie ja eh nicht sagen und nach Links im Netz mit dem Leitfaden zum Thema Kindeswohlgefährdung bin ich auch gewappnet.

Das habe ich dem JA auch gesagt: Es gehe nicht um meine Befindlichkeit, es gehe darum, dass es Justus gut geht. Und die jetzige Schulbegleitung tut ihm offensichtlich gut. Das darf nicht kaputtgemacht werden.

Und ich konnte auch mal wieder die Klappe nicht halten und habe gewitzelt, ich glaube nicht, dass sie morgen vor unserer Tür stehen. Und wenn, gäbe ich ihnen Justus nicht mit. Da haben alle gegrinst und das Eis war endgültig gebrochen. Der I-Dienst hat mich jedenfalls gelobt, wie ich heute reagiert hätte.

So eine Familienambulanz, die mir vorgeschlagen wurde, ist ja auch nachdenkenswert. Der JA-Chef hat mir das beispielhaft erklärt, dass man das auch wollen muss. Beispiel war Sauberkeit im Haus. Wer den Dreck nicht wahrhaben will, dem kann man mit Tipps zum Putzen schwer helfen. Da habe ich erwähnt, es sei eine Frage der Wertigkeiten von Dingen, die halt jeder für sich selbst finden muss. Und ich könne Frau Dr. Hoffmanns Vorwürfe so nicht akzeptieren. Würde sich aber bei einer Überprüfung zeigen, dass ich Fehler mache, dann lasse ich mir selbstverständlich Tipps geben, was ich besser machen kann.

Nun ja, bald ziehen wir um, vermutlich Ende Dezember. Ich möchte einen positiven Anfang und kein chaotisches JA-Verhältnis mitnehmen. Außerdem möchte ich im neuen Haus auch Dinge wieder einführen, die hier noch zu festgefahren sind. In Zukunft können wir Regeln zu Hause wieder durchsetzen – allein wegen der neuen Umgebung.

Ich weiß schon, wo es bei uns hakt, aber mit gestörtem Mutter-Kind-Verhältnis und „bewusst behindert machen" und Münchhausen-Stellvertreter-Syndrom oder Kindeswohlgefährdung hat das nun ganz und gar nichts zu tun. Eher mit „Sachen nicht rumliegen lassen", „morgens Zähne putzen nicht vergessen", „erneut lernen, den Tornister zu packen" und solchen Dingen.

Ein tiefes Seufzen kommt von Zeit zu Zeit hoch – die pure Erleichterung, das so etwas Schreckliches, wie Justus für immer zu verlieren, nur weil eine Koryphäe mich als gefährlich für Justus' Entwicklung einstuft, erst mal abgewendet ist. Obwohl: der Gedanke treibt einem schon die Tränen in die Augen. Wie konnte ich nur in so eine Mühle geraten? Was habe ich gesagt, was so seltsam aufgefasst wurde? Ich würde es gerne irgendwann erfahren.

Dezember

Stundenkürzung

Was ist bloß los? Ich habe gerade Justus auf dem Parkplatz der Schulbegleitung übergeben, da erfahre ich von ihr, dass sie ab sofort mit Justus nur noch zwei Schulstunden in der Schule bleiben darf und dann wieder gehen muss. Statt im Schnitt sieben Zeitstunden pro Tag plötzlich nur noch zwei Zeitstunden, die bezahlt werden. Wie soll Justus da wieder in einen ordentlichen Rhythmus kommen, wenn er gar nicht so lange bleiben darf?

Ich war völlig aufgewühlt. So aufgebracht, dass ich auf dem Nachhauseweg beinahe eine rote Ampel übersehen hätte. Wie gut, dass mein Auto eine topgepflegte Bremsanlage hat.

In ein, zwei Monaten sind wir weg aus dem Jugendamtsbereich. Was soll man da jetzt noch den großen Ärger anfangen? Im HPG vor gut zwei Wochen klang es doch so, als liefe alles gut. Ob wir und auch die Schulbegleitung über irgendetwas mal wieder im Unklaren gelassen wurden? Spielt jemand mit falschen Karten?

2012

„Schlimmer als das Schlagen ist, wenn man persönlich mitbekommt, wie Schulbegleiter psychisch gebrochen werden sollen und somit das System der Integrationshilfe kompromittiert wird."

Justus auf die Frage, wie sehr ihn der tätliche Übergriff des Lehrers noch belastet.

Schritt für Schritt zur Zwangsausschulung

Ich muss mich einfach mal ausheulen, denn ich kann nicht mehr und irgendwie wird jeden Tag alles schlimmer – dabei scheint heute so schön die Sonne. Die Schule will Justus nicht mehr beschulen, weil sie ein amtsärztliches Gutachten verlangen, dass er überhaupt beschulbar ist. Justus geht es seit einiger Zeit nicht gut. Nicht nur, dass manch ein Lehrer einen dummen Spruch gemacht hat: „Ach du, auch mal wieder da" und Ähnliches, sondern Justus selbst hat Probleme. Er will unbedingt in den Unterricht, doch es klappt oft nicht.

Dass das JA sich weigert zu bezahlen, wenn Justus nicht im Unterricht erscheint, und es die Vorgabe gibt, dass er dann sofort nach Hause muss und die Arbeit der Schulbegleitung dann hinfällig ist, macht es zusätzlich schwer.

Ich habe auch erfahren, dass die Schule sich überhaupt nicht an die Vorgaben der Schulaufsicht gehalten hat. Mehrmals im Jahr einen Runden Tisch abgehalten? Fehlanzeige. Information aller Lehrer, die Justus unterrichten? Fehlanzeige. Weitergabe, dass das JA Einschränkungen erlassen hat und Justus deshalb oft nicht da ist? Fehlanzeige.

Von diesen Einschränkungen weiß ich offiziell, also schriftlich, überhaupt nichts. Ich bekam nur die Info der Schulbegleitung, einer wunderbaren Frau, die Justus psychisch immer stabil hält, dass das JA sich weigert, länger zu bezahlen. Länger als eine Stunde am Tag. Im Dezember waren es noch 2 Stunden, bis Justus gehen musste.

Es ist zum Heulen: heute erfahre ich auf ähnlichem Weg, dass Justus' Schulbegleitung mit Ende der Maßnahme nächsten Dienstag (danach soll eigentlich der neue Kreis übernehmen) ausläuft. Der Integrationsdienst, also der Chef unserer Schulbegleitung, wurde anscheinend genötigt, den

Auftrag zu beenden. Erst soll Justus stationär untersucht werden, warum er sich nicht in den Unterricht traut. Als hätten wir mit dem PS-Widerspruch und dem SBA nicht schon genug Sorgen. Ich weiß echt nicht weiter. Stationär, das kann ich mir für Justus nicht vorstellen. Das wird ihn kaputtmachen.

Und die Schule? Die kungelt vermutlich mit dem JA und will Justus ab Februar anscheinend nicht mehr beschulen. Ich begreife das Ganze nicht. Wir hatten gerade erst am Montag ein Gespräch mit dem Direktor und dem Klassenlehrer. Eigentlich hatten wir da eine andere Vorgehensweise besprochen. Es hatte auch erst geklappt. Doch dass die nach zwei Tagen schon aufgeben?

Nächste Woche Dienstag ist HPG im neuen Kreis. Es wäre ein Wunder, wenn die die Hilfe weiter bewilligen. Ich verstehe auch nicht, warum sich nicht niemand an uns Eltern gewandt hat. Da werden Entscheidungen getroffen, das Gespräch mit dem jetzt noch bis Dienstag zuständigen JA und der Autismusambulanz wegen dieser Kindeswohlgefährdungsgeschichte, hatte schon längst stattgefunden und keiner sieht sich mal in der Lage, uns über Ergebnisse zu informieren. Wir hatten ja noch nicht einmal die Chance, uns zu wehren.

Wie soll das bloß weitergehen? Der Umzug macht Justus schon sehr zu schaffen, wenn er jetzt auch noch seine einzige Vertrauensperson außerhalb der Familie verliert? Wo soll das enden?

Und ist Justus erst einmal aus dem Schulleben raus, dann ist er auch seine Schulbegleitung los. Und die Gleichaltrigengruppe und das soziale Gefüge gleich dazu. Dass ihm geholfen werden muss, ist ganz klar. Doch gibt es nicht noch andere Lösungen? Immerhin haben wir ja schon einmal ein Attest bekommen, dass Justus schulfähig ist. So lange ist das doch noch nicht her.

Außerdem finde ich, dass auch Kinder mit möglichen Depressionen nicht so einfach der Schule verwiesen werden können. Das steht ja auch so im Schulgesetz, was mir der Direktor letzten Montag so nett vor die

Nase gehalten hat, um mir zu zeigen, dass ich dafür zuständig sei, dass Justus in den Unterricht geht.

Februar

Update Schulbesuch

Ich mache es mir mal mit dem Update leicht, da ich noch immer vor Wut koche. Darum hier Auszüge aus einem Schreiben an einen Fernsehsender, der zum Thema Schulausschluss recherchiert.

Ab Donnerstag wird Justus gar nicht mehr beschult, da sich das Jugendamt weigert, die Schulbegleitung weiter zu finanzieren, da sie meinen, sie brächte nichts. Dass aber die Kommunikation mit der Schule problematisch ist und sie sich nicht an Absprachen mit der Schulaufsicht halten, hat die ganze Sache mit den Jahren extrem verschlimmert und unser Sohn hat Angst bekommen, den Unterricht zu besuchen. Er war aber immer da und für die Lehrer ansprechbar.

Ohne Schulbegleitung keine Beschulung – das war die Aussage der Schule beim letzten Mal. Darum hatte ich ihn sogar über fünf Monate begleitet, doch das ist auf Dauer finanziell und zeitlich und auch für unseren Sohn psychisch nicht tragbar. Wie sieht das denn aus, mit der Mutter zur Schule? Zudem hat die Schule mich in keiner Weise unterstützt oder mir die Hilfen angeboten, die Schulbegleitern eigentlich zustehen.

Dies nur ein kleiner Abriss über das, was wirklich alles vorgefallen ist. Manchmal trage ich mich mit dem Gedanken, mal an die Öffentlichkeit zu gehen. Heute Nachmittag habe ich erfahren, dass unser Sohn ab Donnerstag nicht mehr zur Schule kann. Und die Schulbegleitung hat erfahren, dass sie arbeitslos ist. Eigentlich ein Unding, einem so kurzfristig solche weitreichenden Entschlüsse zwischen Tür und Angel bei einem Überfallbesuch bei uns zu Hause „aus Neugier, sie wohnen doch hier so schön und wir waren gerade in der Nähe" (so das Amt) mitzuteilen.

März

Umgezogen, doch schulisch keinen Schritt weiter

Für Justus ist dieser Umzug ein echtes Problem und da es sich jetzt auch noch so kaugummimäßig hinzieht erst recht. Und der Verlust von Frau Z, der fähigsten Schulbegleitung in seiner Situation bisher, trägt auch nicht gerade zur Besserung bei.

Und wie geht es weiter? Ja, das ist auch so ein Problem. Die Schule behauptet ja, sie wolle Justus weiter beschulen. Doch die und das alte JA haben das neue Jugendamt so bequatscht, dass es für uns kein Zurück gibt. Die Ämter und die Schule verlangen, dass Justus in die Psychiatrie geht und dann, nach einigen Monaten, würden sie ihn wieder nehmen und mal wieder zurückstufen.

Dass sich die Schule über zwei Jahre (das letzte Mal als wir uns von der Schulaufsicht überzeugen ließen, an der Schule zu bleiben) nicht an die Vorgaben der Schulaufsicht gehalten hat, das glaubt uns und der Schulbegleitung keiner. Es wird sogar behauptet, die Schulbegleitung hätte Schuld. So ein Quatsch. Sie war der einzige Halt für Justus. Da spricht der Klassenlehrer Justus doch in ihrem Beisein einfach an und fragt, ob er denn ohne Frau Z nicht doch in den Unterricht gehen würde. Wie kommt der nur dazu, Justus so unter Druck zu setzen? Erstaunlicherweise hat Justus perfekt reagiert und sie in Schutz genommen. Einfach klasse. Ob die Schulbegleitung der Schule wohl zu unbequem geworden ist? Hat sie zu viel gesehen, zu aufmerksam hingeschaut?

214

Es ist mir ein Rätsel, warum plötzlich die Schuld so abgewälzt wird. Warum wird überhaupt nach einem Schuldigen gesucht? Wäre doch besser, sich an Absprachen zu halten und einfach mal miteinander zu reden.

Da wir erst Ende Juni einen Termin beim Psychiater des Jugendamtes haben, um abzuklären, wo Justus' Probleme liegen, habe ich – um die Einweisung in die Psychiatrie abzuwenden – in Absprache mit dem Hausarzt Justus krankschreiben lassen. Rainer und ich wollen nicht, dass plötzlich einer wegen der Schulpflicht kommt und Justus einweisen lässt. Körperlich krank ist Justus mittlerweile auch. Das hält auch der stärkste Körper nicht aus, immer so rumgeschubst zu werden.

Ohne Schulbegleitung keine Schule – mit Schulbegleitung wird nicht bezahlt, weil es nichts bringen soll. Was für ein Durcheinander. Wir brauchen erst mal einige Tage, um nachzudenken, was wir machen. Online-Schule, Förderschule, Hausunterricht. Aber auf jeden Fall braucht Justus Hilfe, um seine Sorgen zu besprechen und Lösungswege zu finden. Bisher war die Schulbegleitung sein wichtigster Gesprächspartner.

April

PS und SBA: genehmigt

Mal abgesehen von unserem Ärger mit Schule, Schulaufsicht, Jugendamt und Finanzierung der Schulbegleitung, möchte ich heute was Positives berichten: Wir hatten vor einigen Wochen die Wiederholungsbegutachtung durch den MDK, nachdem die Pflegekasse die PS1 nicht wieder anerkennen wollte und wir Einspruch eingelegt hatten.

Es ist kaum zu glauben – ich konnte es lange Zeit jedenfalls nicht, da ich doch immer den MDK als Buhmann für die ganzen Ablehnungen gesehen habe – der Arzt vom MDK hat ein wunderbares Gutachten geschrieben. Allein die Untersuchung war vom Feinsten. Er war kein Autismusexperte, hat mir aber gleich gesagt, dass das völlig uninteressant sei. Es käme nicht darauf an, warum ein Patient etwas nicht macht oder kann, sondern allein darauf, dass er es nicht macht.

Justus wurde nach Tageszeit, Wohnort, Datum – all diesen Dingen – gefragt und konnte keine richtige Antwort geben. Das waren mal wieder die Tage, wo mir bewusst wird, dass es wirklich Probleme gibt. Dass ich sie mir nicht einbilde oder aufbausche. Also zusammengefasst: PS1 wurde wieder zuerkannt. Sogar für mindestens vier Jahre. Klasse!

Die Kasse war natürlich schlingelig und wollte stattdessen nach Stattgabe des Widerspruches die Rentenversicherung auslaufen lassen. Doch auch da konnte ich mit dem Gutachten argumentieren, dass mehr als genug Stunden zusammenkommen. Der Gutachter hatte nämlich neben den Mindeststunden auch angegeben, dass Justus eigentlich an vielen Tagen weit über zwei Stunden Betreuung braucht. Mal schauen, was bei diesem Einspruch von mir herauskommt.

Nun hatte ich auch ein wunderbares Schreiben, um die richtigen Argumente für die Verlängerung des SBAs angeben zu können. Juhu, das hat auch geklappt: GdB 70, H, B, G, werden für die nächsten dreieinhalb Jahre weiter gelten. Mein tiefes, erleichtertes Aufseufzen ist weithin zu hören.

Neben dem ganzen Baudurcheinander und dem Stress mit Handwerkern, die einen vors Gericht zerren, um Geld zu bekommen, obwohl sie schon zweimal unsere Küche geflutet haben und Heizung und Entlüftung immer noch nicht richtig funktionieren – neben diesem Bau- und Schulchaos haben mich die Nachrichten zu SBA und PS so richtig aufblühen lassen. Alles wird gut – ich wusste es doch.

Schulstatus

Justus ist, mit übergangsweise aus der Not heraus selbst finanzierter Schulbegleitung, derzeit noch im Hausunterricht. Für acht Stunden die

Woche an seiner Stammschule. Ab kommender Woche mehr oder weniger erzwungenermaßen wieder im Klassenverband, da die Schulaufsicht einen mittleren Abschluss (Übergang in die Oberstufe) per Hausunterricht für rechtlich nicht erlaubt hält. Außerdem erkennen sie die Krankmeldung nicht an, meinen, wir dürften das nicht. Schon gar nicht ausweiten. Tja, so wird man immer wieder falsch verstanden: Ein Schüler, der erschöpft ist, kann eben nicht 35 Schulstunden durchhalten. Zum Glück konnten wir eines erreichen: Justus braucht im Klassenverband nicht Vollzeit mitzumachen, sondern nur solange er kann. Hoffentlich sagt die Schule jetzt nicht, nur die Fächer oder jene Stunden. Wenn, dann muss Justus morgens kommen und solange machen, wie es geht. Mal mittags kommen, mal zur 3. Stunde: das Durcheinander macht alles nur noch schlimmer.

Unterrichtsroulette

O ja – es dreht und dreht und dreht sich. Während ich verzweifelt bei den unzähligen Sachbearbeitern im Jugendamt um die gesetzlich vorgeschriebene Finanzierung der Schulbegleitung kämpfe, da, ja, da meinen die Herren und Damen der Schulaufsicht doch, uns eine Möglichkeit zu eröffnen, indem sie Justus erlauben wollen, ohne Schulbegleitung zu kommen. Mann, Mann, Mann! Das ist ja als wolle man einem Schüler im Rollstuhl erlauben, solange der Rollstuhl in Reparatur ist, mal auf seinen Beinen in die Schule zu gehen. Die haben es echt nicht kapiert, was die auch selbst in den letzten Jahren mit kaputtgemacht haben, sicher unbeabsichtigt, doch genauso schrecklich in den Auswirkungen. Vertrauensverlust und -missbrauch sowie Versagensangst kann auch NT-Schüler in den Schulabsentismus treiben, dafür muss man kein Autist sein.

Da wir aber eh nicht wissen, wofür das alles so gut ist, hoffe ich jetzt auf ein Onlineprojekt für Schüler mit unterbrochenen Lernwegen. Hübsche Bezeichnung, nicht wahr?

Ich sehe nicht ein, dass die Schule mittlerweile gegenüber den zuständigen „Geldgebern" bei den Ämtern so unmögliche Dinge behauptet wie:

Justus könne das Klassenziel eh nicht mehr erreichen. Tja, warum machen wir das ganze Brimborium mit den Anträgen dann überhaupt, wenn uns die Schule mit so einem lapidar dahergesagten Satz alles kaputtmacht?

Schulbegleitung hat zwar mit Erreichen des Klassenzieles nichts zu tun, doch erklär das mal einem vom JA, wenn du nicht gerade den passenden Gesetzestext vor dir liegen hast. Ich kann auch Justus nicht klar machen, warum er sich täglich neu der Herausforderung Schule stellen soll, wenn er sein Ziel, den Übergang in die Oberstufe, keinesfalls erreichen kann (was ja auch noch gar nicht raus ist).

Also, die Hoffnung stirbt zuletzt. Ich sage mir, Justus wird es schon machen – so oder so, gebt ihm einfach eine Chance!

Mai

Schulversuch

Nachdem Justus nun schon seit Wochen nicht zur Schule kann, weil das JA immer noch nicht reagiert hat und wir es uns nicht mehr leisten können, vorzuschießen. Irgendwann sieht man es auch nicht mehr ein, gerade wenn aus der Schule immer wieder ach so hilfreiche Kommentare ans JA gehen, Justus könne es in diesem Jahr sowieso nicht mehr in die Oberstufe schaffen, weil er zu viel verpasst habe.

Jedenfalls, als ich wieder einmal von diesem Onlineprojekt gehört bzw. in der Regionalzeitung gelesen habe, habe ich mich gleich informiert und mir die nötigen Voraussetzungen und Anmeldevorgaben mitteilen lassen. Habe einfach den Leiter dieser Schule angerufen. Mal schauen, ob das was ist.

Juni

Termin bei der Schulaufsicht

Wir müssen heute Nachmittag zur Schulaufsicht, um Justus' weiteren schulischen Werdegang zu besprechen.

Eigentlich war ja für die letzten 7 Wochen geplant, dass Justus mit Schulbegleitung wieder zur Schule und in den Unterricht geht. Nur leider hat sich das neue Jugendamt geweigert zu bezahlen bzw. hat es sich über Wochen überhaupt nicht gemeldet und einfach nur geprüft und geprüft und geprüft ... Nun sind in vier Wochen Ferien und wie soll Justus jetzt noch den mittleren Abschluss am Gymnasium machen, um in die Oberstufe versetzt zu werden?

Beim Jugendamt gab es seit März vier verschiedene zuständige Personen und jeder musste erneut die Unterlagen prüfen. Jetzt ist es zu spät, Justus' Schulbegleitung, die wir uns mehr schlecht als recht warmhalten konnten, hat nun eine neue topbezahlte Stelle angeboten bekommen und selbstverständlich zugegriffen.

Die Schulaufsicht hatte uns ja wegen des Einzel-/Hausunterrichtes in den Räumen der Schule während Justus' Krankschreibung kritisiert. Der zuständige Dezernent für unser Gymnasium meinte, das wäre nicht zu akzeptieren, Justus könne nur im Klassenverband seinen qualifizierten Sekundarabschluss machen.

Nun habe ich ihm von dem Schulprojekt aus seinem Hause erzählt und die dortige Möglichkeit, im Onlineunterricht einen Abschluss als Externer zu machen. Von diesem Weg wollte ich heute bei der Schulaufsichtssitzung allen berichten. Das hat ihm wohl nicht ganz gepasst, denn er hat mehrfach nachgefragt, welche Institutionen ich da angefragt, was ich denn da so nebenbei angeleiert hätte. Seltsam, wieso hat er soviel Bedenken, wenn ich ein Gremium um seinen Chef, den Schuldirektor, anspreche, die sich speziell für Jugendliche mit unterbrochenen Lernwegen engagieren?

Der Dezernent hat uns geschrieben, dass anscheinend nur das der Grund für den letzten Runden Tisch war: uns klarzumachen, dass eine Verlängerung des Hausunterrichtes nicht akzeptabel sei. Und nun will er auch noch den Namen meines Ansprechpartners beim Schulprojekt, um dem „den Sachstand aus seiner Sicht" mitzuteilen.

Ja, von dieser Sicht hätte ich auch gern erfahren. Es würde mich auch interessieren, was Justus' Schule so Interessantes über unsere Familie und über Justus erzählt, dass der Dezernent so eine miese Meinung über uns – und speziell über mich – hat. Das ist echt zum Heulen, wenn man mit seinen Motiven so falsch eingeschätzt wird. Und was habe ich mich vor ein paar Jahren für diese Schule eingesetzt, damit die mehr Geld aus dem großen Topf für die Extrastunden der Fachlehrer bekommt? Dank? Nicht die Bohne!

Was das wohl heute für ein Runder Tisch wird, mit was für Themen? Nicht mal die Schulpsychologin weiß Genaueres. Sie hatte uns übrigens vor einigen Wochen zu dem Hausunterricht wegen Krankheit geraten.

Dezember

Alles ganz schön verfahren

Ich habe mich in letzter Zeit etwas rargemacht und bin gar nicht zum Schreiben gekommen. Wir haben zwei Gerichtsverfahren für Justus laufen: Das wegen der verweigerten Eingliederungshilfe dümpelt vor sich hin, da das JA vier (!) Monate gebraucht hat – um erst nach einem Rüffel des Gerichts dem Gericht die Fallakte zuzuschicken, damit unsere Klage endlich begründet werden kann.

Wie sagt der Anwalt: „Die Fallakte ist jetzt klinisch rein." Somit geht Justus immer noch nicht wieder zur Schule, aber wenigstens ist die Onlineschule angelaufen. Ansonsten läuft noch die Klage gegen das Land bzw. die Schulaufsicht oder einfach gegen Justus' Schule. Die Schule hat ein unmögliches Zeugnis geschrieben mit Hunderten Fehlstunden und ohne irgendeine Anmerkung, dass Justus nicht freiwillig, sondern gezwungenermaßen gefehlt hat – und somit keinen Schulabschluss hat. Da keiner mit sich reden ließ, mussten wir hier auch klagen, da sonst das Zeugnis und der Widerspruchsbescheid rechtskräftig geworden wären.

Damit habe ich also genug zu tun (und mit unserem neuen Haus, bei dem so einiges nicht funktioniert und wir auf den Gutachter warten – doch das ist eine andere Geschichte).

Rückblick

Bei Justus liegt es an der gestrichenen Finanzierung der Schulbegleitung, dass er nicht zur Schule geht. Dadurch haben sich dann zusätzlich Ängste entwickelt, sodass es mittlerweile auch mit dem Reintegrieren schwierig wird. Denn: Es gibt keinen ihm bekannten Schulalltag mehr, die tolle Klasse hat sich aufgelöst, die Schulbegleitung musste sich etwas anderes suchen – Justus' gesamter schulischer Halt ist also zusammengebrochen und er ist in der totalen sozialen Isolation gelandet. Also genau das Gegenteil, was man mit Eingliederungshilfe, einer Hilfe zur Teilhabe an der Gemeinschaft, erreichen will. Es ist genau das passiert, was alle Helfer um Justus herum vermeiden wollten: dass er noch mehr sozial isoliert wird.

Doch zum Glück lernt Justus gern für sich selbst, sucht sich Aufgaben, versucht sich zu bilden. Das macht er, ohne große Anleitung, ohne dass mir das auch auffallen würde. Ich merke es an den Fragen, die er stellt und eben daran, womit er sich beschäftigt. Denn es ist ihm, dauerhaft zu Hause und nie draußen, natürlich auch extrem langweilig.

Da er wegen des ganzen Schlamassels keinen Schulabschluss bekommen hat und die Verfahren vorm Verwaltungsgericht sich noch Monate hinziehen werden, habe ich nach Alternativen gesucht. Gerade wegen der Schulpflicht, da die juristische Abteilung der Bezirksregierung uns ziemlich unter Druck setzt, wegen Einhaltung der Schulpflicht (sehr witzig, da doch eine Schulbegleitung dafür gefordert wurde).

Für das Onlineprojekt hat Justus sich beworben und wurde Monate später erst mal übergangsweise zum Test in dieses Programm eingebunden. Momentan sind das Mathematik und Deutsch, wobei ich schon merke, dass eine Begleitung bei der Bildschirmarbeit manchmal ganz hilfreich wäre, denn gerade in Mathe fehlt Justus oft die Übersetzung dessen, was der Mathelehrer von ihm möchte. Das Ganze läuft ja noch hauptsächlich auf schriftlicher Basis. Vielleicht wird das mal auf Skype ausgeweitet, ich glaube, dann wäre es für Justus bei manchen Dingen leichter.

2013

„Streber, das ist doch einer, der rumgeht und seine Arbeit tut, anstatt
doof rumzusitzen."

Felix

„Die fordern seit Jahren meine Selbstständigkeit, doch sie fördern sie
nicht."

Justus

Alternative Schulwege

Justus ging es ab Ende 2011 immer schlechter. Es war einfach die Reaktion auf diese ganz Ablehnung und die Last, die ihm auf der Seele lag – und ihm fiel das zur Schule gehen dann auch immer schwerer. Denn dass in der Schule etwas nicht so lief, wie es sollte, das hat er sicher gespürt. Und das zeigt sich mittlerweile auch in den Akten, die der Anwalt einsehen durfte. Schade, dass unsere Kinder so etwas ertragen müssen. Dass niemand einfach ehrlich sagt: „Das ist für uns zu viel, wir können die Förderung nicht leisten." Alles besser als dieses „Rausekeln". Wenigstens kann Justus während dieser Zwangspause viel nachdenken und hat Ruhe, das Erlebte zu verarbeiten.

Wie es jedoch nach dem Gerichtsverfahren weitergeht? Da bin ich völlig ratlos – und Justus auch. Denn so stabil, dass er wieder die G-8-Qual mit 35 Zeitstunden schafft, ist er noch lange nicht. Ich frage mich auch, welcher Schüler das auf Dauer schafft.

Vielleicht gibt es auch in anderen Bundesländern solche Programme, die für ein paar Monate wenigstens in den Hauptfächern Jugendliche außerhalb der Regelschule begleiten? Vor ein paar Jahren war z. B. in manchen Schulgesetzen der Hausunterricht sogar vom Schulministerium favorisiert, um autistischen Schüler über die schwere Phase während der Pubertät Hilfe anzubieten und ein wenig Druck aus allem zu nehmen. Mittlerweile hat sich die Einstellung jedoch unter neuen Schulministern geändert.

Was auch noch möglich wäre, ist die Onlinebeschulung. Interessanterweise hat sogar unser damaliges Jugendamt diese Beschulung vorgeschlagen. Mir war jedoch zu dem Zeitpunkt wichtig, dass Justus sein soziales Umfeld nicht verliert.

Leider kommen die Behörden nicht selbst mit Ideen und Möglichkeiten. Bei uns war es Zufall, diese spezielle Onlineschule entdeckt zu haben.

Juni

Heute Morgen im Radio

„Autistischer Schüler will Schulassistenten.

Ein hochbegabter aber autistischer Jugendlicher benötigt nach Ansicht seiner Eltern für den Besuch des Gymnasiums eine Schulbegleitung. Der Kreis sieht das jedoch anders. Die Eltern klagten, heute verhandelt das Verwaltungsgericht. Als die Familie noch im Nachbarkreis wohnte, zahlte der Kreis die Schulbegleitung für den heute 17-Jährigen. Die Probleme fingen erst nach dem Umzug an. Zwar wechselte der Jugendliche nicht die Schule, doch der nunmehr zuständige Kreis kürzte die Wochenstunden für die Schulbegleitung drastisch. Der Schüler musste die Schule abbrechen, denn ohne Hilfe ist es ihm nicht möglich, die vielen auf ihn einströmenden Reize zu strukturieren. Und auch die Eltern sind auf die Hilfe angewiesen."

Mal schauen, was morgen in der Tageszeitung steht.

Klage wegen Finanzierung Eingliederungshilfe abgewiesen

Nur kurz zwischendurch, da im Riesengarten Bruchsteinmauern mauern, Koniferen setzen und Steine absuchen auf der Wiese angesagt ist – sozusagen zum Frustabbau: Nach nicht mal einer Woche haben wir heute die Abweisung unserer Klage durch das Verwaltungsgericht bekommen und ich bin einfach nur entsetzt ob der Behauptungen, die da drin stehen.

Anscheinend war die Richterin schon vorab sicher, die Klage abzuweisen, wollte ihr Urteil jedoch aus Zeitgründen oder wegen der anwesenden Presse nicht öffentlich kundtun. Grundtendenz ist durchgehend, dass wir den Staat nicht als Geldgeber sehen sollen und dass wir unser Kind absichtlich „behindert halten". Und so was wie „Sozialschmarotzertum". Solche Dinge klingen in allen Sätzen heraus.

Ich bin momentan paralysiert und zutiefst enttäuscht, da ich hoffte, die Richterin hätte ein Gespräch mit Frau Dr. Hoffmann gesucht und nicht nur Protokolle und Hörensagen als Beweismittel genutzt. Tja, nun geht es in die nächste Instanz.

Gründe für die Klageabweisung

Die Sachbearbeiter vom JA hatten eine zum Teil erzwungene Schweigepflichtentbindung. Die Notizen in den Akten zu Aussagen von Frau Dr. Hoffmann sind alles handschriftliche Telefonnotizen. Unser Anwalt hatte ja die Strategie, Frau Dr. Hoffmann dazu im Zeugenstand oder eben von der Richterin während der Untersuchung befragen zu lassen, doch das wurde ignoriert. Somit war die gesamte Strategie im Eimer.

Ich habe jetzt noch einmal unsere frühere Rechtsanwältin aus Berlin gefragt, da sie viel Erfahrung mit Autismus hat. Sie wird noch einmal alles prüfen und mir Tipps geben. Das würde sie sicher nicht tun, wenn sie da nicht etwas aufhorchen lassen würde. Mal schauen.

Wegen Frau Dr. Hoffmann: Ich bin nicht allein in meiner Auffassung, dass in der Autismusambulanz mittlerweile ein anderer Wind weht, deshalb habe ich etwas Bedenken, ob Frau Hoffmann vielleicht doch irgendwas in der Richtung „Kind beschränken" gesagt haben könnte. Kann und will ich aber nicht glauben, denn ich schätze sie so ein, dass sie mir das selbst gesagt hätte. Sie ist zwar nicht mehr so wie früher, wo sie noch meinte: „Wenn es in der Schule nicht klappt, liegt es nicht an der Schulform, sondern es ist die falsche Schule", sie sagt schon, Justus müsse schon weiter in seiner Entwicklung sein. Da stimme ich ihr zu. Die Gründe sind jedoch wichtig. Das Warum sollte man nicht außer Acht lassen. Und da sind Schulbegleitung und ich uns einig gewesen: „Es ist was faul in der Schule. Die spielen nicht mit offenen Karten."

Oktober

Gerichtsverfahren wegen Zeugnis und Zeugnisbemerkung

Ich komme gerade vom Gericht zurück und habe mich sehr darüber gefreut, dass der Richter der Bezirksregierung und der Schule so einige Rüffel gegeben hat – natürlich ohne Schuldzuweisung – weil sie die Gesetze in Justus' besonderem Fall so hart ausgelegt haben und nicht mal ein bisschen hilfsbereit um die Ecke gedacht haben. Puh, wir haben zwar nicht gewonnen, doch der Richter konnte die volle Härte der Bezirksregierung wenigstens etwas aufweichen. Zudem hat er kritisiert, dass Justus keinen Sonderförderbedarf hat.

Es hat sich auch gezeigt, dass das Zeugnis von diesem Jahr, so ganz ohne Noten, erteilt war, um Justus loszuwerden. Zweimal Klassenziel nicht erreicht heißt wohl „Tschüss"!

Trotz allem habe ich mich zurückhalten müssen, nicht die ganze Zeit zu weinen, denn ich habe vor der Verhandlung erfahren, dass heute Morgen das Oberverwaltungsgericht unseren Antrag auf Berufung wegen der gestrichenen Eingliederungshilfe abgelehnt hat.

Und das schockt mich immer noch. Ich ruhe mich jetzt erst mal aus. Vielleicht schreib ich später noch mal was darüber.

Irgendwas muss man doch machen können, gerade weil die Gerichtsakte laut Anwalt frisiert ist, was wir aber nicht beweisen können. Rechtlich ist alles ausgeschöpft.

Und das Ende? Justus kriegt keine Hilfe, Rainer und ich haben mehrere Tausend Euro für die Schulbegleitung sozusagen in den Sand gesetzt. Alles echt zum Schreien!

November

Verfassungsbeschwerde vorm Bundesverfassungsgericht verworfen

Hier der neueste Stand in unserem Verfahren wegen der Einstellung der Eingliederungshilfe für Justus, der ohne Schulbegleitung keine Chance hat, wieder zur Schule gehen zu können.

Leider hat sich herausgestellt, dass allein verfahrenstechnisch aus rein formalen Gründen eine Verfassungsbeschwerde nicht möglich ist. Unser Rechtsanwalt hat wohl Beweisvorschläge und keine Beweisanträge gemacht. Beweisanträge können abgelehnt werden und dagegen kann man angehen. Bei Vorschlägen geht das nicht. Zudem hat sich herausgestellt, dass Frau Dr. Hoffmann wohl vom Jugendamt Dinge erfahren hat, die sie dazu gebracht haben, ihre Einstellung unserer Familie gegenüber zu verändern.

Was das genau sein soll, weiß ich einfach nicht, und da es in mir gärt und ich nicht hinnehmen mag, dass das JA einfach so was verbreitet, zu dem mein Mann und ich uns nicht äußern können, habe ich sie einfach angeschrieben und nachgefragt. Ich bin mir nicht sicher, ob sie sich meldet, doch so habe ich eine Grundlage, sollte ich in der Ambulanz anrufen.

Das habe ich ihr geschrieben:

„Liebe Frau Dr. Hoffmann,

in dem Verfahren um Finanzierung der Eingliederungshilfe für Justus sind nun leider alle Rechtsmittel ausgeschöpft und wir Eltern und auch Justus hatten nicht die Möglichkeit zu erfahren, was Ihnen gesagt wurde, sodass Sie Ihren Eindruck von unserer Familie gemäß Jugendamts-Stellungnahmen so eklatant geändert haben.

Der Anwalt, der für uns die Möglichkeit einer Verfassungsbeschwerde vor dem Bundesverfassungsgericht geprüft hat, hat mit Ihnen gesprochen und erfahren, dass Sie in Gesprächen mit Herrn D, dem Chef des Integrationsdienstes und mit der Sachbearbeiterin des Jugendamtes neue Informationen bekommen haben, sodass Sie danach der Ansicht waren, eine Herausnahme aus unserer Familie wäre für Justus' Selbstständigkeit förderlich, da die Mutter Justus „künstlich im Behindertenstatus" halte.

Wir verstehen diese Aussage in keiner Weise, denn Ihr ärztlicher Bericht aus 2011 liest sich nicht so. Warum Herr D aus dem Bericht eine Kindeswohlgefährdung herauslas und dringend mit Ihnen sprechen wollte, entzieht sich unserer Kenntnis. Es ging nämlich nur um die Vermutung von Herrn D, Justus hätte eine dissoziative Identitätsstörung und er wollte das mit Ihnen besprechen.

Leider wurden wir gezwungen, Ihren Bericht vorzulegen, obwohl diese Berichte ja nicht für das Jugendamt gedacht sind, und ärgerlicherweise waren wir von der Alternative „entweder Bericht oder sofortige Einstellung der Schulbegleitung" so geschockt, dass wir uns kooperativ zeigen wollten und vergessen hatten, uns das auch ordentlich bescheiden zu lassen.

Es lief im Schuljahr 2011 prima für Justus an, auch laut HPG, trotzdem kürzte das Jugendamt Ende 2011 von 35 Zeitstunden pro Woche auf 2 Stunden am Tag ohne Vorankündigung oder irgendeine Begründung.

Somit ging Justus nicht mehr regelmäßig in den Unterricht – die Finanzierung fehlte.

Wir halten viel von Ihrer fachlichen Qualifikation in der Autismusforschung, umso entsetzter waren wir vor ein paar Tagen auch, als uns der Fachanwalt Ihre Aussagen als im Grunde zutreffend, nur vom Jugendamt nicht wörtlich übernommen, sondern zugespitzt umformuliert beschrieb.

Somit unsere heutige Bitte um Hilfe und Aufklärung: Was haben Sie für Informationen erhalten, die dazu führten, dass uns Kindeswohlgefährdung vorgeworfen wird? Wohlgemerkt nur vom Jugendamt, denn der andere Kinder- und Jugendpsychiater, die Psychologin, die Justus verhaltenstherapeutisch betreut und die Fachkräfte, die mit Justus gearbeitet haben, stimmen dieser Aussage des Amtes nicht zu und sind entsetzt über die Entwicklung und die Vorwürfe sowie die mögliche Hilfegewährung erst nach stationärer Einweisung und Diagnostik.

Justus geht nun seit bald zwei Jahren nicht mehr zur Schule, wurde mitten im Schuljahr aus seiner Gleichaltrigengruppe gerissen, konnte kein Schülerpraktikum mitmachen und die Arbeitswelt kennenlernen und hat keinen Schulabschluss, da die Schule als Bedingung des Regelschulbesuchs eine Schulbegleitung forderte – die aber vom neuen Jugendamt nicht mehr genehmigt wurde.

Bitte helfen Sie uns mit einer Antwort, damit wir verstehen können, was da Seltsames im Hintergrund passiert ist."

Antwort der Autismusambulanz

Auf meine Frage an Frau Dr. Hoffmann, was man ihr denn gesagt habe, dass sie ihre Empfehlung für Justus so drastisch geändert hat, erhielten wir per Post eine „Ärztliche Bescheinigung". Ohne Datum, Zeichen oder Bearbeiter, vom Oberarzt Prof. Lautenbach und von Frau Dr. Hoffmann unterschrieben.

Justus hat das auch gelesen und hat sich sehr darüber aufgeregt. Ihm geht das Ganze noch näher als erwartet. Sein Kommentar war: „Warum machen die mir meine ganze Zukunft, meine Karriere kaputt?"

Ich notiere mir hier mal, was in der Bescheinigung drinsteht und wenn ich es mit meiner Bitte an die Autismusambulanz vergleiche, wird jeder verstehen, warum es uns alle sehr betrübt.

„Hiermit wird bescheinigt, dass der o. g. Patient in der Zeit vom 2005 und 2011 mehrfach in unserer Spezialambulanz für ASS vorgestellt wurde. Nach Telefonaten mit Herrn D sowie mit Frau J, Mitarbeiterin des Jugendamtes, über die im Verlauf der ambulanten Vorstellungen erhobenen Befunde unserer Einrichtung, kommen wir zu der Empfehlung, dass eine stationäre, kinder- und jugendpsychiatrische Diagnostik und Behandlung von Justus dringend indiziert ist. Die im Arztbrief ausgesprochenen Empfehlungen einer Schulbegleitung sowie ambulanten verhaltenstherapeutischen, psychotherapeutischen Behandlung sehen wir als nicht mehr ausreichend an. Sollten Rückfragen bezüglich dieser Empfehlung bestehen, können Sie gerne einen Termin in unserer Ambulanz ausmachen."

Tja, da fällt mir nichts mehr zu ein. Was sollen mir diese Zeilen sagen?

Dezember

Jugendamt und Wahrheit

Was für ein schöner Tag! Nicht nur die Sonne scheint – sie grinst sich wohl einen -, nein, auch für mich ist ein schöner Tag:

Ich habe von einer Bekannten erfahren, dass der für ihre Familie zuständige Fachbereichsleiter im Jugendamt gehen musste. Es soll wohl so einige Unstimmigkeiten und vielerlei Beschwerden und Leid auch anderer

Eltern, die Eingliederungshilfe für ihr Kind beantragt haben, gegeben haben.

So hat die Mutter nun die Hoffnung, dass die Familien in Zukunft nicht die gleiche jahrelange Tortour durchmachen müssen, die uns passiert ist. Keine unverschämten Bemerkungen mehr, keine fiesen Intrigen. Keine Lügen und Unterstellungen, die man vor Gericht netterweise Sachstandsangaben oder so nennt und gegen die man noch nicht einmal wegen Verleumdung vorgehen kann. Die Bekannte hofft auf verständigere und weitsichtigere Jugendamtsmitarbeiter, denn die gibt es auch, davon bin auch ich überzeugt.

Was ist wahr?

Ich kann es noch immer nicht glauben. Dieses Jahr ist ein ziemliches Dilemma. Seit 2 Jahren geht Justus nun nicht mehr zur Schule, weil das Jugendamt die Zahlung der Eingliederungshilfe bzw. die Finanzierung der Schulbegleitung verweigert. Mit ganz dubiosen Argumenten. „Der Junge müsste erst in die Psychiatrie, da ist doch noch was außer Autismus, der ist doch unglücklich, geht manchmal nicht in den Unterricht. Da muss man doch mal nachgucken, was der so hat."

Nun sind aber die Therapeuten vor Ort völlig anderer Meinung. Sie sehen das Problem bei der fehlenden Kooperation der Schule mit der Schulbegleitung. Und dass ein Lehrer gegenüber einem Schüler handgreiflich wird, sogar vor der ganzen Klasse, das ist auch nicht gerade für den Schulerfolg förderlich. Schon erst recht nicht, wenn nachweislich eine Rippenprellung dabei rausgekommen ist. An so einen Schmerz nach einem Übergriff eines Lehrers erinnert man sich doch noch lang. Kein Wunder, dass man dann denen nicht mehr traut, die einen in der Situation im Stich gelassen haben.

Und als es in der Schule immer ungemütlicher wurde und es immer häufiger zu Ausgrenzungen kam, was machte da das Jugendamt, als ich dort um Hilfe bat? Immerhin kostet Eingliederungshilfe viel Geld. Tja – sie machten gar nichts. Es dauerte etwa zwei Jahre und keiner hörte unserer Familie zu. Und das Ende vom Lied? „Auf Wiedersehen Schüler, wir können hier mit dir nichts anfangen. Und auf Wiedersehen Hilfeempfänger, die Hilfe fruchtet bei dir nicht. Lass dich mal untersuchen, was denn mit dir ist."

Bald zwei Jahre dauerte der Kampf vor den Gerichten. Und gleich von Anfang an war der Wurm drin. Der Anwalt genauso blauäugig wie die Eltern, hat seinen normalen Beweisanfrageweg genommen und ist damit sang- und klanglos untergegangen. Die wichtigen Beweisanträge wurden nicht gestellt und somit gab es auch keine Möglichkeit, bei den nächsten Instanzen diese unsäglichen Zustände der Ämter prüfen zu lassen.

Und was lernen wir daraus: Recht zu bekommen ist eine Frage von Formalien und leider keine von Recht haben.

Und der einzelne Mensch bleibt auf der Strecke. Ohne Schulabschluss, ohne Hilfen, ohne Kontakte. Was ist das für eine Welt?!

2014

Das Ministerium schlägt zurück.

Justus: „Episode wie viel?"

Januar

Offener Brief an Frau Kraft

Ich habe vor kurzem einen Offenen Brief im Internet gelesen, der mich doch sehr berührt hat. Damit er nicht sang- und klanglos verschwindet, kopiere ich ihn mir in mein Tagebuch. Er ging an die Ministerpräsidentin des Landes NRW, Frau Hannelore Kraft, wegen ihrer Aussage: ‚Wir lassen kein Kind zurück' – Wirklich?

„Sehr geehrte Frau Kraft,

2010 warben Sie vollmundig für eine von Ihnen geführte Landesregierung: „Wir lassen kein Kind zurück."

Für unseren autistischen, begabten Sohn ein Trost, dass ihm die über Jahre erkämpften Nachteilsausgleiche weiterhin den Besuch eines Regelgymnasiums ermöglichen würden und bei Problemen mit Bezirksbehörden weiterhin ein Ansprechpartner im Schulministerium hilfsbereit zur Seite stehen würde.

Doch weit gefehlt: Immer wieder fehlten für Monate Integrationshelfer, wir konnten es allein personell und finanziell selbst nicht mehr auffangen und viele Monate vergingen ohne Schulbesuch – trotz Schulpflicht! Kurzzeitige Hausunterrichtsphasen waren nicht ausreichend, um die Erlaubnis zur Versetzung zu bekommen. Und somit hieß es in 2013: Zwangsausschulung wegen Nichtteilnahme am Unterricht. Nach 1,5 Jahren ohne Schule! Nach 2 Jahren Verweigerung der Eingliederungshilfe und Stellung eines Schulbegleiters durch das Jugendamt. Dabei sah die Schule eines vor: Unterrichtsteilnahme nur mit Schulbegleitung.

Aha? Nicht teilgenommen? Aber warum denn? Es gibt doch Schulpflicht und gerade bei Autisten sieht das Schulgesetz vielfältige Ausnahmen vor. Doch es war niemand mehr da, der hier helfen wollte. Niemand da, der Schutz bot und vereinzelten Lehrern ihre pädagogischen Pflichten aufzeigte. Der dem Jugendamt die Gesetzeslage erklärte und der Zuweisung der Bezirksregierung auf Weiterbeschulung entsprechen wollte. Und auch der Bezirksregierung den richtigen Weg aufzeigte. Und unserem Sohn das ermöglichte, was für ihn wichtig ist: Lernen, lernen, lernen. Wissen sammeln. Zur Schule gehen dürfen, weil er zur Schule gehen will. Menschen um sich haben, weil er Menschen um sich haben will. Nicht nur zu Hause sein, sondern teilhaben. Teilhaben an der Gemeinschaft, sein Menschenrecht, seine Bürgerrechte einfordern.

Die Gespräche von Bezirksregierung, Jugendamt und Schule wurden intensiver, die Gespräche von Bezirksregierung und Eltern wurden ...? Ja, was? Gar nicht zugelassen, der Mund verboten. Keine Hilfen zur Problemlösung, keine Hilfsangebote, um einen Schulabschluss zu bekommen, um überhaupt ein Abschlusszeugnis zu bekommen, um Perspektiven für die Zukunft zu haben.

Insgesamt sind 3 Jahre verloren. Die früheren Klassenkameraden machen in diesem Jahr ihr Abitur. Und unser Sohn? Ist 18 und ohne Schulabschluss. Und die Schulpflicht? Die läuft im Sommer endgültig aus. Und er kann sehen, wo er bleibt. Wie so manch anderer Autist auch.

Und die Bezirksregierung? Schweigt. Die Schule? Hat still und heimlich ausgeschult. Das Jugendamt? Verweigert während der Jahre der Gerichtsverfahren die Eingliederungshilfe.

Und wir? Wir wissen nicht, woher wir so viel Geld nehmen sollen, um privat Lehrer zu bezahlen, die unseren Sohn auf die Schnelle im Einzelunterricht prüfungsfit machen. Damit er die verlorene Zeit wieder nachholen kann, sein Abitur schnellstmöglich erreichen kann, um endlich seine Träume und Wünsche von einem selbstbestimmten, eigenverantwortlichen Leben erfüllen zu können. Trotz Autismus. Trotz Ausschluss. Trotz Unwägbarkeiten. Trotz des verweigerten Rechtes auf Bildung.

Und schon wieder ist ein Jahr vorbei. Schon wieder keine Ahnung, wie es weitergehen soll. Schon wieder kein Zeugnis. Schon wieder keine

Chance auf Schulabschlüsse – von was auch immer. Schon wieder Termine verpasst. Schon wieder ...

Und Sie versprechen erneut in Ihrer Neujahrsansprache: ‚Wir lassen kein Kind zurück!‘

Aber Frau Kraft, warum lassen Sie mein Kind zurück?"

Dieser Offene Brief klingt wie viele Geschichten, die ich in den letzten Jahren gehört und gelesen habe. Ob die angeschriebene Landesregierung darauf wohl reagiert? Ob sie Fehler anerkennt? Ich glaube es nicht.

Das Abgangszeugnis – endlich

Heute überschlagen sich die Ereignisse. Zum einen sollten wir Justus' Abgangszeugnis abholen. Endlich! Nach bald sechs Monaten hat die Schule es endlich ausgefüllt und an den Anwalt geschickt.

Und was steht drin? Nischt, rein gar nichts. Nur Abgangszeugnis, Schüler von Sommer 2006 bis Sommer 2013 und Schüler der Klasse 9. Was alles schon eine Unverschämtheit an sich ist, wenn man bedenkt, was vor Gericht vereinbart wurde und was jetzt dabei rausgekommen ist. Seit Anfang 2012 ist Schule für Justus schon nicht mehr erlaubt und dazu steht nichts drin. Irgendwelche Lehrer, von denen man noch nichts gehört hat, sollen Klassenlehrer gewesen sein. Abgang ohne Abschluss. Mit dem Teil kann man gar nichts anfangen. Und rein rechtlich hat der ach so gute Schulleiter das alles korrekt gemacht, ganz nach den Paragraphen, doch nicht nach den Möglichkeiten, die er gehabt hätte. Und die der Richter vorgeschlagen hat. Als Angebot, um dafür die Klage zurückzuziehen.

Und das, wo morgen der Stichtag zum Anmelden für die Externenprüfungen sein soll. Wie sollen wir das alles schaffen? Lebensläufe, Zeugnisse beglaubigen, Anträge stellen, Lehrer finden, lernen, lernen, lernen? Alles so kurzfristig bis Ende April gelernt haben, um einen Fachoberschulabschluss schaffen zu können. Nachteilsausgleiche beantragen (das haben die bei uns bei der Bezirksregierung bei externen Prüfungen wohl noch nie gehabt und die zuständige Dame arbeitet nur an die 15 Stunden pro Woche, die muss man erst mal ans Telefon kriegen.

Die anderen Prüflinge haben ihre Kenntnisse schon längst erworben, bei der VHS oder so, doch Justus hat nur ein paar Wochen, um alles nachzuholen, was wichtig sein könnte.

Doch er will unbedingt zeigen, dass er das kann und ist hochmotiviert. Und das ist das Einzige, was zählt. Egal, ob es eng wird oder nicht. Wir gehen das jetzt an. Und dann in kürzester Zeit das Abi nachholen, darauf ist Justus besonders aus. Er möchte die Klassenkameraden wieder einholen. Die werden nächstes Jahr Abi machen. Ob das realistisch ist, hängt sicher davon ab, wie viel Geld ich für Einzelunterricht zusammenkratzen kann.

Dafür überlege ich gerade, wegen der noch bestehenden Schulpflicht, ob Justus nicht noch einen Antrag auf „Hausunterricht" stellen könnte, um wenigstens einige Stunden über die Bezirksregierung finanziert zu bekommen. Ohne Schulbegleitung muss er ja irgendwie unterrichtet werden.

Jetzt geht es mal schnell an den Antrag für die Prüfungen und den Lebenslauf. Wie schön, dass Justus alles selbst unterschreiben wird. Für ihn ist das ein gewaltiger Fortschritt in der Lebensqualität. Selbst entscheiden und selbst kämpfen dürfen.

Wahrheit und Wirklichkeit

Weil so gar nichts passiert ist und auch vonseiten der Medien keine Reaktion kam, wurde Justus' Fall der Monitoringstelle des Instituts für Menschenrechte gemeldet. Die sammeln Vorgänge, bei denen behinderte Menschen ausgegrenzt und ihre Menschenrechte eingeschränkt werden.

Auch der Fall mit dem tätlichen Übergriff des Lehrers wurde an eine Stelle gemeldet, die „Gewalt in der Schule" als Thema hat. Doch, es ist ja klar: Gewalt von Schülern gegen Lehrer – kennt jeder. Gewalt von Lehrern gegen Schüler – das gibt es doch gar nicht. So oder ähnlich scheint die Einstellung vieler zu sein, die sich gar nicht vorstellen können, was an unseren Schulen so passiert. Schon traurig, dass es wie so oft das Opfer ist, das nicht ernst genommen wird.

An die Monitoringstelle des Institutes für Menschenrechte

Nach dem Regierungswechsel in unserem Bundesland wurde die schulische Laufbahn unseres Sohnes extrem schwierig. Sämtliche bis dahin gewährten Nachteilsausgleiche oder geduldeten autistischen Verhaltensweisen wurden extrem hinterfragt, Hilfen aus dem Schulministerium, wegen des Wechsels der Fachleute dort, gab es nicht mehr. Somit waren wir dem Unwillen der Bezirksregierung und der Schule ausgesetzt. Dass unser Sohn anscheinend nicht mehr erwünscht war, ließ sich aus den Schulakten herauslesen, doch trotz häufiger Nachfragen wurde dies uns gegenüber immer verneint.

Auslöser für all das Leid, das unser Sohn ertragen musste, war der tätliche Übergriff eines Lehrers vor der ganzen Klasse, weil dieser Lehrer vermutlich nicht über eine Sitzplatzordnung informiert war und dann handgreiflich wurde (mit Prellungen des Brustkorbes). Wir haben diesen Vorfall nicht zur Anzeige gebracht, hofften auf die Hilfe der Schulleitung, doch ab dem Zeitpunkt wurde von Monat zu Monat alles immer schlimmer. Und als dann auch noch die Hilfen und die Unterstützung aus dem Schulministerium ausblieb, ging es eigentlich nur noch darum, wer es länger aushält. Die Schule hat gewonnen, denn die Jugendhilfe hat ab einem gewissen Punkt die Eingliederungshilfe für die Finanzierung eines Schulbegleiters eingestellt, obwohl bekannt war, dass die Schule ohne Schulbegleitung nicht beschult.

Zur Info: Unser Sohn hatte keinen sonderpädagogischen Förderbedarf, das war damals beim Übergang in die weiterführende Schule nicht erwünscht. Er hatte genau genommen einen besonderen pädagogischen Förderbedarf.

Mit den Jahren sind wir von den Behörden diskreditiert worden und es gab für uns keine Möglichkeit, in den Instanzen vor Gericht dem mit Informationen von Fachleuten entgegenzustehen. Aus formalen Gründen (Eingabe der Beweise als Anfragen und nicht als Anträge durch unseren Anwalt) wurden sämtliche Berufungswege der Verwaltungsgerichte und auch der Gang vors Bundesverfassungsgericht (Vorabprüfung eines Fachanwaltes) nicht zugelassen.

Bisher warten wir seit bald einem halben Jahr auf ein Abschlusszeugnis oder ein Abgangszeugnis mit einem wie auch immer gearteten oder eben auch keinem Schulabschluss. Doch da kommt nichts, obwohl es ein Vorschlag eines wunderbaren Richters war, damit wir uns bereit erklären, eine Klage fallen zu lassen.

Unser Sohn kann also noch nicht einmal irgendwo zur Schule gehen, er kann auch keine Ausbildung machen – er hat ja keinen offiziellen Abschluss.

Prüfung zur Fachoberschulreife

Ich drehe hier langsam durch: Es gelingt mir nicht, irgendwelche Informationen zu den Themen der 10. Klasse Realschule zu bekommen. Also Informationen, anhand derer man auch herausfinden kann, ob Justus die Thematik schon mal gehört hat.

Für sechs Fächer (D, E, M, Geschichte und Physik auf jeden Fall) muss er lernen und ich habe noch keinen einzigen Lehrer gefunden. Und die Lehrpläne, die ich gefunden habe, sind auch ziemlich nichtssagend.

Wie sollen wir das in der kurzen Zeit bloß schaffen? Informationen zu früheren Prüfungen bekommen nur Lehrer, das ist hier bei uns anders als in anderen Bundesländern.

Februar

Justus' Geschichte geht weiter

Man sollte meinen, der Offene Brief von letztens würde von Justus berichten. Denn das ist ja auch so ein Fall, der so unglaublich ist, dass man meinen sollte, er wäre erfunden. Ist er aber nicht. Er ist auch nicht aus vielen Einzelschicksalen anderer Autisten zusammengesetzt. Nein, er ist ein Fall von vielen. Ein Fall, der nachdenklich macht. Ein Fall, der die Behörden aufrütteln sollte. Ein Fall, der eigentlich keiner sein sollte.

Und für Justus geht er in eine neue Dimension: So mitten im Schuljahr von heute auf morgen nicht mehr zur Schule zu dürfen, haut einen ganz schön um. Und ohne Schulabschluss oder Abgangszeugnis darf man gar nichts. Nicht zu einer anderen Schule, nicht wegen einer Lehre nachfragen, keinen externen Abschluss machen – gar nichts. Also saß Justus zu Hause – ohne Klassenkameraden, ohne Gleichaltrige, ohne Ziele.

Nun rückte, wie schon mal erwähnt, zum 01. Februar der Schlusstermin für die Anmeldung zur Externenprüfung näher. Doch noch immer keine Antwort der Schulbehörde und somit kein Abgangszeugnis. Und was passiert einen Tag vor Anmeldeschluss? Wer hätte es gedacht – das Zeugnis ist da!

Justus musste innerhalb von 24 Stunden alle Unterlagen zusammensuchen, Zeugnisse beglaubigen lassen, Anträge schreiben, Dokumente scannen, Wunschthemen für die Prüfung raussuchen, Lehrpläne wälzen und

243

vorher erst mal finden ... Zu guter Letzt war die Anmeldung eine Minute vor Schluss per eMail raus. Stresspegel wieder runter, sollte man meinen.

Doch leider geht es jetzt erst mal richtig los: Lehrer finden, die mit einem üben. Nach über zwei Jahren muss so einiges verschüttete Wissen erst wieder ausgegraben werden. Dann alles nachholen, was so eine Schulklasse in ihrem Abschlussjahr für die Zentralen Prüfungen lernt. Und für vier schriftliche und sechs mündliche Prüfungen üben, üben, üben

Viel zu tun in 11 Wochen, doch Justus ist voller Energie. Er will es den Behörden zeigen, dass sie ihm Unrecht getan haben. Dass sie ihm Zeit gestohlen haben. Dass sie ihn im Stich gelassen haben. Ihn, genauso wie viele andere Autisten an Regelschulen, die mit ähnlichen Sorgen zu kämpfen haben.

Ach, eines darf man dabei nicht vergessen:

Justus ist noch schulpflichtig. Das hat bisher keinen interessiert. Doch anstatt die Unterstützung zu bekommen, die ihm zustehen würde, um seinen Abschluss machen zu können, darf er alles selbst bezahlen. Jede einzelne Lehrerstunde, jedes einzelne Arbeitsblatt, die Beglaubigungen und die Briefmarken, die Bücher und alles, was man braucht, um auf die Schnelle alles Wissen anzusammeln, das man für so einen Abschluss braucht.

Das kommt davon, wenn man sich einfach zwangsausschulen lässt, nicht wahr? Das kommt davon, wenn Behörden auf diese Weise versuchen, Dinge, die nicht sein dürfen, zu vertuschen.

Doch ganz egal, was war: Jetzt ist Justus dran. Und er will es wissen!

Wie geht es mit Justus weiter?

Wenn es mir irgendwie gelingt, werde ich in den nächsten Wochen versuchen, Justus' Weg hier niederzuschreiben. Das ist später auch für unsere Familie sicher spannend zu lesen, was so alles passiert ist, und wie wir uns gemeinsam füreinander einsetzen.

Jugendamtsgespräche

Mal davon abgesehen, dass Justus gerade überall versucht, Lehrer zu finden, die ihm helfen, die Externenprüfungen zu bestehen und er schon leichte Panik hat, wie er das alles bezahlen soll (so ohne eigene Einkünfte und mit auch nicht so wahnsinnig viel Erspartem), hat sich gestern wohl etwas ergeben, was noch mal einen völlig neuen Blick auf die ganze, seltsame Geschichte seiner Schulzeit geworfen hat: Der Jugendamtsleiter hat mitgeteilt, dass ihm überhaupt nichts von irgendwelchen Stundenkürzungen der Schulbegleitung bekannt ist. Soll heißen, es gab keinen Bescheid, also gab es auch keine Kürzung durch das Amt.

Somit richtet sich der Verdacht immer mehr auf die Institutsleitung, die für die Begleitung zuständig war. Der Chef hat seine Mitarbeiterin in höchsten Tönen gelobt, doch anscheinend vor dem Amt ganz andere Dinge behauptet.

Das und viele andere Behauptungen haben im Endeffekt zu der Schulkatastrophe und der Zwangsausschulung geführt. Justus ist dermaßen verärgert, dass er überlegt, Strafanzeige zu erstatten. Wegen Verleumdung und eigenmächtiger Handlungsweise. Fragt sich nur, ob der Jugendamtsleiter auch ehrlich geantwortet hat, dass in seinen Akten nichts vermerkt ist und ob er auch alle Akten eingesehen hat, auch die Handakten, die üblicherweise nie öffentlich gemacht werden.

Das darf nicht wahr sein!

Heute mal ein anderer Fall, der mich echt auf die Palme bringt.

Report Mainz soll einen Bericht über Schüler gedreht haben, die allesamt ausgeschult wurden, weil man sie nicht für beschulbar hielt. Alles Grundschüler! Unter anderem ein ganz normaler, ruhiger Junge, der wohl erwiesenermaßen in seiner Klasse und unter seiner Lehrerin litt (kommt mir irgendwie bekannt vor, ist Justus in der Grundschule wohl ähnlich gegangen, wenn ich mir meine alten Aufzeichnungen durchblättere. Auch Justus wurde öfter mal auf die „Rote Bank" gesetzt oder ganz allein in den Nachbarraum geschickt).

Jedenfalls ist dieser besagte Junge seit damals ausgeschult und beantragte Hilfen, damit er wieder in die Schule darf. Das haben die Eltern nicht genehmigt bekommen. Sie haben sämtliche Gerichtsverfahren gewonnen, doch aus – auch schon mal gehört – formalen Gründen keine Unterstützung bekommen. Mittlerweile klagen die Eltern auf Schadensersatz.

Diesen und andere Fälle hat Report Mainz recherchiert – nicht auf rechtlicher, sondern auf pädagogischer Grundlage. Trotzdem: wie kann so etwas passieren, dass ein Kind in der Schule gemobbt und als Opfer ausgeschult wird?

Wenn ich das jetzt so aufschreibe, klingt es so, als hätte der Junge seinen Anteil daran. Ja, den hatte er. Er ist durch das Verhalten der Lehrerin krank geworden und hat viel gefehlt. Kein Wunder.

Weitere Jugendamtsgespräche

Da habe ich letztens doch glatt vergessen, etwas Wichtiges aufzuschreiben: Bei dem Gespräch mit dem Jugendamtsleiter ist für mich wirklich Ungeheuerliches herausgekommen. Ich habe ihn danach gefragt, warum er und die Sachbearbeiter sich nie um die Information und die Bitte um Hilfe gekümmert hätten, dass in der Schule nicht alles mit rechten Dingen läuft, dass die Schulbegleitung nicht einbezogen wird, dass es keine Gesprächsrunden und Austausch unter den Lehrern gibt und ganz besonders, dass die Ablehnung und auch die Unsicherheit mancher Lehrer in tätlichen Übergriffen oder Ignorieren von Schülerübergriffen mündete. Warum gab es keine Hilfe, keine Unterstützung? Das kostet doch das Geld des Steuerzahlers und ist mehr oder weniger rausgeschmissen, wenn nicht alle zusammenarbeiten und für das Gelingen der Maßnahme eintreten.

Die Antwort lapidar: „Ach, das ist doch kein Einzelfall. Das ist so in den Schulen."

Na klar, da macht eine Seite nicht mit und die ganze Aktion kann gar nicht gelingen und was passiert? Der Schüler kriegt die Hilfe gestrichen und muss gehen, nicht die Schulleitung kriegt mal Ärger und muss mitmachen. Ich verstehe das alles nicht.

Ein wahres Wort

Wie sagte Justus heute so treffend zu mir: „Ich bin auch nicht behinderter als unser Schulsystem." Eine nachdenkenswerte Aussage.

Hilfe ist im Anmarsch

Bei Justus tut sich was: Ohne Schulbücher weiß man ja nicht, was man so lernen soll. Und ohne Schule bekommt man nicht die richtigen Schulbücher.

Da hat sich eine Bekannte, die Realschullehrerin ist, bei ihrem Direktor dafür eingesetzt, dass Justus das Gros der Schulbücher bekommt, die er braucht, um sich das Wissen für die externen Prüfungen anzueignen. Jetzt fehlen nur noch das Geschichtsbuch und ein paar tolle Lehrer, die das Wichtigste mit ihm üben. Das wird dann auch noch klappen.

Ist doch toll, dass es Leute gibt, die sofort bereit sind, zu helfen. Für Justus ein Zeichen, dass es vorwärtsgeht, dass sich Menschen ganz ohne Hintergedanken oder persönliche Vorteile für ihn einsetzen. Klasse!

Jetzt geht es los

Justus freut sich schon auf die Unterrichtsstunden, denn es geht endlich los mit dem Lernen für die Externenprüfung.

Trotz Schulpflicht zwar über ein Nachhilfeinstitut, obwohl eigentlich das Bundesland zuständig wäre und es auch gar nicht um Nachhilfe, sondern generell um das Beibringen des Stoffes geht, doch was soll's. Morgen die Termine und der Umfang der Lerneinheiten und dann losmarschieren – die erste Externenprüfung im Mai fest im Blick.

Nun hoffen wir nur noch auf irgendeinen Geldsegen oder eine Idee, welche Behörde zu den Schulkosten etwas beitragen könnte.

Auch das darf nicht wahr sein ...

Da habe ich vor kurzem Mal wieder etwas total Erstaunliches mitbekommen: In Justus' damaliger Parallelklasse auf dem Gymnasium war ein Mädchen. Sozusagen: Es war einmal ein Mädchen. Und leider ging es auf eine Schule, auf dem die Blindheit für Autisten ausgebrochen sein muss – dabei sind sie doch geschult und geben sich so informiert, sodass sie mal einfach einen autistischen Schüler loswerden, weil da ja nicht nur Autismus sein kann, wenn der einfach mal nicht in den Unterricht geht. Nein, der hat doch noch was! Weg mit ihm, den können wir so nicht beschulen.

Da sind die also so was von informiert und bemerken noch nicht einmal, dass im selben Jahrgang ein stilles, autistisches Mädchen ihr Schülerleben fristet? Viele Jahre um Unauffälligkeit bemüht, doch irgendwann ist alles zu viel. Warum kippt die denn immer um? Da muss doch noch was sein, die ist doch nicht nur pubertär? Nein, da ist irgendwas, die können wir nicht beschulen. Weg mit ihr.

Tja, was war denn da? Genau: Das Mädchen ist ein Asperger-Mädchen, mit all den Anzeichen, die jedes Asperger-Kind manchmal auszeichnet. Für die ach so informierten und erfahrenen Lehrer sofort zu erkennen, trotz oder wegen der fehlenden Diagnose.

Hätte da nicht mal jemand den Eltern sagen können, was und wo die Auffälligkeiten bei dem Mädchen sind? Damit man viel früher hätte helfen können, viel Leid in der Schule gar nicht erst aufgekommen wäre? Aber nein. Die Schule weiß mal wieder von nichts, die haben nichts gemerkt. Wer es glaubt?!

Ganz erstaunlich, dass sich so eine Schule mittlerweile als die richtige Schule für Autisten hinstellt und bewusst Autisten in den Eingangsklassen aufnimmt. Eine Schule, wo vor gar nicht langer Zeit noch Autisten von Lehrern verbal und auch tätlich angegriffen wurden. Eine Schule, in der Lehrer ganz offen sagen, dass Autisten, dass Behinderte auf eine Sonderschule gehören und auf einem Gymnasium nichts zu suchen haben. Trotz überdurchschnittlicher Intelligenz, trotz Gymnasialempfehlung.

Wo leben wir eigentlich? Was tut man unseren Kindern da eigentlich an? Nicht nur hier, sondern in vielen deutschen Schulen.

Völlig gleich, wie man zu der etwas holprigen Inklusion in unserem Schulsystem steht: Menschenrechte und Bürgerrechte stehen an erster Stelle. Gegenseitiger Respekt steht an erster Stelle. Toleranz steht an erster Stelle. Auch gegenüber Schülern, allen Schülern – alles Menschen, alles Bürger.

Justus weiß weiter

Schon manchmal – ne, ne, eigentlich immer – richtig toll, so einen pfiffigen Sohn zu haben.

Auch wenn ich mir bei Computer-Hardware mal einen Austausch von einzelnen Bausteinen zutraue oder mal einen extra Arbeitsspeicher für meinen Uralt-PC dazustecken konnte: Gegen Justus habe ich da keine Chance. Also, habe ich ein Problem mit dem PC – Justus weiß weiter. Bei Software sowieso, zur Not schreibt er mir bei meinen diversen Problemen einfach ein passendes Programm. Doch bei Hardware?

Da musste ich letztens bei meinem neuen Billigcomputer (zum Schreiben sollte es reichen) eine neue Festplatte einbauen, weil Justus sich die andere, größere geschnappt hat und ich mit 100 und ein paar zerquetschten Gigabyte problemlos klarkomme. Und da habe ich mir gewünscht, ob er denn mal gucken könnte, ob dieses widerliche grellblaue Licht am Einschaltknopf irgendwie auszuschalten wäre. Nun, das kommt davon, wenn man sich einen Billig-PC im Internet kauft und der Händler einem nicht das Gewünschte mit wunderschönen grünen Leuchten, sondern ein Gehäuse mit so dämlichen blauen Dioden zuschickt. Umtauschen ging zeitlich nicht mehr, der Händler hatte zu lange mit den Antworten gebraucht und ich musste den PC endlich in Betrieb nehmen.

Also Justus, mach mir mal das Licht aus! Ich glaube, ich hätte alles von Übermalen bis zu kaputt machen ausprobiert, nur um nicht dieses grelle Blau ertragen zu müssen, doch was macht mein gelehriger Sohn?

Aufschrauben, aufschreiben, angucken, kein Schaltplan dabei? Okay, dann selber aufzeichnen. Kabel rausziehen, hoffen, dass es das Richtige ist. Die neue Festplatte ordentlich anschließen, die kleinen Stromkabel für die Dioden wieder an den richtigen Platz und? Fertig – läuft. Licht ist aus. Genial.

Und was erzählt er mir dann, woher er das alles weiß? „Wieso, ist doch leicht. Ich habe mir das mal bei meinem PC angeguckt, mit deinem verglichen, die Verkabelung auf dem Motherboard angeschaut und einfach um- und angesteckt. „Also, so oder so ähnlich hat er das Ganze lapidar erklärt. Ohne praktische Ahnung von Technik oder Erfahrung in Hardware – einfach mal aufschreiben, reingucken, umstecken – fertig.

Und so ein gelehriger, junger Mensch darf nicht zur Schule? Sehr seltsam. Okay, ich weiß, die Muttergefühle lassen seine Taten möglicherweise pompöser erscheinen, als sie sind. Doch einen PC, auch bei solchen Kleinigkeiten wie dem „Abklemmen" einer nervigen Leuchtdiode, einfach so in kürzester Zeit zu überblicken, ohne groß vorher schon mal Erfahrungen gesammelt zu haben: Respekt!

Es kann mal wieder nicht wahr sein

Vor Kurzem habe ich hier von einem Jungen erzählt, der sogar schon als Grundschüler zwangsausgeschult wurde und seitdem nie wieder den Weg zurück in eine Schule gefunden hat.

Mittlerweile gab es den Bericht dazu und zu anderen jungen Schülern im TV bei Report Mainz im Ersten. Ich verlinke hier mal die lange Version, denn die ist deutlicher und auch drastischer bei den Erklärungen, wie wenig passieren muss, um auf einer Schule unerwünscht zu sein.

http://www.swr.de/report/abgestempelt-und-aussortiert-xl/-/id=233454/did=12797494/nid=233454/1iq267/index.html

Gegenwart und Zukunft

Mittlerweile die dritte Woche müht Justus sich erfolgreich mit dem Einzelunterricht ab. Es ist für ihn sehr ermüdend, aber auch sehr faszinierend. Schule und Lernen macht ihm Spaß. Doch wenn man sich vorstellt, dass drei Einzelstunden so anstrengend sind wie ein ganzer Schultag, ist es kein Wunder, wenn er danach erst mal völlig erschöpft ins Bett fällt und Ruhe braucht.

Das ist also die Gegenwart: üben, üben, üben. Den gesamten Schulstoff von sechs Fächern der 10. Klasse Realschule in drei Monaten nachholen. Zum Glück war er auf dem Gymnasium schon genauso weit, dass es nur noch um das Wiederholen und natürlich um das Einprägen der noch unbekannten Fachbereiche geht.

Mal schauen, ob es klappt. Und auch, ob die Nachteilsausgleiche vom Schulamt so gewährt werden, wie das früher in der Schule schon war. Das hängt ja auch sehr davon ab, ob die frühere Schule auch alles dokumentiert hat – oder aber dokumentieren wollte.

Tja, und dann noch etwas Zukunft: Wird der Antrag auf Finanzierung der Unterrichtskosten genehmigt? Justus hat sich erst mal das Geld von Verwandten geliehen. Doch es geht um viel Geld. Aber es gilt Schulpflicht und genau genommen wäre das Land dafür zuständig, Justus die nötige Bildung und einen Abschluss zu bieten. Die rühren sich aber nicht. Also, liebes Amt: Du bist dran!

Justus, du schaffst das. Du willst es und du hast Menschen um dich herum, die dich unterstützen. Dummerweise nicht die, die bei den Behörden für dich zuständig wären. Doch du und wir, deine Familie, wir geben nicht auf.

April

Vielleicht? Vielleicht!

Ganz neue Erkenntnisse gab es gestern. Justus hatte sich ja schon oft überlegt, ob es besser gewesen wäre, den Lehrer anzuzeigen, der ihn damals tätlich angegriffen und ihm Prellungen verpasst hatte. Doch es war bei einer Meldung bei Schulleitung und Schulaufsicht geblieben. Schon aus dem Grund, weil der Lehrer vielleicht gar nicht informiert war, was Justus durfte und was nicht. Auch wenn so eine Überreaktion völlig inakzeptabel ist, so ist eine Anzeige ja auch für einen Lehrer ziemlich zerstörerisch. Und für die Schullaufbahn des Schülers sicher auch. Dachte Justus. Und nun? Die neue Erkenntnis, dass genau dieser Lehrer auch andere Schüler in den letzten Jahren ähnlich angegriffen haben soll. Immer die Schwächsten, die Außenseiter. Vielleicht wurde er nie angezeigt. Vielleicht hat die Schulaufsicht bewusst nicht auf die Meldung reagiert. Vielleicht hat der Schulleiter absichtlich gelogen und behauptet, von dem Vorfall erst viele Wochen später erfahren zu haben. Vielleicht?

Mir hat es nun gereicht. Ich will mir nicht weiter den Mund verbieten lassen. Und ich habe die neuen Erkenntnisse direkt ans Schulministerium weitergeleitet. Wird es etwas bringen? Vielleicht!

Neue wahre Worte

Justus' Antrag auf Hilfen für junge Volljährige wurde abgelehnt. Sein verärgerter Kommentar:

„Die fordern seit Jahren meine Selbstständigkeit, doch sie fördern sie nicht." O ja, da hat er recht.

Neues von Justus

Justus ist wirklich klasse. Wie der das alles so durchzieht? Schule und Behörden haben ihn im Stich gelassen, doch er will es wissen – auch wenn er dabei an seine Grenzen gehen muss.

Zum Beispiel vor ein paar Tagen: vormittags eine psychisch und physisch extrem erschöpfende EMDR-Stunde – das erste Mal, dass er sich völlig darauf einlassen konnte. Und trotzdem machte er sich nachmittags zu zweieinhalb Mathe-Einzelstunden und einer Englisch-Einzelstunde auf. Bemerkenswert. Er stellt sich seinen Traumata, lässt sich nicht unterkriegen. Trotz der jahrelangen Ausgrenzung und des Versuchs der Behörden, ihn in die Psychiatrie zu stecken. Um dort zu gesunden, die spinnen doch! Soll doch erst mal das System gesunden, bevor man gesunde Menschen krank macht. Autismus ist keine Krankheit.

Antragswirrwarr

Vor Kurzem hat Justus wieder einen Antrag auf Übernahme der Kosten für den Einzelunterricht gestellt. Und es kam, wie es kommen musste: abgelehnt! Nach nicht einmal 3 Tagen Bearbeitungszeit! Und mit Argumenten, die so gar nicht auf Justus' Formulierungen im Antrag passen.

Nun hieß es, zu reagieren. Justus schrieb den Behörden zurück:

„Sehr geehrter Herr X,

aus Ihrer Ablehnung entnehme ich, dass ein Missverständnis bezüglich der Natur des Antrags vorliegt. Bei dem Antrag handelte es sich um einen Antrag auf Kostenübernahme eines Einzelunterrichtes, der aufgrund des Nicht-Vorhandenseins der Möglichkeit eines regulären Schulbesuches nötig wurde. Es handelt sich hierbei nicht um eine außerschulische Nachhilfe nach § 27 SGB VIII, sondern um eine Kostenübernahme nach § 35a des SGB VIII.

Ich bitte darum, dass Sie sich der Sache in den nächsten Tagen erneut annehmen."

So wunderbar formulieren Autisten – beneidenswert. Ich bekomme das ohne kleine Spitzfindigkeiten nicht hin. Ach ja – der Antrag auf Nachteilsausgleiche: in einigen Punkten abgelehnt, von wegen „Privilegierung gegenüber Mitprüflingen". Hm, und was ist mit den Nachteilen gegenüber den nicht-eingeschränkten Mitprüflingen? Dabei ist das Schulgesetz eindeutig. Immer diese kalten Behördenschreiben.

Antragswirrwarr II

Tja, wer hätte das gedacht – „kleiner Scherz", würde Justus wohl sagen – denn Justus' Antrag wurde erneut abgelehnt oder sagen wir mal besser in reinstem Behördendeutsch: „... ist auch der Inhalt Ihres Antrages in keiner Weise hinreichend bestimmt, hier zu einer abschließenden Bewertung bzw. Entscheidung zu kommen." Aha!

Und dann heißt es da weiter so ungefähr, dass folgende Punkte unklar wären:

1. Derzeitiger Schulabschluss 2. Lernstand 3. Maßnahme geeignet? Werden Sie der Anforderung im Hinblick auf eine Überforderung gerecht? 4. Bestehen in allen genannten Fächern Defizite, denen nicht auf andere Weise begegnet werden kann? 5. Es fehlen nachvollziehbare Angaben zum Umfang des Unterrichts, zur – und jetzt wird es völlig schräg – „Höhe und Qualifikation der Lehrkräfte".

Soll Justus seine Lehrer jetzt nachmessen, um ihre Höhe zu bestimmen, oder was?

Also entweder können manche Behördenverantwortliche nicht lesen, wollen es nicht oder aber Justus' Antrag war wirklich so verworren wie die verschiedenen Behördenschreiben vermuten lassen. Lass ich das mal dahingestellt sein.

Jedenfalls hat das Amt Justus' Zeugnisse seit Jahren in der Akte, sie wissen (da sie dafür verantwortlich waren), dass er viele Jahre unbeschult war – trotz Schulpflicht –, unterstellen Überforderung, ohne jemals nach Gründen gefragt zu haben und fragen nach Defiziten – als ob ein begabter Schüler mit Defiziten in allen Prüfungsfächern überhaupt eine so wichtige Prüfung auf sich nehmen würde. Hach, verkehrte Welt.

Auch auf diese neue, etwas unverständliche Antwort des Jugendamtes hatte Justus eine schöne Reaktion:

„Sehr geehrter Herr xxx,

zur Eliminierung weiterer Missverständnisse möchte ich auf meine Bitte noch einmal eingehen und die gestellten Fragen beantworten.

Ich erbitte monetäre Hilfe bei den Vorbereitungen zu einer Externenprüfung ... mit dem Ziel, die Fachoberschulreife (nicht Fachhochschulreife)" – Anm.: Davon sprach das Amt in seiner Antwort erstaunlicherweise

– „zu erlangen. Des Weiteren handelt es dabei nicht um bei mir zu Hause stattfindende Lerneinheiten, sondern um Beschulung beim ... in ..."

Und ansonsten hat Justus das eigentlich vom Amt gewählte Angebot einer Weiterbildungsberatung (um mit seinem „Einsatz auch eine Möglichkeit und einen Weg zu finden, unter welchen Bedingungen und mit welchen Möglichkeiten" er „den begehrten Schulabschluss" erlangen könne", so das Amt) nicht abgelehnt, sondern auf die Zeit nach Ablauf der Schulpflicht verwiesen, sodass er dann auf das Angebot zurückgreifen könne.

Wie man sieht, die wollen nicht bezahlen, die wollen nur Beratung bieten. Das ist ja ganz nett, doch sind die sogenannten Weiterbildungsscouts auch darin geschult, autistischen Menschen die Möglichkeiten aufzuzeigen, die ihnen in ihrem Berufsleben weiterhelfen können? Wohl kaum, wenn man die vergangenen Jahre, so ganz ohne Beratung und Hilfe betrachtet. Auf die Idee hätte das Amt ja auch schon eher kommen können, nicht wahr? Und wie soll man verlorene Jahre aufholen, wenn erneut jahrelange Unterrichtszeiten folgen sollen? Und das, obwohl doch die Herren vom Amt schon jetzt von einer Überforderung sprechen, die eigentlich nirgendwo belegt ist, sondern nur vermutet wurde, weil niemand sich dafür interessiert hat, was in der Schule wirklich passiert ist. Also, ich hätte auch Probleme damit, das zu verarbeiten, hätten Lehrer mich abgelehnt und die Schulleitung mich danach im Stich gelassen.

Lernmotivation und Gründe für den Ausschluss

Mir scheint, es ist nicht allein eine Frage der persönlichen Entwicklung und des eigenen Tempos, sondern hauptsächlich eine Frage des Umgangs mit behinderten Schülern.

Lehne ich sie ab, auch wenn ich es nicht deutlich zeige oder erst recht, wenn ich meine Ablehnung ganz offen zum Ausdruck bringe und sie verbal und körperlich verletze, dann ist es kein Wunder, wenn diese Schüler keine Kraft mehr für das Lernen aufbringen können und langsam die Kraft verlieren, sich dagegen zu wehren. Was für eine Verschwendung von Zeit und von Lernbereitschaft!

Wie Justus sind auch viele andere autistische Schüler in einer Sache besonders gut: Sie fühlen genau, wer ihnen wohlgesonnen ist und wer nicht. Sie lassen sich nicht durch Stellung, Gehabe oder Vorspiegeln falscher Tatsachen verwirren. Nicht so wie ich, mit meiner Naivität und dem ewigen Glauben an das Gute und die Ehrlichkeit in jedem Menschen, den ich bei Behörden neu kennenlerne. Justus weiß es meist besser. Zum Glück ist er ja jetzt volljährig und ich lasse ihn selbst bestimmen, wem er vertrauen will und wem nicht.

Hätte der Lehrer Justus nicht angegriffen und ganz besonders, hätte der Direktor ihn dann nicht im Stich gelassen und alles versucht, ihn loszuwerden: Justus hätte das Vertrauen in die Schule und in sich selbst gar nicht erst verloren. Und die ganze Zeit, um wieder Kraft zu tanken, erst recht nicht.

Zum einen bin ich der Meinung, dass junge Menschen ihre Zeit brauchen für ihre Entwicklung, der eine mehr, der andere weniger. Zum anderen denke ich ebenso, dass Justus in den letzten acht Wochen seiner Schulzeit nicht mehr die Kraft aufbringen konnte, kontinuierlich in den Unterricht zu gehen, da sich schon abzeichnete, dass die Schulbegleitung nicht mehr finanziert würde und auch uns die Gelder ausgehen würden. Er war aber in der Übergangzeit immer in der Schule und hätte Aufgaben machen können. Doch anscheinend hatten Schule und Chef der Begleitung Absprachen, dass Justus' Ruheraum nicht mehr genutzt werden dürfte und dass weitere Erziehungsmethoden angewendet werden sollten. Nur wussten die Begleitung und wir das nicht.

Und vorher? Zuerst kam diese komische Kürzung – von wem auch immer veranlasst – auf 2 und dann auf 1 Stunde Begleitung pro Tag (statt bis zu 9 Schulstunden). Und oft gab es gerade in der ersten Stunde Vertretung. Häufig kam der Spruch: „Ach, du bist auch hier?" Und erst dann kam die Info der Schule an das JA, Justus ginge zu selten den ganzen Schultag in den Unterricht. Und erst dann kam die Einstellung der Finanzierung.

Den Sinn im „Sichanstrengen" hat Justus nach der Einstellung der Hilfe nicht mehr gesehen. Nicht einmal die Bezirksregierung hat sich an ihre Anweisungen und die Zuweisung an die Schule gehalten. Die Zeit lief einfach ab, immer noch keine Zahlung des Jugendamtes und dann? Keine Hilfen, bevor nicht geklärt ist, welche psychischen Krankheiten Justus hat und bevor sie nicht behandelt sind.

Man mag mich von den Behörden als hysterische Mutter anprangern, als kindeswohlgefährdend, überbehütend, behindert haltend – das bin ich alles nicht, denn unsere Familie, unsere Freunde und die Fachleute, die Justus begleiten, therapieren und ihm helfen (und die letzten Jahre der Ausgrenzung miterlebt haben), die reden alle anders und sind entsetzt, was in manchen Bundesländern passieren kann.

Das Warum werden wir vermutlich nie erfahren (die Vermutung ist Feigheit, zu gestehen, dass man sich übernommen hat und dass niemand den Teppich über den schlimmen Geschichten an einer Schule heben will, um aufzuräumen), doch wenn ich so verfolge, wie mit Bürgern häufig umgegangen wird, braucht mich diese ganze Geschichte eigentlich nicht zu wundern. Wie war das bei Dienstaufsichtsbeschwerden? Formlos – fristlos – fruchtlos? Will ich so gar nicht glauben und würde mich als Mitarbeiterin in einer Gemeinde extrem frustrieren. Doch leider habe ich das oft genug erfahren, dass man mit Bitten um Hilfe oft vor Wände läuft.

Trotzdem: Justus, mein Mann und ich, wir geben nicht auf. Irgendwann bröckelt die Wand, der Kreis zahlt die Schulgebühr und Justus kann baldmöglichst sein Lieblingsfach studieren und selbstständig in seiner Wohnung das Leben genießen, das für ihn das richtige ist. Man wird ja wohl auch Träume haben dürfen. Und sich manche erfüllen.

Weiter geht es! Wir hauen kräftig an die Wand oder wir klettern rüber.

Wut im Bauch

Wir haben ein Schreiben von der Bezirksregierung wegen Justus' Nachteilsausgleichen bekommen. Ich hatte in Justus' Auftrag noch einmal dort angefragt und erklärt, warum ein Nachteilsausgleich bei der Bewertung der äußeren Form, also bei der Exaktheitstoleranz für Schüler mit motorischen Einschränkungen gesetzlich vorgegeben und somit keine Privilegierung gegenüber Mitprüflingen ist.

Die Privilegierung war ja das Argument der Bezirksregierung, Justus diesen Nachteilsausgleich zu verweigern. Und was antworten die nun? „... mit Schreiben vom ... und mit ergänzender Stellungnahme vom ... habe ich Ihrem volljährigem Sohn bereits die erforderlichen Nachteilsausgleiche gewährt. Die Notwendigkeit darüber hinausgehender Nachteilsausgleiche ist nicht ersichtlich ..."

Versteh einer die Behörden. Ich verstehe sie nicht.

Mai

Antwort auf Meldung an das Schulministerium

Heute kam per eMail die Antwort. Und ich bin stocksauer.

Stocksauer deshalb, weil dort seltsam geprüft wurde. Die haben Informationen zu Hilfe genommen, die eigentlich unter Verschluss sind und der Schweigepflicht unterliegen. Wer auch immer diese Unterlagen an die Bezirksregierung und weiter an das Schulministerium gereicht hat. Akten voll von Unwahrheiten, die aus formalen Gründen nie geklärt wurden und auch nie als Fakten dargestellt wurden. Doch sie betrafen ein anderes Verfahren und dürften das Schulministerium meines Erachtens nichts angehen.

Es ärgert mich auch deshalb, weil die Mitteilung, die mein Mann und ich dem Ministerium weitergereicht hatten, gar nicht beachtet wurde. Nirgendwo eine Info zu dem schlagenden Lehrer (was zu erwarten war), nirgendwo eine Info, dass Fehltage von Justus wegen der Kürzung der Schulbegleiterstunden zustande kamen. Nirgendwo eine Info, dass uns irgendwann das Geld ausgegangen ist.

Dann schreiben die uns auch noch ganz explizit, welche Paragraphen des Schulgesetzes dafür verantwortlich sind, dass Justus keinen Schulabschluss hat und dass man keine rechtlich zu beanstandenden Verfahrensweisen erkennen könne.

Ich könnte vor Wut platzen. Doch habe ich es nicht erwartet? Ich wusste doch vorher, dass der jetzige Stil in unserem Bundesland ein anderer ist als noch unter der früheren Landesregierung, als man sofort Unterstützung bekam, wenn irgendetwas aus dem Ruder lief.

Doch das alles steht momentan nicht an erster Stelle. Jetzt geht es erst mal weiter mit den Externenprüfungen und dem Beweis für das JA, dass Justus eben nicht – wie von ihnen vorausgesetzt – psychisch nicht in der Lage ist, zu lernen und sich prüfen zu lassen. Und auf eigene Faust einen Abschluss zu bekommen.

Externenprüfungen

Schon Montag geht es los – mit Geschichte. Dann Dienstag Deutsch, Donnerstag Englisch und darauf Dienstag Mathematik.

Tja, unser Regierungspräsident ist da recht hart. Die anderen Bezirksregierungen haben die Prüfungen etwas weiter gestreckt. Immerhin müssen die Prüflinge zum Teil 1 Stunde Fahrt auf sich nehmen (auch bei uns müssen wir soviel einplanen, weil wir in den Berufsverkehr in die Kreisstadt kommen werden).

Auch die Hilfen für die Prüflinge waren mehr als minimal. Wir haben uns sämtliche Informationen von den Internetseiten der anderen Bezirksregierungen geholt. Bei uns war da nicht viel zu holen und die Sacharbeiter waren eh schon ungehalten, wenn ich dort etwas angefragt habe. Letztendlich hatte ich sogar einen Lehrer gebeten, etwas nachzufragen (darf man eine Formelsammlung benutzen?), da ich schon einen ablehnenden Brief bekommen hatte, dass man Justus nicht mehr gewähren wolle. Doch Formelsammlungen sind für Zentrale Prüfungen bei den anderen Bezirksregierungen erlaubt, nur bei uns steht nichts dazu drin. Na ja.

Wegen der modifizierten Englischklausur Autismus, die es gibt, habe ich die Amtsrätin, die für Inklusion zuständig ist, angesprochen. Hoffentlich kümmert sie sich darum, dass die spezielle Klausur nächste Woche für Justus bereitliegt. Hätte ich nicht überall rumgeforscht, ob Justus sie dann bekommen würde?

Jetzt also erst mal früh aufstehen üben, Justus aufmuntern und stabilisieren und dann nächste Woche jeden Tag als Begleitung beim Schriftlichen dabei bleiben und Anfang Juni dann an drei Tagen noch die sechs mündlichen Prüfungen begleiten..

Es gibt viele, die uns die Daumen drücken. Justus nimmt das Ganze zwar recht locker, ist nur derzeit sehr erschöpft, weil er noch immer unter unserem Umzug leidet. Und ich? Ich freue mich darauf, wenn die Prüfungen vorbei sind und falls es geklappt hat, die Nächsten erst wieder April 2015 sind. Ich muss auch aufpassen, dass ich fit bleibe. Obwohl ich nur hoffen kann, denn steuern lässt sich das leider nicht.

Doch egal, wir fahren gleich zu den beiden letzten Mathestunden im Institut – richtig, es ist Feiertag, doch zum Glück kein kirchlicher, da ist mein schlechtes Gewissen etwas besänftigt. Und der Mathelehrer steht sowieso voll hinter Justus und versucht alles, ihm zu helfen. Mathestunden sind nun mal immer donnerstags.

Montag geht es los – mal gucken, wie es wird. Auf jeden Fall habe ich Hoffnung auf engagierte Lehrer, die prüfen. Es wird schon irgendwie klappen.

Tag 1: Geschichte

Los geht es mit dem heutigen ersten Prüfungstag, bevor es morgen mit den Zentralen Prüfungen in Deutsch weitergeht.

Also, Justus musste in eine 50 km entfernte Prüfschule. Eine Realschule. Es waren höchstens 24 Prüflinge dort, der Rest war im Stau oder krank oder einfach nicht da. Insgesamt waren wohl mal 29 angemeldet. Doch das nur, weil man wieder sieht, dass in unserem Regierungsbezirk mit Externenprüfungen nicht allzu viel los ist. Bei den anderen Bezirksregierungen gibt es für die FOR sogar über 100 Prüflinge – jedes Jahr.

Egal, nun zum Inhalt der zentralen Geschichtsprüfung. Respekt, davor wäre manch wesentlich Älterer echt geflohen, denn die Themen und Detailfragen dazu betrafen 1. Weimarer Republik und 2. die Kubakrise. Oh, oh, da dachte ich: armer Justus! Nach nur sieben Stunden Geschichte, hoffentlich ist genug hängen geblieben. Mit Namen und Jahreszahlen hat er es ja so überhaupt nicht.

Doch Justus hat geschrieben und geschrieben, über 90 Minuten am Stück. Er durfte einen Laptop benutzen und die Tastatur war die ganze Zeit am Klappern. Ich drücke ihm die Daumen, dass er auch alles einigermaßen beantworten konnte, doch ganz egal, wie es ausgeht:

Es ist bewundernswert, dass er durchgehalten hat und, dass er mittlerweile auch gelernt hat, dass man lieber irgendetwas Passendes zum Thema schreibt, bevor man einen leeren Bogen abgibt. Irgendetwas weiß man ja immer. Und wenn es falsch ist – man hat es wenigstens versucht. So weit war Justus früher nicht. Wenn er unsicher war, hat er einfach gar nichts geschrieben. Dabei hat es manchmal sogar Sinn, über Unsicherheiten zu schreiben, denn die können zeigen, dass und wie man sich mit dem Thema auseinandergesetzt hat.

Soviel also heute zum ersten Prüfungstag. Morgen geht es über drei Zeitstunden. Wird schon klappen, denn Justus sieht so was zum Glück ganz locker. Obwohl, man merkte heute schon, dass es ihn ärgern würde, hätte er so ein paar Klopfer geschrieben und sich damit die Note verdorben. Da er aber entspannt an die Prüfungen geht und wenn, sich erst hinterher ärgert, ist das alles im grünen Bereich.

Tag 2: Deutsch

Nein, bei den Externenprüfungen FOR ist es anders als bei den Zentralen Prüfungen für die Mittlere Reife. Bei der Mittleren Reife geht man ja zur Schule und hat Vornoten und viele Fächer.

Bei den Externen gibt es vier schriftliche und sechs mündliche Fächer und danach wird entschieden, ob man die Fachoberschulreife/Mittlere Reife schafft, ob mit Qualifikation oder ohne. Dafür gibt es keine anderen Fächer, weil es keine Unterrichtspflicht gibt. Man könnte also einfach dahin und sich prüfen lassen, wird dann aber vermutlich ziemlich dumm aussehen, denn die Prüfungen sind echt nicht von Pappe. Heute Deutsch –

puh. Hatte schon was Abiturmäßiges an sich. Dreieinhalb Zeitstunden und entweder Analyse eines Prosatextes oder aber ein Text über Jugendsprache und einen Sachtext formulieren. Und vorab Textverstehen zum Thema „Wikipedia".

Ich bin jetzt schlapp – 3 Stunden Romanlesen -, Justus will sich gleich an seine Programmierarbeiten machen.

Tag 3: Englisch

Heute war der dritte Prüfungstag: Englisch. Ein Fach, das Justus besser kann als seine Muttersprache und ihm somit auch richtig viel Spaß gemacht hat.

Es gab eine für Autisten modifizierte Hörverstehens- und Schreibübung. Zwei Stunden und vierzig Minuten hat Justus gehört, angekreuzt, getippt. Ohne Pause wie auch in den beiden letzten Prüfungen.

Hörverstehen ist für Justus kein Problem, Thema war ein Interview über J. K. Rowling und ihre Harry-Potter-Reihe sowie eine Schülerpräsentation über die Verbreitung der englischen Sprache in der Welt. Bis auf ein Kreuzchen war er sich sicher, alles richtig gehört zu haben. Also abwarten.

Und dann ging es noch um eine Geschichte von einem Mädchen, deren Mutter ihr Versprechen gebrochen hat und wie dieses Mädchen darauf regiert hat. An sich auch völlig leicht, jedoch nicht für Autisten. So viel dazu, die Aufgaben seien für Autisten modifiziert worden. Irgendwie war da der Wurm drin und die Aufsicht und ich hatten Mühe, den aufgebrachten Justus vom Wütendwerden abzuhalten.

Doch er hatte sich wunderbar im Griff. Wir konnten ihm nicht helfen, da vermutlich auch die Englischlehrerin den Text, um den es ging, nicht kannte. Justus' Problem war, dass von ihm verlangt wurde, die Reaktion des Mädchens zu beschreiben, und zwar mit „at least five answers" in vollständigen Sätzen. Man kann sich vorstellen, dass Justus ein Problem mit dem Wort „answers" hatte. Es gab ja keine Frage. Sollte five answers soviel wie five sentences heißen? Das wäre logisch gewesen, denn das

Mädchen hatte nur eine Lösung für ihr Problem – mit fünf Sätzen schnell beschrieben. Doch „answers" sind üblicherweise nicht nur ein Satz.

Justus konnte uns – der Aufsicht und mir – sein Problem nicht verständlich machen und er war sichtlich genervt.

Auf dem Nachhauseweg hat er mir dann die Geschichte erzählt, um die es ging und ich habe sein Problem gut nachvollziehen können.

Ob es wirklich ein Fehler im Prüfungstext war? Wir werden es sehen. Jedenfalls möchte Justus, dass ich der Schule mitteile, dass er über die Aufgabe gestolpert ist.

Er hat sich übrigens auch darüber Sorgen gemacht, ob es richtig war, Vokabeln zu benutzen, die eigentlich in der Jahrgangsstufe nicht üblich sind. O ja, unsere Kinder machen sich wirklich über die ungewöhnlichsten Dinge Sorgen. Andere Schüler hätten sich wohl eher gefragt, ob sie auch mit geringerem Wortschatz irgendwie die Prüfung auf die Reihe kriegen.

Also: Heute war ein super Tag. Für mich etwas unerwartet, trotz des Lieblingsfaches, denn Justus hatte in der Nacht nur vier Stunden geschlafen. Nachts schlafen ist ja nicht so seine Sache. Dafür ist er jetzt so platt, dass er die fehlenden Stunden gerade nachholt. Sei es ihm gegönnt.

Tag 4 der schriftlichen Prüfungen

Die Schriftlichen sind geschafft. Endlich! Mir sind schon langsam die Taschenbücher ausgegangen, soviel habe ich die letzten zehn Tage lesen müssen, um mir die Zeit bis zur Klausurabgabe zu vertreiben.

Heute war Mathe dran. Und erstaunlich wenig Zeit. Nur 120 Minuten plus 30 Minuten Verlängerung für Justus als Nachteilsausgleich. Justus hat gerechnet und gerechnet und gerechnet – doch fertig geworden ist er nicht. Vermutlich genauso wie fast alle Schüler, die heute Zentrale Prüfung in Mathe hatten. Sämtliche Mathelehrer, die ich gesprochen habe, waren der Meinung, es wären viel zu viele Aufgaben gewesen, um alles in Ruhe bearbeiten zu können.

Doch egal, Justus hat alles gut hinter sich gebracht, ist von sich selbst überzeugt, dass ihm die meisten Aufgaben gelungen sind, und schätzt, weil er die Klausur für „leicht" hielt, seine Leistung als gut bis befriedigend ein.

Geschichte schätzt er am schlechtesten ein, vielleicht ausreichend, weil er da Namen in der Kubakrise verwechselt hat, Deutsch vielleicht befriedigend, Englisch gut.

Dann wollen wir mal sehen. In genau 14 Tagen gibt es die Vornoten für die schriftlichen Prüfungen. Eine Woche später sind dann die sechs mündlichen Prüfungen an drei aufeinanderfolgenden Tagen. Und das war es dann. Für die Externen gibt es nur im absoluten Ausnahmefall die Möglichkeit der Wiederholung einer völlig missratenen Klausur. Hat man die FOR nicht geschafft, muss man nächstes Jahr wieder ran.

Jetzt geht es erst mal weiter mit Lernen. Für die Mündlichen in Biologie und Physik hat Justus noch gar nichts gemacht. Da folgen jetzt noch ein paar Schulstunden zum Auffrischen der Grundlagen.

Wenn alles vorbei ist und Justus sein Ziel erreicht hat, dann ist das etwas ganz Wunderbares: Er hat dann mit etwa 45 Schulstunden das Fachwissen der 10. Klasse Realschule in 6 Fächern nachgeholt. Ein Schuljahr in 45 mal 45 Minuten. Das nenne ich mal Lernen im Schnelldurchlauf. Und was sagte die Dame der Rechtsabteilung der Bezirksregierung letztes Jahr vor Gericht? Externenprüfung? Das ist doch gar nicht zu schaffen. Da fallen doch die meisten durch. Na, das wollen wir doch mal sehen. Bei deren Einstellung ist das ja kein Wunder, dass es das notwendige Abgangszeugnis erst einen Tag vor Anmeldeschluss für die Prüfungen gab und Justus erst ab da in die Vorbereitungen gehen konnte. Bei deren Verzögerungstaktik scheint es so, als wolle man noch ein Versagen begünstigen. Abwarten, liebe Leute von der Schulaufsicht! In drei Wochen wissen alle mehr. So, ich habe mir jetzt zwei neue Bücher besorgt und kann an den nächsten Schultagen weiter mein Lesefutter verschlingen.

Vornoten

Zuerst muss ich das aufschreiben. Noch nicht einmal Justus weiß Bescheid. Ich habe vorhin die Noten für die Klausuren erfragt. Und habe dabei auch erfahren, dass diesmal alle Fächer zentral gestellt waren und es somit wohl auch einige Probleme gegeben haben soll.

Und nun sitze ich hier noch ein wenig schockiert rum. Weiß aber, dass Justus mit seinem Gefühl völlig richtig gelegen hat. Und weiß auch, dass Externenprüfungen knallhart sind, schlimmer als ZAPs, da man nur zwei Versuche hat, bei den Nebenfächern sogar nur einen Versuch (Bio und Physik für Justus) und wenn das Thema so gar nicht passt, hat man Pech gehabt. Da haben es die Schüler an den Schulen leichter. Die können nachfragen, sich Tipps vom Lehrer holen usw.

Okay, werde ich meinen Schock lieber mal los und fange mit den schönen Sachen an: Englisch eine 2, Mathe eine 3, Deutsch eine 4 und leider in Geschichte eine 5. An der knusper ich noch heftig, aber ich weiß nicht mal, wo die Fehler waren, ob es einfach am Thema vorbei wegen Nichtverstehen war.

So, Montag bis Mittwoch bei den sechs mündlichen Prüfungen, kann Justus dann das Ruder noch rumreißen. Immerhin ist er mündlich besser. Da kann man ja auch nachfragen. Leider war eine andere Gewichtung schriftlich/mündlich als 50:50 als Nachteilsausgleich nicht akzeptiert worden.
Nun mache ich mich auf zu Justus und hoffe, dass er wegen Geschichte nicht allzu enttäuscht ist.

Juni

Mündliche Prüfungen

Gleich geht es los zur letzten Mündlichen bzw. zu Deutsch und Englisch. 13:10 Uhr die erste Vorbereitung und die letzte Mündliche (Englisch) endet dann um 15:35 Uhr. Wir müssen danach zwei Stunden warten, dann gibt es für alle sechs Mündliche die Noten und auch die Gesamtnoten. Alles erst noch unter Vorbehalt, weil die letzte Entscheidung immer die Bezirksregierung hat.

Justus hat derzeit extreme Selbstwertprobleme und macht sich Sorgen wegen seines mangelnden Selbstvertrauens. Wenn man aber bedenkt, was er sich da die ganzen Tage antut – täglich völlig fremde Prüfer, immer wieder andere Räume, missverständliche Aufgaben, vollgepfropfte Aufgabenzettel, die verwirren (von denen aber nur ein Bruchteil gelöst werden soll) und dann noch nur 15 Minuten Prüfungszeit zum Beruhigen und Ängsteüberwinden und um die Aufgaben frei zu bearbeiten. Da braucht er genau genommen keine Angst wegen seines Selbstvertrauens zu haben. Sogar die Direktorin lobt ihn und gibt ihm Mut, dass er das schon packen wird. Also, die kennt ja auch schon die bisherigen Noten. Doch es wird auch Zeit, dass es ihm mit seinen Aphten nun etwas besser geht. Denn die plagen ihn wieder so sehr, dass er auch leicht fiebrig ist.

In 20 Minuten fahren wir los und dann mal sehen, was da kommt.

Geschafft!

Jetzt ist alles vorbei! Das Daumendrücken hat sich gelohnt: Justus hat seine Fachoberschulreife, die Lehrer haben geklatscht, Justus ist überglücklich und stolz auf sich, denn:

Die Englischlehrerinnen, die geprüft haben, haben das noch nie erlebt, dass ein Schüler in einer schriftlichen Prüfung eine so gepflegte Wortwahl genutzt hätte. Und das trotz LRS, die wohl gar nicht groß aufgefallen sei. Und nach der mündlichen Prüfung gab es noch nicht einmal mehr Fragen nach Grammatik oder Satzaufbau. Die Prüferin meinte, das wäre bei dem Vortrag gar nicht nötig, das höre man ja schon, dass Justus das könne.

Juhu, für Englisch gab es eine 1 mündlich und als auch Gesamtnote. So ein Lob hat er die vergangenen Jahre nicht bekommen, das hat ihn so aufgebaut, dass es richtig zu spüren war.

Insgesamt hat er einen Schnitt von 2,7. In Bio und Physik gab es jeweils eine 2, Deutsch eine 3 und in Geschichte (für Justus mehr als erstaunlich) eine 4.

Nun der traurige Part der ganzen Geschichte: Den Q-Vermerk gibt es nur mit einer zusätzlichen Nachprüfung schriftlich und mündlich Anfang September.

Justus war gestern völlig durch den Wind, als er die Matheaufgaben bekam. 10 Themen, jeweils zwei bis drei Aufgaben, die Seite vollgestopft mit Fragen. Obendrüber die Info, sich 2 Themen und dazu 2 Aufgaben auszusuchen. Das hat Justus dermaßen überfordert, dass er im Mündlichen dann wenig auf die Reihe bekommen hat, weil er wie verrückt gezittert hat. Und dann war ihm leider nicht bekannt, dass Zinsen immer auf das ganze Jahr gerechnet werden, sodass er an die Tafel schon die Zinseszinsformel angeschrieben hat und nach dem Hinweis der Prüferin völlig aus dem Konzept kam, denn er hatte mit Zinsen per Monat gerechnet. Die letzte Aufgabe bezog sich auf Trigonometrie und das Ausrechnen einer Gebäudebreite, vor der man steht. Justus war aber davon ausgegangen, dass er die Gebäudehöhe ausrechnen müsse. Keine Ahnung, ob der Text missverständlich oder Justus leicht unwissend war. Ich tippe mal auf Ersteres. Die Prüfer wussten wohl auch nichts von Justus' Besonderheiten, sonst hätten sie die Aufgaben möglicherweise anders gestellt. Das kam am Schluss nach der Zeugniskonferenz raus.

Jedenfalls gab es gestern in Mathe mündlich eine eiskalte 5 und mit der 3 schriftlich zusammen eine 4, was den Verlust des Q-Vermerks bedeutet. Eine 4 hätte ja schon gereicht, um insgesamt auf eine 3 zu kommen. Mist!

Na ja, Hoffnung haben wir aber noch, denn alle Noten sind vorerst pro forma, da die Bezirksregierung alle Entscheidungen trifft und die Prüfschule nur die kompletten Noten weitergibt. Die Tendenz hätte aber in den letzten Jahren immer gestimmt.

Und außerdem: Ich rufe Morgen mal bei der zuständigen Dame für die Externen-Abiturprüfungen an. Wer sagt eigentlich, dass man für die Anmeldung einen Q-Vermerk oder auch FOR braucht? Steht nirgendwo.

Diese Prüfungen waren ja speziell ein wichtiger Grund zum Üben und um zu sehen, wie Justus die Prüfungssituation bewältigt. Er hat es gepackt, 1. Tag spitze, 2. Tag leicht verzweifelt, 3. Tag Riesenwow.

Und: Super, spitze. Mit Bravour bestanden.

In Deutsch kam sogar das von Justus gewählte Thema Wilhelm Tell dran, obwohl das gar nicht zum Lehrplan gehörte. Ist halt blöd, wenn man keine Infos zu den Lehrplänen bekommt. Der Lehrer kannte den Text so gar nicht und hatte uns eigentlich empfohlen, dass Justus sich auf Kurzgeschichten vorbereitet. Tja, und nun doch Wilhelm Tell. Ein Glück, dass Justus sich gestern noch einmal damit beschäftigt hat. Okay, er war etwas überfragt, was genau ein Drama ausmacht und welche weiteren Formen es in der Literatur gibt. Doch immerhin nannte er auch die gewünschten Bezüge von Tell zur heutigen politischen Welt. Die mündliche 3 ein prima Ausgleich zur 4 im Schriftlichen.

Wenn noch mal so ein Behördenfuzzi schreibt, er bezweifle, dass Justus so was psychisch überhaupt hinbekommt, der bekommt es mit uns zu tun. Das wird Justus beim nächsten Antrag denen sicherlich um die Ohren hauen, diese Miesmacherei.

So, Justus und ich müssen erst einmal runterkommen. Wir sind total überdreht und ich bin so was von stolz. Jetzt freut Justus sich schon aufs Abi – da könne man wenigstens ordentliche Mathematik lernen und Shakespeare lesen.

Ein Juhu

Noch immer von einer aufgekratzten Asperger-Mutter mit einem noch aufgekratzteren Asperger-Jungen und einem hyperstolzen Asperger-Vater.

Das Telefonat mit der Fachfrau der Bezirksregierung (diesmal eine wunderbare, freundliche und hilfsbereite Person) brachte Wichtiges zutage: Für die Anmeldung zum Externenabitur ist ein Q-Vermerk nicht nötig, eine FOR eigentlich auch nicht. Doch es hat ja nicht geschadet, die Prüfungssituationen schon einmal im Kleinen kennenzulernen.

Sollte Justus also für den Q-Vermerk schriftlich die Mathe-ZAP und dann auch noch die mündliche Prüfung wiederholen müssen, verzichtet er dankend. Beim unwahrscheinlichen Fall, nur mündlich wiederholen zu dürfen, könnte er es sich überlegen.

Doch wofür soll die Erlaubnis zum Besuch der gymnasialen Oberstufe gut sein, wenn man das eh nicht nutzen wird? Einen besseren Notenschnitt als nötig hat Justus mit seinen 2,6 Periode gesamt (und auch jeweils in den Nebenfächern und auch in den Hauptfächern) sowieso. Was für eine Erleichterung!

Trotz Schulpflicht: Schulabschluss auf eigene Kosten

Das Grundgesetz formuliert, dass niemand aufgrund seiner Behinderung benachteiligt werden darf. In den Menschenrechten ist das Recht auf Bildung verankert. Zwei wesentliche Punkte, die für einen autistischen Schüler (17) keine Gültigkeit zu haben scheinen. Er wurde zwangsweise ohne Schulabschluss ausgeschult, weil ihm ohne Schulbegleitung der Schulbesuch verwehrt wird und ihm über zwei Jahre die Teilnahme am Unterricht nicht möglich war. Bisherige Anträge auf Kostenübernahme schlugen fehl. Nun versucht er, den fehlenden Schulabschluss vorerst auf eigene Kosten nachzuholen.

Nils R. bekam Ende Januar 2014 sein Abgangszeugnis und meldete sich kurzfristig zu den Externenprüfungen. Gleichzeitig beantragte er die Übernahme der Schulgebühren bei der zuständigen Behörde. Erfolglos. Die ehemaligen Klassenkameraden machen 2015 Abitur. Ohne zusätzlichen Unterricht ist ein Externenabitur kaum zu schaffen, sodass Nils R. monatlich die Gebühren für bis zu 20 Stunden selbst finanzieren muss. Eine erneute Entscheidung über seinen Antrag steht noch aus, Hilfen vom Schulministerium und der Landesregierung wurden bisher abgelehnt.

Trotz aller Ablehnung hat Nils R. den ersten Schritt zum Aufholen der verlorenen Schulzeit geschafft. Mithilfe eines Nachhilfeinstitutes wurde Anfang Juni die Hürde Fachoberschulreife genommen. Sobald sich noch engagierte Lehrer für den Einzelunterricht in Deutsch, Physik, Englisch, Latein und Geschichte zur externen Abiturvorbereitung finden, sollte auch der nächste Schritt zu schaffen sein. Ein Schüler, der lernen und sich nicht ausgrenzen lassen will, auf dem Weg in eine selbstbestimmte Zukunft. Nils R. tritt den Beweis an, dass er dem ihm und vielen anderen autistischen Schülern zugefügten Unrecht entgegentreten will."

Hilfen zu einer angemessenen Schulbildung

Hier Justus' Antrag nach dem Motto, „mit Paragraphen rumschmeißen können wir auch:

„Antrag auf Kostenübernahme nach § 35a SGB VIII im Rahmen Ihrer sachlichen Zuständigkeit

(...) Ich verweise wegen der angemessenen Schulbildung – hier die Allgemeine Fachhochschulreife – dabei auf das Urteil des BSG vom 23.08.13 B8SO 10/12R sowie die wiederholte Entscheidung der Schulaufsicht. Ihr Hinweis auf den Leitsatz des VG Frankfurt aus 2009 geht inhaltlich fehl, da der sonderpädagogische Förderbedarf von der Schulaufsicht nach Übertritt auf das Gymnasium aufgehoben wurde. Andere Umstände erwähnt das Urteil nicht. Das staatliche Schulsystem hat in meinem Fall aufgrund des geforderten, aber fehlenden Schulbegleiters keine Handlungsmöglichkeiten, denn gemäß OVG NRW 12 B 1249/08 gilt, Zitat:

,Der Vorrang des öffentlichen Schulwesens nach § 10 Abs. 1 Satz 1 SGB VIII setzt voraus, dass nach den konkreten Umständen des Einzelfalles dort eine bedarfsdeckende Hilfe zu erhalten ist.' Oder dementsprechend das VG Köln mit einem Urteil vom 17.05.10 26 K 6503/09 bzw. das LSG NRW aus 12/2013 Az L 9SO 429/13B ER zu Ihrer vorrangigen Verantwortung.

In Erwartung Ihres rechtsmittelfähigen Bescheides."

Wollen wir wetten, wann die Ablehnung kommt? Ohne Anwalt braucht man eigentlich nicht formulieren, doch wer soll das alles bezahlen, wer hat die Nerven? Ich nicht mehr!

Datenschutz

Ich habe von dem Antwortschreiben des Schulministeriums auf unsere Anfrage berichtet. Da wurden Dinge beschrieben, die die nur aus den Gerichtsakten des Verfahrens gegen das Jugendamt haben konnten und die der Schweigepflicht unterliegen.

Selbstverständlich habe ich in meiner Antwort dies auch erwähnt, doch ich bekomme noch nicht einmal eine Eingangsbestätigung, nur von der Staatskanzlei – und das kann auch eine automatisierte eMail gewesen sein.

Also, die haben sich nicht gemeldet, somit habe ich mal nachgeforscht, ob es irgendeine rechtliche Handhabe für das Ministerium gab, die Unterlagen und Daten aus dem Verfahren zu verwerten. So wie es ausschaut, habe ich keine Grundlage dafür gefunden.

Bei rehakids gab es letztens für mich einen tollen Tipp: Ich solle den Vorgang dem zuständigen Landesbeauftragten für Datenschutz melden.

Habe ich natürlich gemacht, wurde schon bestätigt und ist derzeit in Arbeit. Mal schauen, was dabei herauskommt. Es ist schon ein starkes Stück, wie Behörden durch die Weitergabe von unbewiesenen Informationen das Ansehen ihrer Bürger noch weiter beschädigen können.

Fächerwahl

Wie schon Anfang Februar sind Justus und ich mal wieder auf der Suche nach Lehrern, die ihm in den Fächern Einzelunterricht geben, die er nächstes Jahr im Abitur hat. Vier schriftliche Fächer (E-LK und Inform-LK, Mathe und Geschichte) und vier mündliche (D, Lat, Physik, Technik). Ich hoffe mal, dass die Zusammenstellung so klappt und dass Justus statt Philosophie auch Technik nehmen darf.

Er würde so gern viel mehr Fächer lernen, weil es ihn fasziniert. Doch das geht leider nicht, durch die Zwangsausschulung ist ihm diese Möglichkeit, viele spannende Dinge in der Schule zu lernen, genommen worden.

Na ja, fürs Abi muss es ja auch erst einmal nicht sein. Da ist es besser, er wählt die Fächer, die ihm so leicht wie möglich fallen, damit er nicht so viel lernen muss – und wir nicht soviel bezahlen. Und später gibt es sicher immer noch die Möglichkeit, vielleicht in VHS-Kursen oder so, Dinge nachzuholen, die einen interessieren. Oder an der Uni, einfach so andere Kurse belegen? Keine Ahnung.

Drei bis vier Fächer kann Justus ja weiter über das Nachhilfeinstitut abdecken. Leider alles über einen Lehrer – und die beiden sind immer noch nicht so ganz warm miteinander, weil der Lehrer so leicht abschweift und nicht Stück für Stück das zu erledigende Pensum abarbeitet. Leider vermittelt er Justus auch gerne, dass er nicht glaubt, dass Justus das alles in der kurzen Zeit schaffen kann. Doch egal, der Lehrer ist ein ganz prima Kerl und Justus wird ihn schon so hinbiegen, dass es passt. Und ich sitze dann ein paar Räume weiter und winke mit meinen Arbeitsvorlagen, damit die beiden das machen, was gefordert ist und nicht irgendwelchen anderen Kram.

Vom Einsatz her ist der Lehrer prima. Häufig skypt er mit Justus und ermöglicht ihm auch, mit einem Freund zu skypen, der als Informatiker/Softwareentwickler in einem norddeutschen Unternehmen tätig ist. Der Lehrer ist Anfang 30 und Mathe-/Physikstudent auf Lehramt. Hoffentlich kriegt er die Vermittlung von Informatik und Technik auch noch auf die Reihe. Bei Informatik ist Justus eindeutig fachlich schon weiter als er. Doch Abitur bedeutet ja nicht nur Fachwissen, sondern auch „wie und was wende ich wo an?"

Tja, und nun fehlen mir noch Lehrer für D, E und Latein – vielleicht auch noch etwas Geschichte. Und dabei geht es gar nicht so um das Lesen der Lektüren, sondern mehr um diese Grundtechniken der Analyse, der Interpretation und der Argumentation. Und es schadet auch nicht, in den Fächern mit einem fähigen Lehrer zu diskutieren, statt immer nur mit Muttern oder Vatern Unsinn zu labern.

Juli

Wie erwartet: Ablehnung

Justus hat seinen Antrag auf Zahlung der Unterrichtskosten zum Erreichen des Bildungszieles Allgemeine Hochschulreife als Externer wiederholt und mithilfe aller Tipps und Paragraphen noch einmal argumentiert. Dazu noch die ersten Erfolge seines Weges (Mittlere Reife als Externer in nur 11 Wochen) und der Hinweis auf die Erfüllung der vom Amt gewünschten Vorgaben.

Vor Kurzem kam die Antwort: erneute Ablehnung mit erneutem Verweis auf die Zuständigkeit der Schulbehörden. Ohne irgendeine Erklärung, warum die erwähnten Paragraphen von ihnen abgelehnt werden. Ein ewiges Hin- und Her ohne Inhalt. Und schon wieder kein rechtsmittelfähiger Bescheid. Na gut, haben wir mehr Zeit, um den Klageweg zu beschreiten.

Uns fällt mittlerweile nichts mehr ein: Die Schule will/wollte und konnte nicht mehr beschulen, da es keine Finanzierung des I-Helfers gibt; das JA verweigert die Finanzierung von Unterricht, da die Schule zuständig sei. Es dreht sich alles seit zweieinhalb Jahren im Kreis.

Worauf spekulieren die Beamten? Dass sie oder eine andere Behörde in ein paar Jahren eben Hartz IV oder besser Grundsicherung bezahlen, weil sie einen Schüler aus dem Schulsystem geschmissen und ohne Abschluss allein gelassen haben? Dass alle Eltern auf Ersparnisse und eigenen Arbeitseinsatz zurückgreifen können, um irgendwie einen Schulabschluss und einen Beruf für ihre behinderten Kinder zu finanzieren?

Ich verstehe diese Kaltherzigkeit der Behörden nicht. Okay, auch wenn es nicht um Gefühle bei der Auslegung der Gesetze geht, sollte man doch meinen, dass wenigstens der Ausschluss von behinderten Menschen aus dem System absolut nicht rechtskonform ist. Doch das interessiert unsere Sachbearbeiter nicht.

Was sollen wir bloß tun? Schon wieder klagen und im Verwaltungsgerichtsbereich mal wieder zu hören kriegen, es wäre formal alles korrekt gelaufen, nur bei unserem Anwalt hätte es formal Fehler gegeben? Wir brauchen Geld und Kraft für den Schulabschluss von Justus.

Es läuft also einiges im Hintergrund und mich würde es schon freuen, wenn manch ein Sachbearbeiter auch mal ein bisschen Druck von Vorgesetzten bekommt. Kriege ich zwar nicht mit, doch ganz so ohne Konsequenzen wird das alles hoffentlich nicht sein. Immerhin trägt Justus seit Jahren die Konsequenzen des Nichtstuns der Behörden und des Ausschlusses von Schule und Teilhabe.

Sogar unser Hausarzt, ein eher bedächtiger Mann, meinte gestern zu mir: „Das ist mittlerweile echt ein Fall für RTL." Stimmt, doch Justus würde ich dort nicht vorführen wollen. Und man sieht ja auch bei der Geschichte mit Henri aus Baden-Württemberg, dass die Stimmung in der Gesellschaft sich schnell gegen die engagierten Eltern wenden kann. So nach dem Motto, wie könne sich so eine Mutter bloß erdreisten, ihren Sohn mit Downsyndrom auf ein Gymnasium schicken zu wollen. Dass das Ganze schon von langer Hand von den Schulbehörden vorbereitet wurde und die Schule erst vor Kurzem einen Rückzieher gemacht hat, wird schnell vergessen.

Die Medien hier in der Region sind jedenfalls sehr zögerlich. Solange nicht ein Gerichtsverfahren gewonnen wurde, berichten die nicht. Oder wenn irgendwas anderes, Knallermäßiges passiert ... Traurig! Allein die Tatsache, dass Schüler ausgegrenzt und ohne Schulabschluss stehen gelassen werden, ist in unserem Bundesland schon inakzeptabel. Und dieses „Wir lassen kein Kind zurück" aus NRW ist dann ja wohl reine Makulatur.

Mal schauen, ob einer der zuständigen Politiker mal was unternimmt. Für Justus und all die anderen in unserem Bundesland, die einfach so rausgeschmissen wurden. Mittlerweile schon der 3. Autist an Justus' alter Schule, der gehen musste. Offiziell. Von den anderen keine Rede.

Abwarten und aus dem Fenster gucken. Das gibt mir Kraft. Und ich glaube, die sieben Zwerge wohnen doch auf meiner Seite. Die schicke ich dann rum.

Momentan sind sie noch auf der Suche nach geeigneten Lehrern für Justus. Das ist immer noch das einzige echte Problem, das wir haben. Und die Zeit rennt ...

Einstellung des Ermittlungsverfahrens

Und jetzt der Klopfer, der heute für Justus in der Post lag: die Einstellung des Ermittlungsverfahrens gegen den Integrationsdienst. Ich bin nur noch am Seufzen. Da stehen in der Kürze Dinge drin, die sind überhaupt nicht haltbar. Dazu fällt mir nur ein: behandelnde Ärztin? Welche Ärztin?

Welche Sanktionen? Was für eine Erziehungsbeistandschaft? Das ist alles Blödsinn. Wir hatten und brauchten nie Hilfen zur Erziehung. Morgen werde ich mal für Justus anrufen und nachfragen, wie wir vorgehen können, wenn gar nicht alles aus der Anzeige ermittelt wurde. Muss auch noch die Paragraphen nachlesen.

Ach, immer diese seltsamen Dinge, die da damals im Hintergrund abgelaufen sein müssen. Erstaunlich, dass wir sie nicht kennen, wenn wir doch anscheinend von sämtlichen Mitteilungen und Rücksprachen wissen. Ich habe sämtlichen Schriftverkehr und alles, was ich in meinen Aufzeichnungen dazu geschrieben habe, nachgelesen. Nichts, was auf Kenntnis von Sanktionen schließen ließ.

Eingliederungshilfe abgelehnt

Mittlerweile weiß ich nicht mehr weiter, ich kann auch nicht mehr, und – worauf die Ämter auch gerne spekulieren – habe kein Geld und noch weniger Kraft für ein erneutes Klageverfahren.

Heute kam der rechtsmittelfähige Bescheid, weil Justus das ja im letzten Schreiben verlangt hätte. Man sieht, die lesen nicht, denn das hat er von Beginn an verlangt. Und die Antwort auf die Absage ohne Rechtsbehelf haben sie auch gar nicht erst erwähnt. Taktik? Absicht?

Jedenfalls eine erneute Absage mit Rechtsbehelf, und die Begründung ist, dass er keine Nachweise erbracht hätte und den Bitten und Aufforderungen des Jugendamtes nicht nachgekommen sei und dass er die Schule auf eigenen Wunsch verlassen hätte. Die spinnen, das war Zwangsausschulung wegen Verweigerung der Zahlung einer Schulbegleitung.

Ein Zitat daraus: „Als Antragsteller müssen Sie sich zunächst in Anwendung des Nachranggrundsatzes aus § 10 Abs a Satz 1 SGB VIII verweisen lassen, wenn nach den konkreten Umständen des Einzelfalles eine bedarfsdeckende Hilfe in rechtlicher und tatsächlicher Hinsicht durch das System „Schule" zur Verfügung stehen wird. Erst wenn im Schulsystem eine Bedarfslücke rechtlich und tatsächlich nicht zu schließen ist, wenn es also dort daran mangelt, allen behinderungsbedingten Defiziten zu begegnen, kommt der Vorrang des öffentlichen Schulsystems nicht infrage – so u.a. OVG Münster vom 18.12.13, 12 B 1190/13".

Tja, da schreibt Justus seit Monaten die Begründungen, doch sie werden nicht akzeptiert und die Paragraphen fliegen immer hin und her.

Ich bin einfach nur traurig, dass Justus selbst sehen muss, wie er zu seinen Schulabschlüssen kommt. Keine Hilfe, nicht von der Schulaufsicht und nicht vom Jugendamt.

Telefonat mit dem Controller

So, heute hatte ich ein längeres Gespräch mit dem Jugendamt. Natürlich telefonisch, denn um angeschnauzt zu werden, fahre ich nicht einreinhalb Stunden durch die Gegend.

Und danach noch ein längeres Gespräch mit der Oberamtsanwältin der Staatsanwaltschaft. Doch dazu gleich.

Das Gespräch mit dem Controller des Kreises war sehr aufschlussreich. Ich wollte eigentlich wissen, was genau die von Justus brauchen, damit er noch einmal einen Antrag stellen kann, denn die Ablehnungen haben wir nicht richtig verstanden. Und dann sprach er davon, dass Justus hätte nachweisen müssen, wieso das Amt in die Versorgungslücke des Systems Schule eingreifen müsse, wo denn da eine Versorgungslücke sei. Die Bezirksregierung hätte ihm ganz andere Dinge von dem Gerichtsverfahren letztes Jahr berichtet.

Da wurde ich hellhörig und habe nachgefragt, wie er denn zu den Informationen aus dem Verfahren kommen würde, das wäre doch geschlossen und unterstünde der Schweigepflicht. Oijoijoi, da wurde ich aber erst einmal ordentlich angeschrien, ehrlich. Wenn ich mit so was käme, könnten wir ja gleich das Gespräch beenden. Das müsse ja wohl sein, dass sich Behörden untereinander austauschen, sonst könne man ja auch nicht die richtige Hilfe finden.

Aha, nun weiß ich ja, wer einfach so Infos weitergibt. Und dann wurde ich etwas ungehalten, aber nicht laut oder unfreundlich. Und als von ihm das Argument mit dem „künstlich im Behindertenstatus halten" kam, was ja eine Formulierung aus dem Gerichtsverfahren mit ihm als Vertreter war und er dann noch das Zitat von der Seite vorlas, da habe ich ihm erst mal erklärt, wieso es manchmal richtig schlimm ist, wenn Informationen weitergegeben werden, die überhaupt nicht bewiesen sind, die nur Sachvorträge im Verfahren waren und gegen die wir uns in unserem Fall aus formalen Gründen nicht wehren konnten. Und das wir als Familie ausgegrenzt und in eine Ecke gedrängt wurden, die beleidigend und verleumderisch ist.

Tja, langsam wurde er ein wenig ruhiger und auch seine Kritik, unser Anwalt wäre ja nur Arbeitsrechtler gewesen, konnte ich schnell entkräften, denn sein Chef hat dieses Fachgebiet, doch unser Anwalt war schon der Richtige für das Verwaltungsgericht mit seinem Faible für Sozialrecht.

Jedenfalls hat der Herr Controller mir endlich zugehört und ich konnte ihn dazu bringen, dass Justus einen neuen Antrag stellt. Denn, die Begeisterung lässt mich noch immer strahlen: Wir haben endlich ein Institut gefunden, dass Justus in allen acht Abiturfächern unterrichten und unterstützen will. Sie planen schon und organisieren den Unterricht und Justus wird nach einer Woche Sommerferien Anfang August dort anfangen. Das klingt nach viel weniger Arbeit für mich, nur halt viel weitere Fahrerei. Doch das ist es mir wert, wenn ich weniger Aufregung bei der Planung und Abarbeitung des Abiturstoffes habe.

Und das Wichtigste, Justus hat sich selbst dafür entschieden. Er fühlte sich dort gut aufgehoben. Alles Weitere und ob es klappen wird, das sehen wir später. Doch es ist beiden Seiten einen Versuch wert.

Der Antrag auf Eingliederungshilfe wird sich dann auf die Finanzierung dieser Schulkosten stützen. Der Controller hat mir versprochen, diesmal selbstständig bei allen anderen Behörden nachzuhaken und sich manche Informationen zu holen, die ihm noch fehlen. Immerhin sei es ja nicht die Aufgabe des Antragstellers, nach einer Ablehnung alle anderen möglichen Stellen anzuschreiben, und um Finanzierung zu bitten. Das ist per Gesetz Aufgabe der ersten Behörde.

Als ich darauf hinwies, hat der Controller endlich klein beigegeben und will Justus' Antrag in den nächsten beiden Wochen bearbeiten.

Nur ehrlich? Ich traue derzeit niemandem. Dieses Anschreien und die Weitergabe von schweigepflichtgebundenen Daten haben mich doch sehr erschüttert. Wenn man bedenkt, dass genau dieser Beamte uns damals dazu gedrängt hatte, die Klage gegen das Jugendamt durchzuziehen, da in seinem Haus einiges schief gelaufen sei, und jetzt? Jetzt wiederholt er den gleichen Mist wie der, der von der Richterin aus den Akten vorgelesen wurde ...

Hoffentlich ist dieser neue Antrag kein Schuss nach hinten und die vom Controller befragte Bezirksregierung macht Justus beim Externenabitur Ärger, weil nicht sein kann, was nicht sein darf: Ein Schüler geht drei Jahre nicht zur Schule und macht trotzdem zur gleichen Zeit Abitur wie seine ehemaligen Klassenkameraden.

Man sieht meine Unsicherheit, trotz meiner optimistischen Lebenseinstellung. Doch genau genommen: Warum soll Justus an sein Erbe gehen und seinen Schulabschluss selbst bezahlen, wenn alle anderen kostenlos ihr Recht auf Bildung bekommen?

Staatsanwaltschaft

Ach, und wegen der Oberamtsanwältin: Sie hat mir erklärt, dass wir wegen der Verleumdungsklage nur eine Privatklage folgen lassen können, weil die angezeigte Person alles abgestritten hätte. Dass vieles in ihrer Aussage vor der Polizei nicht korrekt war, bedeutet halt Aussage gegen Aussage und könnte nur mit umfangreichen Ermittlungen geklärt werden. Doch der Fall ist nicht im öffentlichen Interesse. Es besteht anscheinend nicht die Gefahr, dass diese Vorgehensweise gegenüber uns – sofern es so abgelaufen ist – auch anderen Hilfeberechtigten passieren kann. Für Justus ist es schon okay, dass die Person eine Vorladung zur Polizei bekam. Mit dem Rest und ihrem Vorgehen muss sie selbst klarkommen. Wir klagen selbstverständlich nicht.

Doch die Oberamtsanwältin hat mir etwas viel Spannenderes erzählt: Noch nicht einmal sie dürfe auf Gerichtsakten zugreifen, wie das die Bezirksregierung im Austausch mit dem Jugendamt gemacht habe. Die Schweigepflicht bestünde und was da an Austausch passiert sei, ist rechtswidrig.

Schau an, wieder ein gutes Gefühl für mich, dass wir keine Dinge fordern, die nicht rechtens sind.

Nun zum Schluss mache ich mich jetzt auf, mit Justus zusammen den neuen Antrag fürs Jugendamt zu formulieren – nachdem wir auf die Tausender der letzten Monate für die Mittlere Reife verzichten müssen. Doch Anwaltskosten und die Aufregung einer erneute Klage wären teurer.

Auf geht es zum Texten.

August

Trari, trara, die Post war wieder da ...

... und was lag in der Post? Gestern ein Schreiben vom Jobcenter, Justus solle bitte einen Antrag für SGB II ausfüllen, damit er Hilfen für Bildung und Teilhabe beantragen könne (ach, ich wusste gar nicht, dass Justus so einen Antrag gestellt hätte). Und heute? Heute kam ein Schreiben vom Herrn Controller mit der Ablehnung des letzten Antrages von Justus und dem Hinweis, er hätte den Antrag für Lernförderung an das Jobcenter weitergeleitet.

Und dann schreibt er so unmögliche Dinge wie „Justus würde dem Grunde nach in seinem Antrag die Dinge wiederholen, über die er schon mit Bescheid entschieden hätte". Justus hätte keine neuen Gesichtspunkte aufgezeigt. Er könne das ja gerichtlich überprüfen lassen.

Und genauso unverfroren: Er verweist auf eine Petition aus 2014 zu einer vergleichbaren Angelegenheit, in der wohl wegen Dyskalkulie und der fehlenden Anerkennung als Behinderung etwas nicht finanziert wurde und die Schule zuerst Förderangebote anzubieten hätte. Er würde nun schon seit einem halben Jahr versuchen, Justus dies plausibel darzulegen.

Sicherlich ist auch die Schule gefragt, Justus zu helfen. Doch wenn es dort eine Versorgungslücke gibt, dann ist das JA in der Pflicht. Also: genau das bekommt der nette Herr Controller wieder zurückgeschmissen: Justus versucht seit einem halben Jahr dem Herrn Controller plausibel darzulegen, dass die Schule ihm ohne die Zahlung eines Schulbegleiters nicht die angemessene Schulbildung bieten kann.

Diese ewigen Spielchen, diese Ablehnung und Ausgrenzung, dieses Verwehren von Bildung und Teilhabe. So etwas darf nicht sein, doch es ist. Immer wieder, immer aufs Neue.

Zum Glück habe ich ein längeres Gespräch mit dem Jobcenter geführt. Denen ist klar, dass mit allergrößter Wahrscheinlichkeit Justus nicht zu den Personen gehört, denen die Kosten für Bildung vom Jobcenter bezahlt werden.

Im Schreiben vom JA steht dann noch ein Satz, von dem ich völlig verwirrt bin. SGB II ist wohl das landläufige Hartz IV. Und dann kam der seltsame Satz: Herr Controller schreibt, dass wenn SGB II bezogen wird, wäre das Jobcenter zuständig, bei SGB XII die Gemeinde und bei Kinder-geldzuschlag der Kreis. Tja, und dann: „Da Sie allerdings zurzeit keine allgemein- oder berufsbildende Schule besuchen, liegt schon einmal min-destens eine Voraussetzung für den Bezug von Leistungen nach § 28 Abs 5 SGB II nicht vor. Es können daher auch keine Leistungen für Bildung und Teilhabe gemäß § 28 Abs 5 SGB II gewährt werden.

Dann frage ich mich aber: warum die Weiterleitung ans Jobcenter? Was sollen mir diese Zeilen sagen?

Neue Schule – neues Glück

Ich muss doch noch etwas loswerden, was mich echt immer wieder aufbaut und auch zeigt, dass ich diese ewigen Schlappen bei den Jugend-amtsanträgen wieder mehr oder weniger verkraftet habe.

Donnerstag war der zweite „Schultag" beim neuen Lernort für Justus. Da hatte er drei Schulstunden Technik bei einem der Geschäftsführer des Institutes. Ein recht spezieller, aber hochgebildeter Typ, wie mir scheint.

Und weshalb bin ich so stolz auf Justus? Jo, der hat doch glatt die Grundlagen von vier Schulhalbjahren Technik, den Stoff von drei umfas-senden Abiturthemen wie Regenerative Energien, Automatisierungstech-nik, Kraftwerke und so etwas in nur drei Schulstunden gemeinsam mit dem Lehrer abgehandelt. Jetzt fehlt nur noch das Üben von Aufgaben für das schriftliche Abitur. Der absolute Wahnsinn. Ich habe während der ganzen Zeit, sofern ich mal etwas mitbekommen habe, kein Wort verstanden und mich nur erfreut gewundert, woher Justus dieses ganze Wissen hat. Von wegen Computer machen blöd! Interesse und Bildungswut machen schlau.

Und dann die Englischstunden. Das macht so einen Spaß, Justus' Begeisterung zu sehen und zu hören. Nun habe ich monatelang mit ihm „Doctor Who" auf Englisch geschaut. Alle sieben Staffeln, puh. Dieser junge Mann neben mir versteht das alles und ich sitze wie blöd vorm Fernseher und kapier nur die Hälfte. Für das Abitur hat Justus sich dann „Hamlet" auf DVD von der Royal Shakespeare Company ausgesucht. Klar, Hauptdarsteller war unser liebster „Doctor Who". Drei Stunden Shakespeare-Englisch. Klasse, wie wunderbar Justus sich die letzten Jahre zu Hause selbst Englisch beigebracht hat. Und wie viel Spaß es ihm macht, solche besonderen Filme auch zu schauen.

Es geht voran

Auch eine Sache, die mich anspornt, daran zu glauben, dass sich alles zum Guten wenden wird und ich nicht so traurig sein muss.

Schritt für Schritt, und manchmal mit einem Riesensatz, entwickelt Justus sich weiter. Nach monatelangem Verharren in seinem Zimmer, nachdem er von allen sozialen Kontakten durch die Zwangsausschulung abgeschnitten wurde, waren wir ja schon glücklich, wenn er mal mit nach draußen auf die Veranda gekommen ist, um dort abends zu sitzen. Dann kam, dass er sich traute, nachmittags draußen Kaffee zu trinken oder morgens zu frühstücken. Wunderbar – es war zwar immer ein kleiner Schubs nötig, da wir halt draußen waren und er nicht alleine drinnen bleiben wollte, doch immerhin. Es ging voran.

Und nun? Mittlerweile ist das Draußen-Aufhalten in der fremden Umgebung nach dem Umzug vor zweieinhalb Jahren gar kein Problem mehr und auch seine kleine Hütte im Garten hat er endlich bezogen, um dort chemische und physikalische Experimente zu machen und Projekte auszuführen, die ihn faszinieren. Okay, am liebsten ist es ihm, wenn einer von uns irgendwie auf dem Grundstück werkelt, doch auch das wird irgendwann keine Bedingung mehr sein.

Auch wenn bei Justus alles ein wenig länger dauert, so nimmt er doch so langsam mit Freude und Hingabe seine Umgebung an und belegt sie mit Beschlag.

September

Amtsstubenspielereien

„... deshalb ist der schriftliche Antrag wichtig. Wenn die erste Stelle sich nicht zuständig fühlt, wird sie den Antrag weiterleiten. Die zweite Stelle ist zu einer Entscheidung verpflichtet."

Jaja, das Spiel kenne ich mittlerweile auch. Da hat mich eine Mutter aus einem Forum drauf gebracht. Ich hatte dem Jugendamt gesagt, wenn sie sich nicht zuständig fühlen und meinen, dass z. B. das Schulamt zu zahlen hätte, dann müssen sie den Antrag weiterleiten. Das wäre rechtlich so vorgesehen. Also durfte Justus seinen Antrag noch einmal stellen.

Und was macht der „nette" Herr Controller vom JA? Er hat den Antrag auf Eingliederungshilfe bzw. Zahlung von Schulgebühren an das Jobcenter weitergeleitet. Von wegen Bildungs- und Teilhabepaket. Was soll das?

Das Jobcenter ist damit natürlich total überfordert. Denn die könnten zwar nach Antrag von Grundsicherung diesen Antrag auf das Paket bearbeiten – sofern Grundsicherung für Justus durchgeht -, doch die müssen jetzt auch nach § 35a Eingliederungshilfe entscheiden.

Denn nach § 14 SGB IX ist der zweitangegangene Rehabilitationsträger, also der, an den weitergeleitet wurde, verpflichtet, den Antrag zu bearbeiten. Egal, ob er überhaupt zuständig sein kann oder nicht. Zurück geben ist nicht, woandershin leiten auch nicht.

Zu dem „Schwarzen-Peter-Prinzip" habe ich bei der Rechtsberatung für behinderte Menschen (rbm) noch einen tollen Text gefunden. Dann hatte auch ich diese ganzen rechtlichen Bestimmungen verstanden – und der Herr vom Jobcenter hoffentlich auch. Denn der tut mir jetzt echt leid, weil er sich in eine völlig fremde Materie einarbeiten muss.

Nach meinem Gefühl hat der Herr Controller das Ganze absichtlich so weitergeleitet. Er tat doch sonst immer so allwissend. Und wie er passenderweise schon beim Telefonat vor vier Wochen erwähnte, ist er dann gestern ab in den Urlaub. Mal schauen, was er dann sagt, wenn er in drei Wochen meine eMail auf dem Tisch hat, in dem ich ihm mitteile, dass mir die Vorgehensweise einer Antragsweiterleitung bekannt ist. Na gut, er ist uns los.

Manchmal hat man als Antragsteller das Gefühl, man gerät in so ein paar Amtsstubenspielchen und muss selbst sehen, wie man da wieder raus kommt.

Und heute? Heute kam der Ablehnungsbescheid vom Jobcenter, so richtig mit allem Drum und Dran – also auch der Rechtsbehelfsbelehrung, dass wir klagen müssten –, doch: Die Ablehnung bezog sich auf SGB II und das Bildungs- und Teilhabepaket bzw. auf Kosten für „Nachhilfe". Unter anderem mit der Begründung, dass Justus nicht beim Jobcenter vorstellig war, um einen Antrag auf Grundsicherung zu stellen. Doch warum sollte er auch? Er gehört ja nicht zu dem Personenkreis, die das benötigen, weil er ja bisher noch auf den ersten Arbeitsmarkt spekuliert und doch in einer „Bedarfsgemeinschaft" mit uns Eltern lebt.

Gut, das ist jetzt alles Behördendeutsch in der Ablehnung und der SB möchte das gerne noch einmal telefonisch besprechen. Doch trotz allem hat er nicht nach § 35a SGB VIII entschieden.

Was macht Justus denn nun? Muss er klagen, weil sein Antrag nicht wie vorgesehen bearbeitet wurde? Dabei hatte er doch auch über das „Schwarze-Peter-Prinzip" informiert. Irgendwie haben die das nicht eingesehen. So was Blödes.

Upps, jetzt habe ich es gesehen: Justus darf sogar einen Widerspruch einlegen. Ist ja Sozialgerichtsverfahren. Wow, das sind wir ja gar nicht mehr gewohnt. Etwas Zeit. Na dann muss Justus wohl all den Kram, den er dem Jobcenter schon mitgeteilt hat, so von wegen § 14 SGB IX und den Pflichten des Jobcenters als seinem Rehabilitationsträger nun für die Eingliederungshilfe noch einmal in einem Widerspruch darlegen.

Wie war das: Es wird nicht alles so heiß gegessen, wie es gekocht wird? Stimmt. Bis es vor Gericht geht und das entschieden hat, ist schon alles kalt. Vielleicht hat Justus bis dahin das Abitur, um das es geht, schon bestanden.

Da werde ich nächste Woche wohl mal dem Wunsch des Jobcenters nachkommen und in Justus' Auftrag den Sachbearbeiter anrufen. Mal hören, was er so vorschlägt. Denn immerhin weiß er ja, dass Justus diese Ablehnung so nicht akzeptieren kann.

Amtsstubenspielereien Teil II

Da hatte ich heute mal wieder ein langes, launiges Gespräch mit dem Fachmann für Bildung und Teilhabe beim Jobcenter. Und damit das Ganze bei uns erst richtig spaßig wird, gibt es in unserem Landkreis eine wunderbare Regelung. Na ja, okay – für den Kreis, weniger für uns. Echt zum Grinsen:

In unserem Landkreis ist das Jobcenter dem Kreis zugehörig und nicht dem Bund. Somit ist das Jobcenter auch kein Rehabilitationsträger und demnach brauchen die Justus' Antrag auf Eingliederungshilfe wirklich nicht zu bearbeiten. Also den Antrag, den der Herr Controller vom Jugendamt an das Jobcenter weitergeleitet hat.

Ach, diese ganzen rechtlichen Widrigkeiten, das nervt. Und trotzdem: Der zuständige Sachbearbeiter beim Jobcenter ist echt klasse. Er kann ja auch nichts dafür. Ihm wurde ja genau genommen auch ziemlich übel mitgespielt. Da wollte der JA-Controller wohl einfach Justus' Antrag vom Tisch haben und endlich vor uns seine Ruhe. Von wegen, er leitet den Antrag an einen zuständigen Rehabilitationsträger weiter. Oder wollte er etwas anderes erreichen? Wer weiß.

Nun denn, ein Schelm, wer Böses dabei denkt. Denn: Irgendwann fällt jeder mit seinen Methoden auf die Nase.

Ich sehe es heute jedenfalls gelassen. Schreibe brav mit Justus den Widerspruch ans Jobcenter, bekomme dann die Info, dass sie kein Rehaträger sind ... und dann habe ich das aktenkundig und Punkt. Vom Controller in eine neue Klageschleife drängen lassen werde ich mich jedenfalls nicht. Das Spielchen haben wir ja schon einmal verloren.

Justus wird sich wohl ans Sozialamt wenden müssen, wenn schon das JA nicht dahin weitergeleitet hat. Vielleicht ist man da verständiger.

Auf geht's zur Runde drei mit dem dritten Ansprechpartner für den Antrag eines Schülers, der einfach nur seine Schulbildung, so wie alle anderen bezahlt haben möchte.

Das Schulministerium schlägt zurück

Wow, fast vier Monate sind vergangen nach der letzten Anfrage beim Schulministerium. Okay, sie mussten erst noch von der Staatskanzlei zu einer Antwort aufgefordert werden – aber immerhin: Sie haben geantwortet. Juchhu!

Juchhu? Nein, kein Grund zu Juchhu. Wenn man das so liest, was in der Antwort steht, dann ist endlich klar, dass im Hintergrund einiges Seltsame abgelaufen ist. Am besten ist der letzte Satz: „Ich hoffe, ich konnte Ihnen verdeutlichen, dass wir Ihr Anliegen sehr ernst nehmen und sorgfältig geprüft haben." Aha, das haben sie also? Wer es glaubt.

Da schreiben die doch allen Ernstes, der tätliche Übergriff des Lehrers auf Justus, den hätte es nicht gegeben. Die Unfallversicherung hätte nur eine Anzeige, dass ein Lehrer über Justus gestolpert sei. Es wäre aber keine Zuordnung dieses Vorfalles und des einige Tage vorher passierten Sturzes mit der vom Krankenhaus bescheinigten Rippenprellung vorgenommen worden.

Wirklich erstaunlich, denn ich habe die Original-Unfallanzeige in Kopie vorliegen und auch genug Informationen, dass der Lehrer dazu angehalten wurde, sich vor der Klasse bei Justus zu entschuldigen. Und nicht nur das. Sogar vor der Schulaufsicht wurde das Thema angeschnitten. Von wegen es hätte keinen Übergriff gegeben.

Wie war das noch einmal Anfang 2009? Da sollten wir die Unfallanzeige geschönt schreiben und den Übergriff nicht erwähnen? Mir scheint, da hat einer unsere Unfallanzeige neu aufgesetzt und nicht die losgeschickt, die vorgesehen war.

Ach, und übrigens: Sogar die Kritik an der Recherche des Ministeriums und das Lesen von Urteilen aus fremden Verfahren werden wie folgt begründet: „... denn ich sehe keinen Hindernisgrund, dass sich Behörden innerhalb eines bestehenden Verfahrens über Gerichtsentscheidungen wechselseitig austauschen." Na sicher, aber gerne. Aber bitte nur mit den Behörden, die zu dem bestehenden Verfahren gehören.

Erstaunlich, wie glatt und glitschig Ministerien sich aus Affären zu ziehen versuchen. Ein Unding, dass belegte Tatsachen als Unwahrheiten und unbekannt tituliert werden. Dabei ist belegte oder bewiesene Tatsache eigentlich schon eine Nummer zu hoch. Denn Tatsache ist Tatsache. Was soll man sie noch belegen?

Diesen ganzen Mist lasse ich jetzt erst einmal so stehen. Nicht das noch einer auf die Idee kommt, Justus' Abitur einen Riegel vorzuschieben. Da lege ich mich vorerst lieber nicht mit vollem Elan mit dem Schulministerium an. Man sollte die hoffentlich noch schlafenden Hunde vorerst lieber noch nicht wecken.

Oktober

Ferien

Bald sind in unserem Bundesland Ferien. Justus ist gerade begeistert am Lernen und zum Glück macht das Lehrinstitut auch durch. Sonst würde es bis Mitte Dezember, wenn die Beratungslehrer der Prüfschule ihr Votum für die Abiturtauglichkeit abgeben, knapp.

Und da geht es weniger um Wissen allein, sondern um Methodenkompetenzen. Allein der Vergleich der Lehrpläne von Realschule und Gymnasium hat mir das schon gezeigt. Und der leitende Schulrat für die Externen hat auch immer wieder darauf hingewiesen, dass das Wichtigste bei den Studienberichten die „individuelle Konkretisierung der Angaben zur Vorbereitung im Bereich der Fachmethodik" sei. Wenn der Bereich korrekt ausgefüllt ist, dann ist die Zulassung kein Problem. Nur, diese Vorgaben sind schon so verdreht, also für meinen Kopf. Und dann noch diese Lehrpläne. Das kapiert man nicht, wenn man kein Lehrer ist und irgendwas zum Entschlüsseln dieser Fachcodes bekommen hat. Wie gut, dass es Hilfen von der Prüfschule gibt.

Was für ein Tag? Was für ein schöner Tag!

„Was für ein Tag." Die letzten Tage Justus' tiefer Aufseufzer. Recht neutral. Halt ein Seufzen, warum auch immer. Trotz allem zumeist gut gelaunt und recht zufrieden.

Doch heute Morgen? Völlig übermüdet, schlecht geschlafen, kaum wach zu kriegen. Einfach nicht gut drauf. Vielleicht sogar Fieber im Anmarsch? Erneut Aphten? Wer weiß? „Können wir die Schule nicht absagen?" Nein, können wir nicht. Und aufs Neue zum wöchentlichen Matheunterricht.

Und schon wieder Funktionen, Funktionen und noch mehr Funktionen. Schnittpunkte, Wendepunkte, Scheitelpunkte. Für Justus nicht auszuhalten und schwer zu begreifen. Doch dann gab es ein neues Thema: Stochastik. Rechnen mit der Wahrscheinlichkeit und mit den Möglichkeiten. Genau das Richtige für Justus. Alles total logisch.

Und nach über drei Schulstunden Mathe? Wer seufzt da? Niemand. Justus strahlt über das ganze Gesicht. Freut sich über sein Können und das Lob des Lehrers. Sehr gut, Justus. Was für ein schöner Tag!

Die Zukunft fest im Blick

Die ersten Gespräche in der Prüfschule sind vorbei, die ersten Fragen gestellt und die ersten Anspannungen genommen. Die Sorge, den Stoff von acht Schulfächern in den verbleibenden sechs Monaten umfassend zu können, ist verflogen. Für die schriftlichen Fächer muss nur das Wissen der beiden Qualifizierungsjahre parat sein und die mündlichen Fächer kommen frühestens sechs Wochen später, wenn nicht sogar dreieinhalb Monate später dran. Genug Zeit zum Üben.

Der zarte Hinweis der Oberstufenkoordinatorin, beim letzten Mal hätte es nur ein Externer geschafft, den frühen Termin zu nutzen und das Abitur zu schaffen, war dann zwar nicht mehr sehr aufbauend – doch immerhin ein Ziel, auf das Justus hinarbeiten möchte: schon im Juli das Abgangszeugnis in Händen zu halten.

Und egal, ob der Controller endlich zahlt, das Ministerium endlich eingreift oder die Schule meinetwegen still und leise endlich den Schläger entfernt und die eigene Unfähigkeit anerkennt: Das Ziel ist der Schulabschluss. Die Zukunft ist ein Studium. Im Blick ist die Selbstständigkeit. Und Justus sagt zu alledem: „Geht doch."

Nun denn: In Justus veritas!

Abkürzungen

ADS	Aufmerksamkeitsdefizit-Syndrom
AS	Asperger-Syndrom
ASS	Autismus-Spektrum-Störungen
AVWS	Audiovisuelle Wahrnehmungsstörung
bib	Bildungszentrum für informationsverarbeitende Berufe
DIS	Dissoziative Identitätsstörung
EMDR	Form der Traumatherapie über Desensibilisierung
FOR	Fachoberschulreife
GdB	Grad der Behinderung
HFA	hochfunktionierender Autismus (high-functional)
HPG	Hilfeplangespräch
I-	Integrations-
JA	Jugendamt
KJP	Kinder- und Jugendpsychiatrie
LRS	Lese-Rechtschreib-Schwäche
MDK	Medizinischer Dienst der Krankenkassen
NT	neurologisch typisch (= nicht-autistisch)
PS	Pflegestufe
SB	Sachbearbeiter
SBA	Schwerbehindertenausweis
SGB	Sozialgesetzbuch
SPZ	Sozialpädiatrisches Zentrum
ZAP	Zentrale Abschlussprüfung